History and Social Sciences Series

General Editor: Greg Dawes

Series Editor: Carlos Aguirre

Other books published by Editorial *A Contracorriente*:

Marisol Montaño, Alejandro Solomianski y Sofia Wolhein (eds.), *Otras voces. Nuevas identidades en la frontera sur de California (Testimonios)*

Ana Peluffo (ed.), *Pensar el siglo XIX desde el siglo XXI. Nuevas miradas y lecturas*

Andrea Matallana, *El Tango entre dos Américas. La representación del tango en Estados Unidos, 1910-1939*

Brantley Nicholson and Sophia McClennen (eds.), *The Generation of '72: Latin America's Forced Global Citizens*

Carlos Aguirre (ed.), *Militantes, intelectuales y revolucionarios. Ensayos sobre marxismo e izquierda en América Latina*

From the Ashes of History

Loss and Recovery of Archives and Libraries in Modern Latin America

Edited by

Carlos Aguirre
University of Oregon

&

Javier Villa-Flores
University of Illinois at Chicago

Editorial
A *Contra corriente*
Raleigh, NC

© Carlos Aguirre, 2015
© Javier Villa-Flores, 2015

All rights reserved for this edition for:
© 2015, Editorial *A Contracorriente*

ISBN: 978-0-9853715-5-5

No part of this book, including the cover, may be reproduced without expressed permission from the editor.

Library of Congress Control Number: 2015933337

Library of Congress Cataloging-in-Publication Data: pending

ISBN 10: 0-9853715-5-2
ISBN 13: 978-0-9853715-5-5

Cover photo: "Quema del archivo de la Asociación Pro-Búsqueda," San Salvador, El Salvador, November 2013. © by Roberto Escobar. Reproduced with permission of the author.

Interior and cover design: S. F. Sotillo

This work is published under the auspices of the DEPARTMENT OF FOREIGN LANGUAGES AND LITERATURES at NORTH CAROLINA STATE UNIVERSITY.

CONTENT

Introduction   11
Carlos Aguirre
Javier Villa-Flores

Fortunas y adversidades del Archivo de la Inquisición de Lima   39
Pedro Guibovich Pérez

History Out of the Ashes: Remembering Brazilian Slavery   61
after Rui Barbosa's Burning of the Documents
Amy Chazkel

A Cultural Tragedy: The Destruction and Reconstruction of   79
the Peruvian National Library, 1943-1948
Carlos Aguirre

Detrás de una puerta gris: Notas sobre los archivos policiales   117
públicos argentinos
Lila Caimari
Mariana Nazar

La reconstrucción de un universo: desaparición forzada   145
de personas en la Argentina
Emilio Crenzel

Plotting a Fire: The Burning of Mexico's *Cineteca Nacional*   197
and the Idea of a Self-Destructing Archive
   Javier Villa-Flores

Waging Guatemala's Archive Wars: Documentation,   227
Mobilization, Justice
   Kirsten Weld

Archivos campesinos: San Juan de Ondores, actas   265
comunales e historias rurales en el Perú, 1937-2012
   Javier Puente

Archivos, bibliotecas y la memoria obrera, social y cultural   305
de los argentinos
   Horacio Tarcus

Contributors   339

Introduction

Carlos Aguirre
University of Oregon
Javier Villa-Flores
University of Illinois at Chicago

Historical research depends on sources, written and otherwise. When confronted with a lack of evidence, historians usually refrain from pursuing a given topic and either look for other, better-documented historical issues to tackle, or try to approach the same topic from a different angle. Sources (or their absence), as we all know, shape our research projects in ways that are at times unpredictable but always important. But a "lack of sources" usually contains an interesting and quite important story in itself, since it is generally the result of specific power struggles that stem from political, social, cultural, and institutional tensions. Often the lack of historical evidence is the consequence of the partial or total destruction of archives and libraries due to the cumulative effect of negligence or shortsightedness on the part of the state or private institutions; the absence of effective official policies of record preservation; the prevalence of other economic priorities; or intentional acts of destruction by insurrectional movements, competing forces in internal and foreign wars, or social agents trying to cover up their crimes (such as military forces intentionally destroying records of human rights violations). Accidents and "natural" disasters are also to blame for the loss of valuable archival and library collections. In recognition of the real possibility of confronting tragic losses, there is an ongoing effort by various academic institutions and collaborative groups to digitally preserve what remains of endangered archives and to make those valuable materials available to researchers around the world via the web. Such projects are making it possible to research even the least powerful and least visible members of communities, such as enslaved Africans, and to produce innovative accounts of the past. In other cases, "lost" archives have been "recovered" and made available to scholars as well as ordinary citizens. There are numerous instances of documentary collections that were considered either lost or inaccessible and that, due to chance, good fortune, or to the perseverance of different actors, are now part of both efforts to reconstruct the past and struggles over collective memories and even judicial battles.

Archives and libraries, thus, not only help us reconstruct the past: they have their own, quite eventful history, one that involves instances of loss and destruction as well as cases of recovery and reconstruction. This volume seeks to explore selected cases of archive and library stories that illuminate the counterpart between them and the writing of historical narratives, the shaping of collective memories, and the outcome of social and political conflicts.

A brief history of archives and libraries in Latin America

The creation of the first archives and libraries in the new world was closely connected to the conquest and colonization of new lands across the Atlantic. Following strict injunctions by the Catholic Kings, authorities were expected to document every conceivable aspect of Spanish colonial administration.[1] From ordinances and official appointments to petitions, trials, testaments, and protracted litigation of all sorts, a wealth of documentation made evident the obsessive and incessant accumulation of minute detail required of representatives of the crown. High courts (Audiencias) and other tribunals also generated their own archives comprising both administrative documentation and lawsuits, trials, and other legal business. While ecclesiastical courts presided over matters related to the church —including marital disputes, annulments, and legitimate and illegitimate births—, criminal courts dealt with a

---

1 Roberto González Echevarría, *Myth and Archive: A Theory of Latin American Narrative* (Cambridge: Cambridge University Press, 1990), 1-19.

wide variety of offenses from arson and abduction to theft and murder.² Similarly staggering was the documentation generated by the tribunals of the Inquisition set up in Mexico (1570), Lima (1569), and Cartagena de Indias (1610), which relied heavily on a steady harvest of denunciations and self-denunciations for crimes ranging from Protestantism, Judaizing, and blasphemy to divination, astrology, or possession of heretical books. For most colonial institutions, however, the creation of archives responded to the pressing need of defending rights and social prerogatives.³ Churches, convents, hospitals, municipal corporations, confraternities, haciendas and even indigenous communities created their own archives to keep track of lawsuits and other legal actions. The necessity to file and initiate legal actions of all sorts was a constant source of business for scribes and notaries, whose extant archives remain a rich source of information on the social, economic, and religious life in the colonies.⁴

---

2   Patricia Seed, *To Love, Honor, and Obey in Colonial Mexico: Conflicts over Marriage Choice, 1574-1821* (Stanford: Stanford University Press, 1988); Silvia M. Arrom, *La mujer mexicana ante el divorcio eclesiástico: 1800-1857* (Mexico City: Secretaría de Educación Pública, 1976); Charles C. Cunningham, *The Audiencia in the Spanish Colonies* (Berkeley: University of California Press, 1919); Pilar Arregui Zamorano, *La Audiencia de México según los visitadores, siglos XVI y XVII* (Mexico City: Universidad Nacional Autónoma de México, 1985); Colin M. MacLachlan, *Criminal Justice in Eighteenth-Century Mexico: A Study of the Tribunal de la Acordada* (Berkeley: University of California Press, 1974).
3   Solange Alberro, *Inquisición y sociedad en México, 1571-1700* (Mexico City: Fondo de Cultura Económica, 1988); Joaquín Pérez Villanueva and Bartolomé Escandell Bonet, eds., *Historia de la Inquisición en España y América*, 3 vols. (Madrid: Biblioteca de Autores Cristianos: Centro de Estudios Inquisitoriales, 1984-2000); Fermina Álvarez Alonso, *La inquisición en Cartagena de Indias durante el siglo XVII* (Madrid: Fundación Universitaria Española, 1999); Pedro Guibovich Pérez, *En defensa de Dios. Estudios y documentos sobre la inquisición en el Perú* (Lima: Fondo Editorial del Congreso del Perú, 1998); Paulino Castañeda and Pilar Hernández Aparicio, *La Inquisición de Lima*, vol. 1 (Madrid: Deimos 1995) and vol. 2 (Madrid: Deimos 1998); René Millar Carvacho, *La Inquisición de Lima*, vol. 3 (Madrid: Deimos, 1998); Henry Charles Lea, *The Inquisition in the Spanish Dependencies* (London: Macmillan and Company, 1908); Richard Greenleaf, *The Mexican Inquisition of the Sixteenth Century* (Albuquerque: University of New Mexico Press, 1969); John Chuchiak IV, *The Inquisition in New Spain, 1536-1820* (Baltimore, Maryland: Johns Hopkins University Press, 2012).
4   Kathryn Burns, *Into the Archive: Writing and Power in Colonial Peru* (Durham: Duke University Press, 2010); Tamar Herzog, *Mediación, archivos y ejercicio: los escribanos de Quito, siglo XVII* (Frankfurt am Main: Vittorio Klosterman, 2010).

In the aftermath of the wars of independence, most Latin American countries formed national archives as symbols of national pride and modernity, as well as tools for state –and nation-building. The first national archives were founded in Argentina (1821), Mexico (1823), Bolivia (1825), Brazil (1839), and Cuba (1841), followed by Haiti (1860), Peru (1861), Colombia (1868), Paraguay (1871), Honduras (1880), Costa Rica (1881), the Dominican Republic (1884), and Nicaragua (1896). Other nations waited until the first half of the twentieth century to open a national archive, as was the case of Panama (1921), Venezuela (1914), Chile (1927), Uruguay (1927), Guatemala (1937), and Ecuador (1938). Located in the capital cities of the new republics –which had been sites of viceroyalties, high courts, and other important colonial institutions– national archives were organized with papers from the colonial era that survived the bitter struggles for independence.[5] Years of protracted conflict and political instability had resulted in the destruction or loss of precious papers, while others had been transferred to the metropolis or sold to private collectors. Yet, an enormous amount of colonial materials survived, making possible the study of this era from the wars of conquest down to independence. As modern nations undertook ambitious projects of public order, control of the territory, and surveillance of the population, a staggering amount of new documents was created. The prodigious paper trail ranged from basic statistical, demographic, and cartographic information to the implementation of modern forms of identification of citizens and criminals through photographs and fingerprinting.[6] Judicial archives are among the largest repositories of documents and have proven to be invaluable for historians and other scholars interested not only in the history of law, crime, and punishment, but

---

5 See Roscoe R. Hill, *The National Archives in Latin America* (Cambridge: Harvard University Press, 1945).
6 See, inter alia, Raymond Craib, *Cartographic Mexico: A History of State Fixations and Fugitive Landscapes* (Durham: Duke University Press, 2004); Deborah Poole, *Vision, Race, and Modernity: A Visual Economy of the Andean World* (Princeton: Princeton University Press, 1997); Julia Rodríguez, *Civilizing Argentina: Science, Medicine and the Modern State* (Chapel Hill: University of North Carolina Press, 2006); Carlos Aguirre, *The Criminals of Lima and their Worlds: The Prison Experience, 1850-1935* (Durham: Duke University Press, 2005); Diego Galeano, *Escritores, detectives y archivistas: La cultura policial en Buenos Aires, 1821-1910* (Buenos Aires: Editorial Teseo, 2009).

also in the social and cultural dimensions of human experience.⁷ In some countries, social reforms such as literacy campaigns and land reforms generated their own archives.⁸ Following official injunctions, administrative offices were expected to transfer records to national archives periodically, but not all departments complied; others, of a more secret nature, were not available to citizens because of strategic reasons. This is the case of police and military archives, which became essential tools of surveillance and repression during an unprecedented era of state terror in the second half of the twentieth century. With the transition to democracy, some of these records have been finally made available for public scrutiny or discovered by chance as in the cases of Guatemala, Argentina, Mexico, Paraguay, and other nations, although in some cases they have been kept outside the direct administrative control of the National Archives.⁹ Created as crucial institutions of state formation and governmentality in Latin America, national and other types of

---

7   For an overview of these issues see Ricardo D. Salvatore, Carlos Aguirre, and Gilbert M. Joseph, eds. *Crime and Punishment in Latin America: Law and Society since Colonial Times* (Durham: Duke University Press, 2001). For an interesting discussion of the production of legal documents, see Leticia Barrera, "Más allá de los fines del derecho: expedientes, burocracia y conocimiento legal," *Íconos*, no. 41 (2011): 57-72.
8   Mark Abendroth, *Rebel Literacy: Cuba's National Literacy Campaign and Critical Global Citizenship* (Sacramento, CA: Litwin Books, 2009); Humberto Rodríguez Pastor, "El archivo del fuero agrario," *Latin American Research Review* 14, no. 3 (1979): 202-206; Lawrence Douglas Taylor, *Revolución mexicana: guía de archivos y bibliotecas: México-Estados Unidos* (Mexico City: Instituto Nacional de Estudios Históricos de la Revolución Mexicana, 1987).
9   *From Silence to Memory: Revelations of the Archivo Histórico de la Policía Nacional*, foreword by Carlos Aguirre, preface by Kate Doyle (Eugene: University of Oregon Library, 2013); Kirsten Weld, *Paper Cadavers. The Archives of Dictatorship in Guatemala* (Durham: Duke University Press, 2014); Carlos Osorio and Mariana Enamoneta, eds., "Rendition in the Southern Cone: Operation Condor Documents Revealed from Paraguayan 'Archive of Terror' (December 29, 2007). http://www2.gwu.edu/~nsarchiv/NSAEBB/NSAEBB239d/ [accessed June 20, 2014]. The recently discovered secret archives of the Argentine dictatorship are now available at www.archivosabiertos.com administered by the Ministry of Defense. For a discussion of the methodological challenges and promises of the recently released secret police reports in Mexico, see Tanalís Padilla and Louise Walker, eds., "Spy Reports: Content, Methodology, and Historiography in Mexico's Secret Police Archive," Special dossier of *Journal of Iberian and Latin American Research* 19, no. 1 (July 2013): 1-10.

state archives have thus evolved into important tools for advancing democracy and accountability, and for crafting new futures for the region's past.

Private, communal, and non-governmental archives have had an equally adventurous evolution in the post-independence period, too complicated to be adequately summarized here. Among them, the best preserved and most widely used by historians are religious archives contained in archbishoprics, convents, parishes, and other religious institutions and jurisdictions. The reconstruction of religious practices but also of social relations, family life, distribution of wealth and property, mentalities, and many other such topics have been greatly advanced by the abundance and accessibility of religious archives. Much less preserved and accessible are the archives of private businesses, labor unions, political parties, peasant communities, sports and recreational clubs, and literary associations.[10] Finally, personal archives of prominent members of the social and political elites (political leaders, intellectuals, businessmen) as well as a variety of other observers and recorders of daily life (amateur and professional photographers, for instance), although generally scarce and of difficult access (due to concerns with privacy or to lack of interest on the part of relatives and custodians of those records), have also provided a wealth of information that has been used by historians and other scholars to reconstruct various aspect of Latin American societies' pasts.[11]

In contrast to archives, libraries in Latin America were neither created nor initially supported by the state, but had their roots in privately held collections. Although books accompanied some of the early explorers and settlers in the New World, most books were imported from Europe by Catholic monastic orders —espe-

---

10 For a short but useful discussion of the challenges to access and use private business papers see Vera Blinn Reber, "Archival sources for Latin American Business History," *Business History Review*, no. 59 (1985): 670-79.

11 Photographic archives are being increasingly recovered, preserved, and used in historical, anthropological, and cultural studies. Some of their pitfalls are discussed in Silvia Spitta, "On the Monumental Silence of the Archive," *e-misférica* 9, no. 1-2 (2012); Deborah Poole and Isaías Rojas Pérez, "Memories of Reconciliation: Photography and Memory in Postwar Peru," *e-misférica* 7, no. 2 (2010); and Marion Gautreau, "La Ilustración Semanal y el Archivo Casasola. Una aproximación a la demitificación de la fotografía de la Revolución Mexicana," *Cuicuilco*, no. 41 (2007): 113-142.

cially the Jesuits and Franciscans.[12] As expected, most of the earliest book collections in the New World were established in convents and monasteries to aid the friars in the task of evangelization. The holdings covered subjects such as theology, philosophy, and morals, until the eighteenth century, when books on secular history and science claimed some shelf room.[13] The early establishment of local presses in Mexico City (1539) and Lima (1581) had a significant impact in the development of a lettered culture –and thus, of library formation– as they produced an important amount of catechisms, dictionaries, grammars, and religious literature needed by the friars.[14] But the wealthy, both secular and ecclesiastic, craved more than pietistic literature. Indeed, in spite of colonial censorship, a lucrative black market of book traders flourished in the New World, with Mexico and Lima as the most important distribution points for imported books.[15] In 1646 the Bishop of Puebla Juan de Palafox bequeathed 5.000 volumes of his personal collection to Colegio de San Juan y San Pedro with the condition that the books

---

12   Irving Leonard, *Books of the Brave: Being an Account of Books and of Men in the Spanish Conquest and Settlement of the Sixteenth-Century New World* (1949; repr. with an introduction by Rolena Adorno, Berkeley and Los Angeles: University of California Press, 1992).

13   Ignacio Osorio Romero, *Historia de las bibliotecas novohispanas* (Mexico City: Secretaría de Educación Pública/Dirección de Bibliotecas, 1986); Teodoro Hampe, *Bibliotecas privadas en el mundo colonial: la difusión de libros e ideas en el virreinato del Perú, siglos XVI-XVII* (Frankfurt am Main: Vervuert, 1996); Agustín Millares Carlo, "Bibliotecas y difusión del libro en Hispanoamérica colonial: intento bibliográfico," *Boletín Histórico/Fundación John Boulton*, no. 22 (1970): 25-72; Pedro Guibovich Pérez, "Los espacios de los libros en el Perú colonial," *Lexis* 27, no. 1-2 (2003): 179-190; Hortensia Calvo, "The Politics of Print: The Historiography of the Book in Early Spanish America," *Book History*, no. 6 (2003): 277–305.

14   See José Toribio Medina, *Historia de la imprenta en los antiguos dominios españoles de América y Oceanía* (Santiago de Chile: Fondo Histórico y Bibliográfico José Toribio Medina, 1958); Magdalena Chocano Mena, "Colonial Printing and Metropolitan Books: Printed Texts and the Shaping of Scholarly Culture in New Spain: 1539-1700," *Colonial Latin American Historical Review* 6, no. 1 (1997): 69-90; and Pedro Guibovich Pérez, "The Printing Press in Colonial Peru: Production Process and Literary Categories in Lima, 1584-1699," *Colonial Latin American Review* 10, no. 2 (2001): 167-188.

15   On book censorship and circulation in late colonial Peru, see Pedro Guibovich Pérez, *Lecturas prohibidas. La censura inquisitorial en el Perú tardío colonial* (Lima: Pontificia Universidad Católica del Perú, 2013).

be made available to any literate person, thus establishing one of the first public libraries of the Americas.[16] The foundation in 1762 of the Real y Pontificia Universidad de México brought to light the first non-private library in Mexico City, whose collections grew significantly in 1767 with the incorporation of former Jesuit libraries. Few years later, in 1804, heirs of Luis Antonio de Torres, chanter of Mexico's Cathedral, opened a second public library, the Turriana library, right next to the Cathedral.

With the rise of independent states, liberals planned on the creation of national libraries, which often took as a point of departure collections recently seized from religious and private hands. In 1810 Argentina and Brazil opened the first national libraries, which were later followed by Chile (1813), Uruguay (1816), Peru (1821), Venezuela (1833), and Mexico (1833). They were followed, in the second half of the nineteenth century, by the Dominican Republic (1869), El Salvador (1870), Guatemala (1879), Costa Rica (1889), and Panama (1892). In other nations in the Caribbean and Central America, the development of national libraries had to wait until the 1920s or even later.[17] Libraries offered visible symbols of national pride, but it would take a long time before they became true cultural and research centers. In addition, many of them suffered from various forms of sacking, looting, theft, and destruction. Emphasizing preservation over wide use and circulation, most libraries restricted access to their collections to small enlightened elites, which belied their mandate as public libraries.[18] With few exceptions, national libraries suffered from meager budgets, inadequate infrastructure, and lack of professional/modern catalogs and classification techniques. Following the principle of legal deposit, many of these institutions received free copies of recently published books, but a

---

16 Michael M. Brescia, "Liturgical Expressions of Episcopal Power: Juan de Palafox y Mendoza and Tridentine Reform in Colonial Mexico," *The Catholic Historical Review* 90, no. 3 (2004): 497. See also *Artes de México*, no. 68 (2003), special issue on "Biblioteca Palafoxiana."
17 José G. Moreno de Alba, et al., *Historia de las bibliotecas nacionales de Iberoamérica: pasado y presente* (Mexico City: Universidad Nacional Autónoma de México, 1995).
18 Rosa María Fernández de Zamora, "La historia de las bibliotecas en México: un tema olvidado," 60th IFLA General Conference Proceedings, 1994. http://archive.ifla.org/IV/ifla60/60-ferr.htm [accessed June 20, 2014].

perennial lack of funding hindered significantly the growth of their collections. By the second half of the twentieth century, as a new wave of nationalism and populism swept the region, governments poured new resources into cultural institutions. Like national museums, public libraries have experienced a sort of renaissance that translated into increasing professionalization of librarianship, sustained growth of collections, new or more functional premises, and inclusion of new materials such as photography, film, audio, and other media.

Private libraries (in the hands of both individuals and private institutions) also constitute important repositories of books, journals, and other types of printed materials (maps, photographs, and engravings). Book collectors –typically, either intellectuals or members of the social and economic elites– competed with public libraries in the acquisition of valuable materials. In some cases, private libraries ended up integrated into larger collections (national or university libraries, for instance), but in others they were either disintegrated or sold to foreign institutions.[19] There are also cases of valuable libraries formed by social, cultural, and economic institutions (social clubs, labor unions) or by local governmental units (municipalities) which, although much less comprehensive in terms of their holdings, could provide access to valuable materials sometimes difficult to find in national and research libraries. Many, if not most, of these smaller, private, or local libraries have suffered from destruction, loss, or looting. How much has been lost, in terms of the cultural and social memory of a given society, by not preserving these types of collections? It is difficult to know, but we will probably agree that each case of disappearance or dismembering of one of these libraries has further limited our ability to preserve each country's cultural patrimony and to reconstruct its past.

---

19 Felipe Meneses Tello, "La problemática de las bibliotecas personales de insignes estudiosos mexicanos," *Omnia* 9, no. 27 (1993): 83-95; Carlos Aguirre, "Los intelectuales peruanos del siglo XX y sus bibliotecas" (paper presented at the colloquium on "Libraries of the Americas," Universidad Torcuato di Tella, Buenos Aires, August 19-20, 2014). For details about the libraries of two great private book collectors, see Rodrigo Martínez Baracs, *La biblioteca de mi padre* (Mexico City: Conaculta, 2010), a description of José Luis Martínez's library, and José Mindlin, *Uma vida entre livros. Reencontros com o tempo* (São Paulo: EDUSP/Companhia das Letras, 2001).

From Loss to Recovery

Archives and libraries everywhere, including Latin America, have constantly suffered from various forms of destruction produced by fires (accidental or intentional), natural disasters (earthquakes, hurricanes), civil and foreign wars, imperial looting, political repression, censorship, theft, or simply the lack of adequate forms of preservation. One of the first such acts of destruction was the burning of pre-Hispanic codices that took place in Texcoco, in 1530, ordered by the first bishop of Mexico, Fray Juan de Zumárraga.[20] In 1562, Diego de Landa, Bishop of Yucatán, also ordered the burning of thousands of Indigenous "idols" as well as 27 Mayan codices.[21] "We found a large number of these books," famously recalled Landa in his *Relación de las cosas de Yucatán* (c. 1566), "and, as they contained nothing in which there was not to be seen superstition and lies of the devil, we burned them all, which they regretted to an amazing degree and which caused them great affliction."[22] The Lima earthquake of 1746, to mention but one natural disaster, destroyed a large portion of the city, including convents and churches, thus seriously damaging their libraries and archives.[23] During the colonial period, there were instances in which riots or rebellions caused the destruction of important libraries and documentary collections. In some cases, it was random rage; in others, there was a conscious effort to destroy documents that the attackers saw (quite correctly) as instruments in the hands of their oppressors. As early as 1513, the personal library of D. Alonso Mano, Puerto Rico's first bishop, was burned to the ground during an Indian attack to the settlement of Caparra.[24] In 1692, in Mexico City, a popular riot sacked and burned the viceregal palace along with many files and

---

[20] Fernando Báez, *Historia universal de la destrucción de los libros* (Barcelona: Destino, 2004), 130-131.
[21] Báez, *Historia universal*, 131.
[22] Quoted in Inga Clendinnen, *Ambivalent Conquest: Maya and Spaniard in Yucatan 1517-1570* (New York: Cambridge University Press, 2007), 70.
[23] Charles F. Walker, *Shaky Colonialism: The 1746 Earthquake-Tsunami in Lima, Peru, and Its Long Aftermath* (Durham: Duke University Press, 2008).
[24] Ricardo E. Alegría, *Discovery, Conquest, and Colonization of Puerto Rico, 1493-1599* (San Juan, PR: Colección de Estudios Puertorriqueños, 1974).

documents of the municipal archive.²⁵ Several years later, fires destroyed a portion of the archives of the viceregal palaces of Lima (1769) and Cartagena de Indias (1786).²⁶ During the Túpac Amaru rebellion, the Haitian revolution, the Hidalgo insurrection, and the Wars of Independence, there were episodes of attacks against public and religious buildings that contained important documentary collections. In Guerrero, insurgents often made a point of destroying archives to make impossible the collection of taxes.²⁷

In the post-independence period, similar episodes took place almost everywhere during the era of caudillo-led struggles. Foreign wars led to what could be considered imperial looting of the defeated country: Chileans took books and documents to Santiago de Chile.²⁸ During the Mexican Revolution, contending armies produced quite a bit of destruction that led to the loss of valuable private and public records. In 1916, for example, Carrancista troops destroyed the library and archive of the Casa del Obrero Mundial, an anarcho-syndicalist organization located in the popular barrio of Tepito, in Mexico City.²⁹ Years later, during the 1932 agrarian insurrection in El Salvador, Red Commanders ordered the destruction of municipal archives in every occupied town, as they were traditional repositories of land records.³⁰

---

25   Carlos Sigüenza y Góngora, *Alboroto y motín de México del 8 de junio de 1692*, ed. Irving A. Leonard (Mexico City: Talleres gráficos del Museo Nacional de Arqueología, Historia y Etnografía, 1932); Natalia Silva Prada, *La política de una rebelión. Los indígenas frente al tumulto de 1692 en la Ciudad de México* (Mexico City: El Colegio de México, 2007).
26   Rafael Guevara Bazán, "Los incendios en la historia de Lima," *Revista Actualidad Militar*, no. 254 (1979): 14-15; José Manuel Groot, *Historia eclesiástica y civil de Nueva Granada*, 3 vols. (Bogotá: Casa Editorial de M. Rivas, 1889-1893), vol 2, 255.
27   Peter Guardino, *Peasants, Politics, and the Formation of Mexico's National State. Guerrero 1800-1857* (Stanford: Stanford University Press, 1996), 74.
28   See Pedro Guibovich Pérez, "La usurpación de la memoria: el patrimonio documental y bibliográfico durante la ocupación chilena de Lima, 1881-1883," *Jahrbuch für Geschichte Lateinamerikas* 46 (2009): 83-108, and Carmen McEvoy, "Guerra, civilización e identidad nacional. Una aproximación al coleccionismo de Benjamín Vicuña Mackenna, 1879-1884," *Jahrbuch für Geschichte Lateinamerikas* 46 (2009): 109-135.
29   Alan Knight, *The Mexican Revolution*, 2 vols (New York: Cambridge University Press, 1986), vol. 2, 433.
30   Jeffrey L. Gould and Aldo Lauria-Santiago, *To Rise in Darkness: Revolution,*

In the second half of the twentieth century, various forms of political repression led to the destruction or mutilation of valuable private and public collections. In April 1953, for example, groups of Peronist militants burned the building and library of the Socialist Party in Buenos Aires;[31] later, in the 1970s, military dictatorships in Argentina and Chile reduced to ashes thousands of books considered subversive and dangerous.[32] In Cuba, books written by opponents of the Cuban revolution have been purged from the National Library and do not circulate openly in the island.[33] When General Juan Velasco Alvarado, leader of the military junta in Peru (1968-1975) was removed from power, his successor, General Francisco Morales Bermúdez, ordered the destruction of all minutes of cabinet sessions held during the previous seven years.[34] During periods of protracted repression, on the other hand, military regimes systematically tried to destroy or conceal incriminatory evidence, leading to the disappearance (in some cases, only temporary) of police and military records. But not all the cases of archival destruction can be attributed to political violence and repression. Ignorance and disdain are behind the loss of valuable archives, such as the case of the ethnographic archive built by anthropologist Donald Pierson and a team of 22 researchers in the San Francisco River in Brazil in the 1950s, and that was disposed of as garbage in 1999 by the foundation that had it in custody.[35]

Repression, and Memory in El Salvador 1920-1932 (Durham: Duke University Press, 2008), 193.
31   Richard J. Walter, *The Socialist Party of Argentina, 1890-1930* (Austin: University of Texas Press, 1977), 202.
32   Hernán Invernizzi and Judith Gociol, *Un golpe a los libros. Represión a la cultura durante la última dictadura militar* (Buenos Aires: Eudeba, 2002); Báez, *Historia universal*, 258-260; "Libros quemados, escondidos y recuperados a 40 años del golpe," http://www.bibliotecanicanorparra.cl/exposicion-libros-quemados-escondidos-y-recuperados-a-40-anos-del-golpe/ [accessed on May 22, 2014]; "De la quema de libros de la dictadura a la imposibilidad de investigaciones en democracia," *El Ciudadano* (Santiago de Chile), October 20, 2013.
33   Rafael Rojas, *El estante vacío. Literatura y política en Cuba* (Barcelona: Anagrama, 2009), 190.
34   Almost forty years later, copies of those minutes were found and are now depositados at the Pontificia Universidad Católica del Perú.
35   Roberto Lima, "La historia en la basura: los archivos perdidos de Donald Pierson," *Desacatos*, no. 34 (2010): 107-118.

Simultaneously –albeit less dramatically– public and private archives and libraries were decimated by lack of interest or resources. Every archivist, librarian, or historian one could ask would tell us horror stories about how the papers of an institution or a public figure have been irremediably lost. Not everything can be attributed to state's indifference, however. Lack of "archival consciousness" is more common than what historians would like to see. "Old papers" do not always exercise the same kind of "allure" (to borrow Arlette Farge's term) that they generate on the historian.[36] And that is true even for solid institutions, such as political parties, that very rarely invest resources in building an archive. But when it comes to subaltern peoples –slaves, peasants, Indigenous communities, workers, domestic servants, prisoners– the shortage of sources (and thus, of archives) that record their lives and experiences is even more dramatic. As a result, there are extensive areas of social memory and history that continue to be on the margins of documentary collection, preservation, and access.

In his brilliant essay *Silencing the Past: Power and the Production of History*, the late Haitian anthropologist Michel-Rolph Trouillot highlighted the imposition of silences in what he called the four moments of historical production that help us understand why certain peoples and events continue to exist "without history." First, there is silence at "the moment of fact creation," that is, the total lack of documentation, evidence, or even witnesses that could help us reconstruct a given event; second, there is silence at "the moment of fact assembly," that is, the fact that even if documentation or evidence was produced, it was lost or destroyed (some times intentionally) due to its supposed lack of interest or "importance"; third, there is silence at "the moment of fact retrieval": vast periods and regions of the human experience, even if they are well documented, do not attract the attention of scholars, again, because they are considered "less" important than others, thus are left out of historical narratives; and fourth, there is silence at the "moment of retrospective significance": even if one could write about those subaltern peoples and "minor" events, attention given to those products (and thus, their reverberation in public debates) is minimal or

---

36 Arlette Farge, *The Allure of the Archives* (New Haven: Yale University Press, 2013), originally published in French in 1989.

non existent.[37] Needless to say, these four instances where "silence" is produced affect, for the most part, the poor, the darker-skinned, the powerless, the disposable. History is a terrain in which power and hierarchies shape the contestation of multiple accounts of the past; within that contest, the existence of, and access to, archives and libraries, become crucial. As Derrida put it quite eloquently, "there is no political power without control of the archive, if not of memory. Effective democratization can always be measured by this essential criterion: the participation in and access to the archive, its constitution, and its interpretation."[38] Conversely, without "control of the archive" there is no possibility of writing history and building democratic societies.

Fortunately, several decades of interest in subaltern subjects on the part of social historians and anthropologists have resulted in the organization, recovery, or revaluation of multiple types of documents (written, oral, archaeological, visual, and others) that help us reconstruct their past. In some cases, their own initiatives are behind that recovery (victims of human rights violations, peasant and labor organizations); in others, NGOs, scholars, and activists have helped produce archival collections about various types of social actors; and in a few cases, state agents (librarian, archivists, and higher administrators) must be credited for pursing similar efforts. There are a few extraordinary cases –some of which will be discussed in this volume–, especially in the realm of human rights and memory, such as the discovery of the "Archives of Terror" in Paraguay in 1992 or the Guatemalan National Police Historical Archive in 2005; the recovery of the archive of Uruguayan photographer Aurelio González, comprised by 48,000 photos taken between 1957 and 1973, and that he hid in 1973, after the military coup. Thirty-three years later, after returning from a long exile, he was able to find the archive again;[39] or the 2013 discovery in the basement of an Air Force building of 280 documents produced by the Argentina military Junta (1976-1983) that contained details about counter-

---

37   Michel-Rolph Trouillot, *Silencing the Past: Power and the Production of History* (Boston: Beacon Press, 1995), 26-27.
38   Jacques Derrida, *Archive Fever: A Freudian Impression*, trans. Eric Prenowitz (Chicago: University of Chicago Press, 1995), 4.
39   See the documentary "Al pie del árbol blanco" (2007) and Aurelio González, *Fui testigo. Una historia en imágenes* (Montevideo: Ediciones CMDF, 2011).

subversive operations as well as blacklists of people targeted by the government.[40] Besides these high-profile cases of archival recovery, there are many other examples of local, private, and public archives and libraries that have been brought back, so to speak, to visibility and accessibility. Equally important, there is a long list of archives that have been formed from scratch: oral, written, and photographic archives produced by human rights organizations, for example. In a way, they also constitute "recovered" archives.

Our main goal in this volume is to present a few cases of archives and libraries in Latin America whose histories illuminate the complicated trajectories that repositories of books and documents have had over more than a century.[41] In some cases, it is a history of destruction and loss; in others, it is a history of recovery and triumph on the part of various social actors interested in the preservation of collective memories; yet in others, it is a much more nuanced history of how different types of interests collide in what Kirsten Weld has appropriately termed "archive wars." Altogether, the stories presented in these chapters contribute to our understanding of the relationship between power, history, and memory, a relationship that is mediated by the availability and accessibility (or not) of sources, evidence, documents, and printed materials. What Ann Stoler called "the politics of storage" is at work in all of the papers included in this collection.[42]

In the first essay, Pedro Guibovich tells us the eventful and at times tragic history of the archive of the Peruvian Inquisition. As the author points out, from the foundation of the Tribunal there was a great deal of interest in keeping exhaustive records of the norms, correspondence, administrative procedures, cases,

---

40 See "Hundreds of secret military junta documents found in Buenos Aires," *The Telegraph*, November 5, 2013; the documents have been published by the Argentine government as *Actas de la dictadura*, 6 vols. (Buenos Aires: Ministerio de Defensa, 2014).
41 The origin of this collection is a two-session panel that the co-editors organized at the American Historical Association meeting in Chicago, in January 2012. The call for papers included both libraries and archives. Not all the papers presented there were offered for this publication, and later we added other contributions. Unfortunately, we only received two contributions that deal with libraries, which explains the greater coverage of archives.
42 Ann Laura Stoler, "Colonial Archives and the Arts of Governance," *Archival Science*, no. 2 (2002): 93.

sentences and other aspects of the functioning of the Tribunal. The efficiency of the Inquisition depended, to an important degree, on the thoroughness and effectiveness of these archival practices. By the end of the colonial period, as Guibovich emphasizes, the Peruvian Inquisition had a well-organized archive. The abolition of the Inquisition mandated by the Cádiz parliament led to intense struggles around, among other things, the fate of the archive, given the nature of the information it contained. Rioting crowds in fact destroyed and appropriated portions of the archive, although later the Lima archbishop was able to recover most of the items. After the proclamation of Peruvian independence, the new government issued a decree ordering the burning of those documents related to issues of "faith." What was left was transferred to the San Agustín Convent first, and later to the recently created National Archives. In the early 1880s, during the War of the Pacific, Chilean troops occupied the city of Lima and sacked the National Library and Archive, sending books and documents to Santiago de Chile. Although a portion of those documents were returned to Peru (part of which were destroyed during the 1943 fire that affected the Peruvian National Library and Archives), a rich collection of documents from the Lima Inquisition is still held at the Chilean National Archives. The various episodes of destruction and sacking of the archive of the Lima Inquisition, Guibovich concludes, have crucially affected the writing of that institution's history and have led to a series of myths about the functioning and effects of the Inquisition on Peruvian colonial society.

In Brazil, the history of slavery is not only one of the central preoccupations of social historians but is also one of the most contentious issues for human rights activists and Afro-Brazilian communities. Abolished in 1888, slavery left a legacy that can still be felt in the distribution of political and economic power, the complex configuration of racial relations, and the pervasive correlation between skin color and social status. Abolition in Brazil was both gradual and greatly contested. Slave owners resisted until the last minute, and when their cause was defeated, they pushed for reparations from the state for their "lost property." In that context, pro-abolitionist state officers ordered the destruction of all the records related to slavery held by some governmental agencies, most notably the Ministry of the Treasury. The author of this initiative, jurist Rui Barbosa, was a well-known abolitionist. Why would he advocate the destruction of slavery records? While many commentators attributed that decision to his desire to "cleanse" Brazil of any traces of its slave past, Amy Chazkel demonstrates in her article that the main goal was to prevent former slave-owners from pursuing reparations. Although several intellectuals and historians took Barbosa's order as proof that no slavery records survived, the fact is that, first, his order was only partially fulfilled and, second, it did not include a variety of other records that have allowed historians of more recent generations to reconstruct slavery and slave life in Brazil in great detail. In fact, it is not an exaggeration to suggest that the historiography of slavery in Brazil is one of the richest and most sophisticated in the Americas. The case discussed by Chazkel illustrates a case of "archival destruction" motivated by clearly political –albeit rather "benevolent" –intentions: Barbosa was trying to eradicate the notion that human beings could continue to be treated as commodities on a balance sheet. But Chazkel's essay also highlights the fact that the sources for writing the history of slavery were, thankfully, much more varied and numerous than what was feared by those that misinterpreted Barbosa's order.

The history of the Peruvian National Library can be considered a succession of great and small tragedies. Among the former are the looting and destruction it suffered by Chilean troops during the occupation of Lima between 1881 and 1883 and the fire that almost destroyed the entire building and its holdings in May 1943. Among the latter are a myriad of acts including theft, mishandling of books and collections, lack of professional service, shortage of funds, lack of interest on the part of state officials, and more. Carlos Aguirre's chapter reconstructs the vicissitudes that surrounded the 1943 fire, looks at the various explanations offered about its causes and origins, examines the debates generated by the tragedy, and locates this fire within the long-term history of the institution. Rather than trying to solve the mystery of what or who caused the fire, Aguirre focuses on the conditions that made it possible: a director that resisted changing old and inadequate habits; a building that was totally inappropriate and unsafe to hold the National Library; and successive state administrations that denied the funding needed to modernize the institution. The story of the fire was, indeed, the story of a tragedy foretold. Reconstruction efforts took place in the context of World War II and the fostering of Pan-American cooperation. Not surprisingly, the United States was heavily involved

–both institutionally and financially– in those efforts. Reconstruction was also seen as an opportunity to both modernize the library and make it a central element in the building of a democratic society. Aguirre shows that although there were clear efforts towards the former, the library was never really a tool to build a democratic society, for it operated in a deeply exclusionary and authoritarian society. Finally, Aguirre also addresses the issue of the protection of Peruvian cultural patrimony: despite denunciations about recurrent practices of appropriation of Peruvian documents and books by foreign institutions, director Jorge Basadre and his peers made no effort to put pressure on foreign governments to acknowledge such situation and return stolen materials. This was, indeed, a lost opportunity to address an issue that, unfortunately, would continue to plague the institutions for decades to come.

While cases of disregard of precious collections are indeed numerous, it would be mistaken to assume the existence of a perennial policy of archival abandonment by the state. In fact, as Lila Caimari and Mariana Nazar remind us in their essay, the creation of modern bureaucracies is coeval to (and dependent on) the establishment of archives and the elaboration of sophisticated criteria for the selection, classification, and preservation of documents. Archives played a crucial role in the administration, surveillance, and control of populations and in the functioning of the state itself. Because official archives were not designed for public scrutiny, their accessibility is always a contentious issue. This is especially true in the case of archives of repression, where strict rules of confidentiality and secrecy articulate the conjoined acts of archiving and policing. Focusing on the recent opening of four police archives, Caimari and Nazar analyze the tensions and dilemmas brought about by the opening of these repositories and the changes in meaning and function it entailed, as such archives were now used to write histories of political repression, or activated to help in the painful task of identifying victims of state terrorism.

In his essay, Emilio Crenzel explores in detail the role of human rights activists in the creation of new archives in the aftermath of the military dictatorship in Argentina. Created in 1983 by Raul Alfonsin to investigate and document the fate of thousands disappeared during the military regime, the CONADEP (National Commission on the Disappearance of Persons) evolved into an unprecedented archive of horror. By documenting systematically thousands of cases of abduction, disappearance, and execution, the CONADEP became a privileged tool to pursue legal action against the perpetrators. Unfortunately, as Crenzel reminds us, it also failed to document the political lives and activism of the victims, thus missing a precious opportunity to understand the logic of repression. Things did not improve with the official creation of the Archivo Nacional de la Memoria (National Archive of Memory) in 2003, which gathered new documents of repression but offered limited access to its collections to researchers. More promising has been the creation of Memoria Abierta (Open Memory), a massive oral history project spearheaded by seven activist organizations. In clear contrast to CONADEP, Memoria Abierta has steered clear from the old tendency among human rights activists to depoliticize the victims by describing them merely as "casualties" of repression. In documenting the social and political life of the disappeared, Memoria Abierta has not only opened a more complex window into a radical political past, but also resignified the task of documenting repression itself.

Focusing on the destruction by fire in 1982 of the *Cineteca nacional* (which included both a film archive and a library), Javier Villa-Flores analyzes the complicated process of mourning for a lost archive by looking at the production, circulation, and consumption of competing narratives to explain its destruction. Founded in 1974 under President Luis Echeverría, the *cineteca* became the crowning achievement of new nationalist policies of production, distribution, and preservation of films that made possible a true revival of Mexican cinema. By 1977, however, the new government initiated a process of withdrawal from the film industry to inaugurate an era characterized by censorship, brutal inflation, and the dismantling of state support. As Villa-Flores shows, the capricious and arbitrary patterns of state funding had momentous consequences for the *cineteca*, for essential tasks of maintenance, refrigeration, and air conditioning of the vaults became nearly impossible. As lack of resources slowed down the process of transferring the *cineteca*'s nitrate film collections to acetate, more than two thousand cans accumulated in the basement in a dangerous mixture of negligence and improvisation. In the aftermath of the fire, actors, directors, intellectuals, and functionaries offered and received competing narratives to explain the fire. Villa-Flores analyzes the production, circulation, and consumption of such narratives not only in terms of their plausibility, but also as statements about the changing relationship between citizens and the state and the allocation of responsibility. In rejecting the official explanation of the fire as the result of spontaneous combustion, citizens refused to reify the risk entailed in any act of archiving. As an archive, the creation of the *cineteca* signaled the apex of cultural populism; its destruction, however, brought to the fore a growing discontent with the state's cultural policies and its proverbial authoritarianism.

In her essay, Kirsten Weld narrates the remarkable story of the reappearance and rescue of Guatemala's National Police Historical Archive in 2005. Found in a terrible state of preservation and organization, the archive became the project of a small team of activists who doggedly fought mold and dust to rescue the precious documents. By 2007, the project had evolved into an impressive team of more than 150 Guatemalans with the support of international funding, technical expertise, and archival training. The success of the project is a testament to the political shrewdness of human rights activists who had long battled the postwar regime over archival access to secret records. As Kirsten Weld shows, their efforts effectively transformed the national archival culture by professionalizing archival practices of rescue, access, and classification. Besides contributing to the creation of a new generation of archivists, the project made thinkable the possibility of one day declassifying military records for civilian use. Weld's paper is also a reminder of the intimate connection between efforts to reconstruct the past, struggles over memory and meaning, and the pursuit of justice in countries such as Guatemala, where, more than fifteen years after the signing of the Peace Accords, the "archive wars" are far from over.

Writing the history of rural populations constitutes a real challenge for social historians. Centuries of (relative) isolation, shortage of written records, the fragility and mutability of individual and collective memories, and rural people's distrust of lettered culture, all of that make the study of rural populations and, especially, the recovery of their own voices, a very complicated endeavor. Javier Puente addresses these challenges using the case of the San Juan de Ondores peasant community in Peru. The author, after an exhaustive (and relatively successful) search for documents to reconstruct the history of the community, realized that the hardest part of his project was going to be the recovery of the views and voices of the members of the community themselves. An unexpected encounter (so common in every historian's archival experience), allowed him to find out that the community had kept minutes of their assemblies for more than seven decades, from 1937 to the present. After he asked the community permission to access those records, a fierce debate took place between those that approved and those that disapproved the granting of such permission. At the end, the former prevailed and Puente gained access to this very rich and hitherto untapped source to reconstruct the history of the community in a way that incorporated their own voices. This is a fascinating story of record-keeping efforts on the part of subaltern groups as well as of their accessibility, for the first time, by somebody external to the community. But there is more to the story: Puente realized that there were issues that he expected to be reflected in those records, since they registered deliberations among community members. In fact, they were not. When he asked why that was the case, community members told him that there were issues that they did not want to be written down since that could jeopardize individuals or the community as a whole, and thus, they preferred to keep them in their memories alone. Here we find a case of a conscious decision to "erase" from the record (although obviously not from their memories) important albeit arguably delicate matters that pertained to communal life. Here we have a case that shows both the acute political awareness of community members and the need for the historian to learn how to read those "silences" and "erasures" that are not created by state action (or inaction) but by subaltern peoples themselves.

Horacio Tarcus addresses in the final essay of this collection the structural and perennial disregard for the preservation of Argentina's cultural patrimony, which he attributes to the lack of interest on the part of state institutions as well as the absence of a culture of preservation among large sectors of Argentine society. Important collections of books, periodicals, manuscripts, maps, and other types of documents have been lost, destroyed, or sold to either private individuals or foreign institutions. What Tarcus calls the "Argentine Paradox" has to do with the rich cultural history of the country and the lack of interest in preserving and making available to the public the various artifacts that could help us reconstruct that history. The situation is even more critical when it comes to the history of working-class people, social movements, labor organizations, leftist parties, and other subaltern groups. For decades, there was an ominous disdain for keeping the records that could help write the history of these groups. In the last couple of decades, however, efforts by social historians and archivists have partially filled that gap with the creation of CeDInCI, a remarkable collection of documents, books, pamphlets, periodicals, and ephemera related to the history of working-class and leftist organizations. It show that in the absence of state support, individuals and civil organizations could and should step up and both help create a culture of memory and allow us to reconstruct those silenced histories. Tarcus' essay is thus a fitting piece to close our collective volume: it reconstructs the painful situation that, more often than not, has characterized the history of archives and libraries in Latin America; at the same time, it offers a truly inspiring example of what can be done by archivists, historians, and memory activists who, in the face of institutional crises and the state's disregard for the preservation of cultural patrimony and memories, have made it possible to assemble an outstanding and unique archive, one that, in addition, challenges the logic of official and state-driven archives.

Bibliography

Abendroth, Mark. *Rebel Literacy: Cuba's National Literacy Campaign and Critical Global Citizenship*. Sacramento, CA: Litwin Books, 2009.

Aguirre, Carlos. *The Criminals of Lima and their Worlds: The Prison Experience, 1850-1935*. Durham: Duke University Press, 2005.

Aguirre, Carlos. "Los intelectuales peruanos del siglo XX y sus bibliotecas." Paper presented at the colloquium on "Libraries of the Americas," Universidad Torcuato di Tella, Buenos Aires, August 19-20, 2014.

Alberro, Solange. *Inquisición y sociedad en México, 1571-1700*. Mexico City: Fondo de Cultura Económica, 1988.

Alegría, Ricardo E. *Discovery, Conquest, and Colonization of Puerto Rico, 1493-1599*. San Juan, PR: Colección de Estudios Puertorriqueños, 1974.

Alvarez Alonso, Fermina. *La inquisición en Cartagena de Indias durante el siglo XVII*. Madrid: Fundación Universitaria Española, 1999.

Archivo Histórico de la Policía Nacional. *From Silence to Memory: Revelations of the Archivo Histórico de la Policía Nacional*, foreword by Carlos Aguirre, preface by Kate Doyle. Eugene: University of Oregon Library, 2013.

Arregui Zamorano, Pilar. *La Audiencia de Mexico según los visitadores, siglos XVI y XVII*. Mexico City: Universidad Nacional Autónoma de México, 1985.

Arrom, Silvia M. *La mujer mexicana ante el divorcio eclesiástico: 1800-1857*. Mexico City: Secretaría de Educación Pública, 1976.

Báez, Fernando. *Historia universal de la destrucción de los libros*. Barcelona: Destino, 2004.

Barrera, Leticia. "Más allá de los fines del derecho: expedientes, burocracia y conocimiento legal," *Íconos*, no. 41 (2011): 57-72.

Brescia, Michael M. "Liturgical Expressions of Episcopal Power: Juan de Palafox y Mendoza and Tridentine Reform in Colonial Mexico." *The Catholic Historical Review* 90, no. 3 (2004): 497.

Burns, Kathryn. *Into the Archive: Writing and Power in Colonial Peru*. Durham: Duke University Press, 2010.

Calvo, Hortensia. "The Politics of Print: The Historiography of the Book in Early Spanish America." *Book History*, no. 6 (2003): 277–305.

Castañeda, Paulino and Pilar Hernández Aparicio. *La Inquisición de Lima*, vol. 1. Madrid: Deimos 1995.

Castañeda, Paulino and Pilar Hernández Aparicio. *La Inquisición de Lima*, vol. 2. Madrid: Deimos 1998.

Chocano Mena, Magdalena. "Colonial Printing and Metropolitan Books: Printed Texts and the Shaping of Scholarly Culture in New Spain: 1539-1700." *Colonial Latin American Historical Review* 6, no. 1 (1997): 69-90.

Chuchiak IV, John. *The Inquisition in New Spain, 1536-1820*. Baltimore, Maryland: Johns Hopkins University Press, 2012.

Clendinnen, Inga. *Ambivalent Conquest: Maya and Spaniard in Yucatan 1517-1570*. New York: Cambridge University Press, 2007.

Craib, Raymond. *Cartographic Mexico: A History of State Fixations and Fugitive Landscapes*. Durham: Duke University Press, 2004.

Cunningham, Charles C. *The Audiencia in the Spanish Colonies*. Berkeley: University of California Press, 1919.

Derrida, Jacques. *Archive Fever: A Freudian Impression*, trans. Eric Prenowitz. Chicago: University of Chicago Press, 1995.

Farge, Arlette. *The Allure of the Archives*. New Haven: Yale University Press, 2013.

Fernández de Zamora, Rosa María. "La historia de las bibliotecas en México: un tema olvidado." 60th IFLA General Conference Proceedings, 1994. http://archive.ifla.org/IV/ifla60/60-ferr.htm.

Galeano, Diego. *Escritores, detectives y archivistas: La cultura policial en Buenos Aires, 1821-1910*. Buenos Aires: Editorial Teseo, 2009.

Gautreau, Marion. "La Ilustración Semanal y el Archivo Casasola. Una aproximación a la demitificación de la fotografía de la Revolución Mexicana," *Cuicuilco*, no. 41 (2007): 113-142.

González, Aurelio. *Fui testigo. Una historia en imágenes*. Montevideo: Ediciones CMDF, 2011.

González Echevarría, Roberto. *Myth and Archive: A Theory of Latin American Narrative*. Cambridge: Cambridge University Press, 1990.

Gould, Jeffrey L. and Aldo Lauria-Santiago. *To Rise in Darkness: Revolution, Repression, and Memory in El Salvador 1920-1932*. Durham: Duke University Press, 2008.

Greenleaf, Richard. *The Mexican Inquisition of the Sixteenth Century*. Albuquerque: University of New Mexico Press, 1969.

Groot, José Manuel. *Historia eclesiástica y civil de Nueva Granada*, 3 vols. Bogotá: Casa Editorial de M. Rivas, 1889-1893.

Guardino, Peter. *Peasants, Politics, and the Formation of Mexico's National State. Guerrero 1800-1857.* Stanford: Stanford University Press, 1996.

Guevara Bazán, Rafael. "Los incendios en la historia de Lima." *Revista Actualidad Militar,* no. 254 (1979): 14-15.

Guibovich Pérez, Pedro. *En defensa de Dios. Estudios y documentos sobre la inquisición en el Perú.* Lima: Fondo Editorial del Congreso del Perú, 1998.

Guibovich Pérez, Pedro. "The Printing Press in Colonial Peru: Production Process and Literary Categories in Lima, 1584-1699." *Colonial Latin American Review* 10, no. 2 (2001): 167-188.

Guibovich Pérez, Pedro. "Los espacios de los libros en el Perú colonial." *Lexis* 27, no. 1-2 (2003): 179-190.

Guibovich Pérez, Pedro. "La usurpación de la memoria: el patrimonio documental y bibliográfico durante la ocupación chilena de Lima, 1881-1883." *Jahrbuch für Geschichte Lateinamerikas* 46 (2009): 83-108.

Guibovich Pérez, Pedro. *Lecturas prohibidas. La censura inquisitorial en el Perú tardío colonial.* Lima: Pontificia Universidad Católica del Perú, 2013.

Hampe, Teodoro. *Bibliotecas privadas en el mundo colonial: la difusión de libros e ideas en el virreinato del Perú, siglos XVI-XVII.* Frankfurt am Main: Vervuert, 1996.

Herzog, Tamar. *Mediación, archivos y ejercicio: los escribanos de Quito, siglo XVII.* Frankfurt am Main: Vittorio Klosterman, 2010.

Hill, Roscoe R. *The National Archives in Latin America.* Cambridge: Harvard University Press, 1945.

Invernizzi, Hernán and Judith Gociol. *Un golpe a los libros. Represión a la cultura durante la última dictadura militar.* Buenos Aires: Eudeba, 2002.

Knight, Alan. *The Mexican Revolution, 2 vols.* New York: Cambridge University Press, 1986.

Lea, Henry Charles. *The Inquisition in the Spanish Dependencies.* London: Macmillan and Company, 1908.

Leonard, Irving. *Books of the Brave: Being an Account of Books and of Men in the Spanish Conquest and Settlement of the Sixteenth-Century* New World. Orig. pub. 1949; repr. with an introduction by Rolena Adorno, Berkeley and Los Angeles: University of California Press, 1992.

Lima, Roberto. "La historia en la basura: los archivos perdidos de Donald Pierson." *Desacatos*, no. 34 (2010): 107-118.

MacLachlan, Colin M. *Criminal Justice in Eighteenth-Century Mexico: A Study of the Tribunal de la Acordada*. Berkeley: University of California Press, 1974.

Martínez Baracs, Rodrigo. *La biblioteca de mi padre*. Mexico City: Conaculta, 2010.

McEvoy, Carmen. "Guerra, civilización e identidad nacional. Una aproximación al coleccionismo de Benjamín Vicuña Mackenna, 1879-1884." *Jahrbuch für Geschichte Lateinamerikas* 46 (2009): 109-135.

Medina, José Toribio. *Historia de la imprenta en los antiguos dominios españoles de América y Oceanía*. Santiago de Chile: Fondo Histórico y Bibliográfico José Toribio Medina, 1958.

Meneses Tello, Felipe. "La problemática de las bibliotecas personales de insignes estudiosos mexicanos." *Omnia* 9, no. 27 (1993): 83-95.

Millar Carvacho, René. *La Inquisición de Lima*, vol. 3. Madrid: Deimos, 1998.

Millares Carlo, Agustín. "Bibliotecas y difusión del libro en Hispanoamérica colonial: intento bibliográfico." *Boletín Histórico/ Fundación John Boulton*, no. 22 (1970): 25-72.

Mindlin, José. *Uma vida entre livros. Reencontros com o tempo*. São Paulo: EDUSP/Companhia das Letras, 2001.

Ministerio de Defensa. *Actas de la dictadura*, 6 vols. Buenos Aires: Ministerio de Defensa, 2014.

Moreno de Alba, José G. et al. *Historia de las bibliotecas nacionales de Iberoamérica: pasado y presente*. Mexico City: Universidad Nacional Autónoma de México, 1995.

Osorio, Carlos and Mariana Enamoneta, eds. "Rendition in the Southern Cone: Operation Condor Documents Revealed from Paraguayan 'Archive of Terror' (December 29, 2007). http://www2.gwu.edu/~nsarchiv/NSAEBB/NSAEBB239d/.

Osorio Romero, Ignacio. *Historia de las bibliotecas novohispanas.* Mexico City: Secretaría de Educación Pública/Dirección de Bibliotecas, 1986.

Padilla, Tanalís and Louise Walker, eds. "Spy Reports: Content, Methodology, and Historiography in Mexico's Secret Police Archive," Special dossier of *Journal of Iberian and Latin American Research* 19, no. 1 (July 2013).

Pérez Villanueva, Joaquín and Bartolomé Escandell Bonet, eds. *Historia de la Inquisición en España y América*, 3 vols. Madrid: Biblioteca de Autores Cristianos: Centro de Estudios Inquisitoriales, 1984-2000.

Poole, Deborah. *Vision, Race, and Modernity: A Visual Economy of the Andean World.* Princeton: Princeton University Press, 1997.

Poole, Deborah and Isaías Rojas Pérez. "Memories of Reconciliation: Photography and Memory in Postwar Peru." *e-misférica* 7, no. 2 (2010).

Reber, Vera Blinn. "Archival sources for Latin American Business History." *Business History Review*, no. 59 (1985): 670-79.

Rodríguez, Julia. *Civilizing Argentina: Science, Medicine and the Modern State.* Chapel Hill: University of North Carolina Press, 2006.

Rodríguez Pastor, Humberto. "El archivo del fuero agrario," *Latin American Research Review* 14, no. 3 (1979): 202-206.

Rojas, Rafael. *El estante vacío. Literatura y política en Cuba.* Barcelona: Anagrama, 2009.

Salvatore, Ricardo D., Carlos Aguirre, and Gilbert M. Joseph, eds. *Crime and Punishment in Latin America: Law and Society since Colonial Times.* Durham: Duke University Press, 2001.

Seed, Patricia. *To Love, Honor, and Obey in Colonial Mexico: Conflicts over Marriage Choice, 1574-1821.* Stanford: Stanford University Press, 1988.

Sigüenza y Góngora, Carlos. *Alboroto y motín de México del 8 de junio de 1692*, ed. Irving A. Leonard. Mexico City: Talleres gráficos del Museo Nacional de Arqueología, Historia y Etnografía, 1932.

Silva Prada, Natalia. *La política de una rebelión. Los indígenas frente al tumulto de 1692 en la Ciudad de México*. Mexico City: El Colegio de México, 2007.

Spitta, Silvia. "On the Monumental Silence of the Archive." *e-misférica* 9, no. 1-2 (2012).

Stoler, Ann Laura. "Colonial Archives and the Arts of Governance." *Archival Science*, no. 2 (2002): 87-109.

Taylor, Lawrence Douglas. *Revolución mexicana: guía de archivos y bibliotecas: México-Estados Unidos*. Mexico City: Instituto Nacional de Estudios Históricos de la Revolución Mexicana, 1987.

Trouillot, Michel-Rolph. *Silencing the Past: Power and the Production of History*. Boston: Beacon Press, 1995.

Walker, Charles F. *Shaky Colonialism: The 1746 Earthquake-Tsunami in Lima, Peru, and Its Long Aftermath*. Durham: Duke University Press, 2008.

Walter, Richard J. *The Socialist Party of Argentina, 1890-1930*. Austin: University of Texas Press, 1977.

Weld, Kirsten. *Paper Cadavers. The Archives of Dictatorship in Guatemala*. Durham: Duke University Press, 2014.

FORTUNAS Y ADVERSIDADES DEL ARCHIVO DE LA INQUISICIÓN
DE LIMA

Pedro Guibovich Pérez
Pontificia Universidad Católica del Perú

La Inquisición convoca poderosas visiones en el imaginario colectivo: los tormentos aplicados en lóbregas mazmorras, los cortejos de reos portando vestiduras con los símbolos relativos a sus delitos, la práctica de la censura de textos manuscritos e impresos, y los solemnes autos de fe, donde se daba lectura a las causas de los condenados por haber cometido alguna falta contra la moral y religión católicas. Pero acaso pocas imágenes han cautivado tanto la imaginación y se han asociado al accionar del Santo Oficio como las de las hogueras donde perecían los reos más obstinados, esto es, aquellos que, a pesar de los esfuerzos persuasivos de los miembros del Tribunal, se negaban a admitir su falta y a "reconciliarse" con la Iglesia. El fuego que consumía los cuerpos de aquellos pobres hombres y mujeres era a la vez un instrumento de la justicia inquisitorial y un elemento simbólico purificador. El fuego permitía eliminar los elementos sociales no deseados.

Una de las paradojas de la historia del Tribunal fue que ese mismo fuego que ha perennizado, con enorme fortuna, el recuerdo del accionar inquisitorial, también fue empleado para tratar de borrar su memoria. Las décadas finales del siglo XVIII e iniciales del siglo XIX fueron testigos de la progresiva abolición de varios de los tribunales en España, Portugal, Italia y América. Con excepción de Portugal, en todos los demás territorios la abolición del Santo Oficio estuvo acompañada de actos de violencia y, como secuela de los mismos, las autoridades locales ordenaron la quema de los archivos.¹ El archivo de la Inquisición de Lima no fue la excepción, ya que fue víctima de múltiples contingencias. Como se verá en el presente ensayo, los expedientes inquisitoriales del tribunal limeño estuvieron marcados por un destino trágico sin igual: durante los siglos XIX y XX fueron objeto de saqueo, quema y sustracción. Las páginas que siguen reconstruyen esa historia.

En primer lugar, documento la historia de la formación del archivo del Santo Oficio colonial con la finalidad de entender su importancia dentro de la administración institucional. Luego, paso a detallar sus vicisitudes durante el bienio liberal y la restauración borbónica (1813-1820) y los primeros años de vida republicana en el Perú. Fueron tiempos, como se verá, en que la documentación inquisitorial sufrió mermas y pérdidas considerables, pero no obstante un conjunto importante de expedientes sobrevivió. Este pasó a formar parte del Archivo Nacional en la década de 1870, pero con la ocupación del ejército chileno de la capital peruana entre 1881 y 1883, se produjo una importante sustracción de papeles, muchos de los cuales emigraron al país del sur. Al saqueo de la guerra sobrevino otro desastre: el incendio de la Biblioteca Nacional en 1943.² Concluye este ensayo con unas reflexiones acerca del impacto que la pérdida parcial del archivo inquisitorial ha tenido en los estudios sobre dicha institución.

***

Desde 1570, año del establecimiento del Santo Oficio en la capital del virreinato peruano, hasta 1820, fecha de su definitiva abolición, hubo por parte de los inquisidores interés por la conservación de los documentos, y no podía ser de otra manera, ya que de la preservación y correcta organización de los mismos dependía en buena medida la eficiente marcha procesal y económica de la institución. En las instrucciones del cardenal Diego de Espinosa a los inquisidores de Lima, fechadas en 1569, y que

---

1   Francisco Bethencourt, *La Inquisición española en la época moderna. España, Portugal, Italia. Siglos XV-XX* (Madrid: Akal, 1997), 483-499.
2   Ver el ensayo de Carlos Aguirre en este volumen.

constituyen una suerte de carta fundacional del Tribunal, se dan las principales directivas para su funcionamiento. Allí se indica, por ejemplo, que la documentación debía reunirse en varios libros. En primer lugar estaba el libro que compilaba los títulos, poderes, reales cédulas y provisiones emanadas por la corona y el Consejo de la Suprema y General Inquisición, el órgano máximo rector del sistema inquisitorial a lo largo y ancho del imperio español. En otro libro debía reunirse las cartas remitidas por los inquisidores generales peninsulares. Otro libro contendría el registro de los comisarios y los familiares del Tribunal, con indicación de las fechas de su nombramiento y lugar de residencia. Luego estaban los libros de testificaciones que se hacían contra los reos; y los que incluían los votos de prisión, sentencias, tormentos y de cualquier otro auto que involucrara votación. Otros libros estaban dedicados al registro de las visitas de las cárceles, los libramientos, las penas y sentencias pecuniarias, las relaciones de autos de fe, de presos, de secuestros, de bienes confiscados y de cuentas.[3] Por último, se ordena que debía formarse

> otro libro de abecedario en que se asienten los relaxados y reconciliados y penitenciados, el qual corresponda con los libros de los auctos que se hizieren de la Fe, que de uso está dicho que ha de aver, poniendo los relaxados en una parte y en otra los reconciliados, y en otra los penitenciados de manera que en el dicho libro se han de hazer tres géneros de abecedarios porque por allí se podrá fácilmente saber lo que huvieren sido relaxados, reconciliados y penitenciados.[4]

Las mismas instrucciones disponían que en la cámara del Secreto, llamada así porque era de acceso reservado, debían guardarse los procesos y expedientes del Tribunal. En el Secreto existirían cuatro "apartamentos": uno para la custodia de los procesos pendientes; otro para los suspensos; el tercero para los fenecidos relativos a relajados, reconciliados y penitenciados; y el cuarto para los de los comisarios y familiares, y las informaciones de limpieza de sangre de los pretendientes a cargos en el Tribunal. Era responsabilidad del fiscal tener los expedientes "muy bien puestos,

---

3 Archivo Histórico Nacional, Madrid. Sección Inquisición, libro 352, años 1568-1611, fols. 6v-7r.
4 Idem, fol. 7r.

cosidos, y enquadernados todos los papeles y libros del secreto, y sobrescriptos e intitulados de manera que se puedan fácilmente hallar".[5]

El archivo del Secreto fue el repositorio documental más importante de la Inquisición limeña. En una habitación anexa al mismo, conocida como la cámara del Secreto, se examinaban los expedientes, se escribían y copiaban textos, y se anotaban los libros.[6] Todo el material era consultado con cuidado y sigilo, dada la naturaleza de la información que contenía, y con el mismo cuidado y sigilo, podemos imaginar, se volvía a archivar. Su conservación y rápida localización dependía del secretario y, como ya se dijo, ello era esencial para la buena marcha administrativa del Tribunal. Para ilustrar los usos del archivo me serviré de un ejemplo: el procedimiento seguido por el Santo Oficio para el nombramiento de un ministro.

Por lo general, la iniciativa partía del pretendiente, quien interesado en alcanzar un título presentaba su solicitud y genealogía a los inquisidores. La genealogía era revisada por el secretario del Secreto, quien llevaba a cabo una pesquisa en los libros del archivo con la finalidad de determinar si alguno de los ascendientes del pretendiente tenía "faltas" en su limpieza de sangre. En este punto importa señalar que el Tribunal de Lima llevaba registros de las familias "notadas", esto es, aquellas que contaban entre sus antepasados a judíos, moros o penitenciados por el Santo Oficio. En caso de no hallar impedimento alguno, el secretario informaba al fiscal, quien dictaminaba en favor o en contra de la pretensión del postulante.

Con el transcurso del tiempo, y a medida que las actividades del Tribunal se diversificaban y hacían más complejas, las

---

5 Ibídem.
6 En el local de la Inquisición existían la cámara del Secreto y el archivo del secreto. En 1813 se hallaron en la primera, "ocho alacenas con sus puertas, papeles y asuntos pertenecientes a las causas de fe", "dos armarios", además de mesas para el despacho de los secretarios y del inquisidor. En el archivo se registraron "seis andanas de estantes de firme ocupadas con papeles", además de objetos de escritorio. (Archivo General de la Nación. Colección Francisco Moreyra y Matute. "Testimonio de los autos formados por comisión para la ocupación, inventario y custodia de los bienes y efectos que poseía la extinguida Inquisición de Lima", año 1813, fols. 36v-37r.).

instrucciones del cardenal Espinosa relativas a la organización de la documentación quedaron rebasadas. El archivo del Secreto aumentó como también otros menores existentes en la Secretaría de secuestros y en la Contaduría. Las cuentas de los receptores registran las compras de libros así como de papel y tinta para todas estas oficinas. Así, el 6 de febrero de 1610 se pagó al librero Andrés de Hornillos 4 pesos y 9 reales "por un libro para el alcayde de este Santo Oficio, para que en él escriviere los gastos de los presos".[7] Particularmente abundantes son las referencias concernientes a los trabajos de encuadernación de los documentos conservados en la Cámara del Secreto. En 1665 se pagaron 165 pesos y 1 real a Gerardo Carlier por la encuadernación de 186 libros.[8] Años más tarde, en 1675, fueron contratados los servicios del librero Bernardo de Mosquera para la encuadernación de 90 "protocolos de papeles de la Cámara del Secreto". Por este trabajo el librero cobró 142 pesos y 2 reales.[9] A lo largo del siglo XVIII prosiguen las tareas de ordenamiento y el empleo de diversos libreros de la capital. En 1710 los inquisidores ordenaron el "aderezo, rótulos y otras cosas [...] en los legajos y papeles del oficio de secretos quando se entregó al secretario don Bricio Martínez de Palacio".[10] El 3 de junio de 1773, el receptor dio un libramiento a un "maestro librero" por 32 pesos y 2 reales "por la enquadernación de varios protocolos de causas civiles y criminales del Secreto".[11] El 25 de mayo de 1782 se pagaron 55 pesos a Bernardo Bejarano por la encuadernación de 16 "protocolos de la Cámara del Secreto con sus rótulos".[12] A partir de las referencias antes mencionadas, se puede colegir que en los años finales de existencia del Tribunal sus archivos se hallaban organizados y en buen estado. Esta situación cambiaría drásticamente a inicios del siglo XIX.

Las Cortes de Cádiz decretaron en 1812 la abolición de la Inquisición. La orden fue difundida en el Perú a través de un bando del virrey Fernando de Abascal fechado el 27 de julio de 1813. El manifiesto de las Cortes en que se señalaba que la

---

7 Archivo Histórico Nacional, Madrid. Sección Inquisición, leg. 4787, caja 2.
8 Idem, leg. 4788, caja 2, exp. 10.
9 Idem, leg. 4788, exp. 5.
10 Idem, leg. 4789, caja 3, exp. 5.
11 Idem, legajo 4790, caja 2, exp. 3.
12 Idem, legajo 4791, caja 1, exp. 2.

represión de la herejía era competencia episcopal fue leído durante tres domingos consecutivos en las iglesias de la capital. El virrey informó a los inquisidores acerca del procedimiento que seguiría para la confiscación de los bienes del extinto Tribunal, y dispuso que se retiraran de las iglesias los sambenitos y otros objetos que recordaran a los penitenciados. El intendente Juan Manuel de Gálvez y el diputado provincial Francisco Moreyra y Matute fueron comisionados para hacer el inventario. Se hizo un registro muy detallado de los objetos de plata y se recolectó la documentación correspondiente a los procesos de Fe. Esta última fue depositada en un archivo bajo tres llaves a fin de evitar que su "publicidad avergonzase a sus relacionados". Los expedientes de causas civiles fueron encargados a Francisco de Echavarría, secretario de secuestros del Tribunal.

La labor de los comisionados creó en el vecindario de Lima gran expectativa y no poca preocupación debido al temor de que la documentación conservada en el Tribunal se pudiera difundir. De acuerdo con el historiador Víctor Peralta, no fueron los grupos sociales más afectados por las sentencias inquisitoriales, la plebe y los extranjeros, sino las familias nobles españolas y criollas las que empezaron a actuar a fin de evitar la difusión de aquella información que cuestionaba sus linajes.[13] El diario *El Investigador* y el Cabildo de la ciudad se encargaron, en parte, de fomentar un estado de opinión adverso al Tribunal. El 19 de agosto de 1813 el citado periódico publicó un artículo dirigido al cabildo en el que demandaba que no era suficiente la condena pública de la Inquisición, sino que el Cabildo debía sugerir al virrey la forma en que habrían de erradicarse los símbolos de su existencia. El autor anónimo recomendaba aplicar al Tribunal sus mismos métodos de tal manera que el espectáculo público fuera al mismo tiempo festivo y carnavalesco, destinado a celebrar el fin de la represión. Se pedía al Cabildo la apertura de las celdas del Tribunal al público general para que éste viera "la artificiosa fábrica de este laberinto, prodigio del arte de hacer penar". Luego debía procederse con la destrucción en una ceremonia pública de las corozas, sambenitos y

---

[13] Víctor Peralta, *En defensa de la autoridad. Política y cultura bajo el gobierno del virrey Abascal, Perú 1806-1816* (Madrid: Consejo Superior de Investigaciones Científicas, 2002), 83.

todos los símbolos e instrumentos de martirio. Para los documentos inquisitoriales se proponía un destino similar. El Virrey acogió el reclamo del anónimo autor. A fines de agosto autorizó al intendente Gálvez a permitir que un grupo de personas visitara el local del Tribunal durante el tiempo que los comisionados estuvieran haciendo el inventario de los bienes.

La ansiedad del vecindario aumentó con la decisión de los comisionados de no destruir los papeles y fue la causa fundamental, según Peralta, del saqueo del Santo Oficio.[14] Los testimonios del nuncio Eustaquio de Gardeazával y el alcaide de las cárceles Juan Bautista Barrenechea permiten reconstruir con cierto detalle los sucesos. El 3 de setiembre, según Gardeazával, el intendente y el diputado provincial se retiraron antes del mediodía y le encomendaron cerrar las puertas una vez que los vecinos autorizados para visitar sus salas y cárceles abandonaran el local. Con el auxilio de Barrenechea, Gardeazával intentó despejar el lugar pero uno de los visitantes, Manuel García Plata, adujo que el permiso para estar en el Tribunal concluía a las seis de la tarde. La discusión entre Gardeazábal y el visitante se volvió más acalorada cuando en ella intervino el librero Tadeo López, quien desafió al nuncio exigiendo que se permitiera visitar los recintos que seguían cerrados, entre ellos la Saleta y el Archivo del Secreto. Gardeazábal adujo que no podía permitirlo porque allí existía documentación que los comisionados no habían concluido de inventariar, y dicho esto el nuncio se apartó y dirigió a las cárceles secretas para continuar con el desalojo. Fue en tales circunstancias que los visitantes, con el concurso de López y García Plata, rompieron la puerta de la Saleta e irrumpieron en su interior. Con no poco esfuerzo, Gardeazábal, Barrenechea y un esclavo del inquisidor Francisco Abarca lograron echar a los vecinos del Tribunal. La tranquilidad volvió mas no por mucho tiempo.

El segundo asalto comenzó a las tres y treinta de la tarde y culminó pasadas las cinco cuando los intrusos huyeron al saber que la patrulla enviada por el Virrey se dirigía a la Inquisición. De acuerdo con Barrenechea, los asaltantes:

habían forzado la pieza llamada Cámara del Secreto, y la otra en

---

14 En la narración del asalto y saqueo del local del Tribunal sigo el libro de Peralta, *En defensa de la autoridad*, 81-92.

que estaba su Archivo de causas de Fe e informaciones de donde destrozaron y sustrajeron todos los papeles que pudieron y robaron porción de pañuelos, piezas de indiana y libros que se hallaban allí depositados por estar prohibidos.[15]

En respuesta a estos acontecimientos, el arzobispo de Lima promulgó un edicto de excomunión contra todos aquellos que tuvieran u ocultaran objetos sustraídos del Tribunal. La censura resultó efectiva, ya que patrullas de infantería y caballería del virrey recolectaron en las calles gran cantidad de materiales, y en la catedral aparecieron otros que fueron entregados al arzobispo y luego enviados al palacio virreinal. El 10 de setiembre el virrey ordenó el traslado de los papeles al local de la Inquisición, y ordenó a los comisionados Gálvez y Moreyra determinar las pérdidas documentales. Estos afirmaron que nada de interés se había perdido. Esta afirmación resulta discutible porque en poder del arzobispo quedaron libros y numerosos expedientes del archivo del Secreto que fueron depositados en una habitación debajo de la cocina del palacio arzobispal. El destino de aquellos expedientes no pudo ser más trágico. En una carta dirigida a la Suprema, suscrita a inicios de 1815, los inquisidores decían que a fines de 1813 "huvo la desgracia de que este [pavimento] con los fogones encendidos se desplomase y cayese sobre los papeles, y como para evitar el incendio fue necesario acudir con agua, considérese Vuestra Alteza el estado en que quedarían los papeles".[16] No mucho tiempo después, el arzobispo Las Heras solicitó a la Suprema permiso para incinerar la documentación, pero todo parece indicar que no logró ejecutar tal medida. Pero las fortunas y adversidades de esta última no terminan aquí.

Con el retorno de Fernando VII al trono de España en 1814 se reinstauró el absolutismo, y con él se abolieron las reformas liberales. En consecuencia, se restablecieron la censura y la Inquisición. En Lima, a mediados de 1815, los inquisidores recuperaron su local así como la documentación allí existente y la que quedaba en posesión del arzobispo. Cinco años más tarde, en 1820, el movimiento insurreccional comandado por Rafael de

---

15 Peralta, *En defensa de la autoridad*, 90.
16 Idem, 93-94.

Riego y su cuerpo de ejército expedicionario a América obligó a Fernando VII a restituir la Constitución de 1812. En Madrid, el 9 de marzo de ese año, una Junta proclamada soberana hizo firmar al rey el decreto de abolición del Santo Oficio por ser incompatible con el ordenamiento político dispuesto por la Constitución. En consecuencia, se ordenaba la inmediata liberación de todos los presos que estaban en las cárceles inquisitoriales "por opiniones políticas o religiosas" y dispuso que las causas de estos últimos se entregasen a los obispos "para que las sustancien y determinen con arreglo en todo al expresado decreto de la Cortes extraordinarias".[17]

En consonancia con el decreto de marzo de ese año, el arzobispo de Lima, Bartolomé María de las Heras, solicitó el 23 de febrero de 1820 al virrey José de la Serna la entrega de las causas de la fe. Seis días después, el virrey dispuso la realización de un inventario de los documentos. Para llevar a cabo dicha tarea el virrey nombró al oidor Manuel Genaro de Villota y el arzobispo al prebendado Jorge Benavente. Ambos comisionados debían registrar las causas haciendo distinción entre las de tipo político y religioso. Una vez hechos los registros, una copia debía remitirse al Ministerio de Hacienda en la península, en tanto que los expedientes "fenecidos y ejecutoriados" se pondrían en custodia bajo tres llaves en una habitación del convento de Santo Domingo.[18] Lo más probable es que el arzobispo nunca se hiciera de los documentos, ya que en julio del año siguiente, por orden del general José de San Martín, el oficial mayor de la secretaría de Hacienda, Francisco de Taramona, entregó al administrador del arzobispado de Lima, Francisco Xavier Echague, las llaves "de la pieza del convento de Santo Domingo donde se hallan custodiados los papeles pertenecientes al extinguido Tribunal de la Ynquisición".[19]

En 1823 el Congreso de la República nombró una comisión para examinar los papeles e informar sobre ellos. La razón de esta medida parece haber sido fundamentalmente de carácter económico. Después del ingreso del general San Martín a la capital,

---

17 Joaquín Pérez Villanueva y Bartolomé Escandell Bonet, dirs. *Historia de la Inquisición en España y América. I. El conocimiento científico y el proceso histórico de la institución (1478-1834)* (Madrid: Biblioteca de Autores Cristianos y Centro de Estudios Inquisitoriales, 1984), 1482.
18 Archivo Arzobispal de Lima. Notas del Superior Gobierno, leg. 1, doc. 15.
19 Archivo Arzobispal de Lima. Notas del Superior Gobierno, leg 1, doc. 103.

había sido creada la Dirección General de Censos y Obras Pías, la que se hizo cargo de los bienes de Temporalidades, Caja de Censos de Indios, Inquisición y monasterio de El Escorial. Debido a que estos ramos poseían rentas y propiedades en el territorio nacional y no se trataba de un patrimonio despreciable, la medida buscaba un uso eficiente de esos recursos para cubrir los gastos internos del naciente estado.[20] El examen del archivo inquisitorial obedecía, pues, a un interés por determinar con precisión el patrimonio del estado. Los miembros designados fueron Echague, Benavente y el dominico José Seminario. El informe fue finalmente presentado por Benavente al Consejo de Gobierno el 16 de setiembre de 1825. Benavente sostuvo que los libros secuestrados por la Inquisición eran pocos y que ya habían sido entregados por orden del gobierno a José Riglos. Los documentos depositados en Santo Domingo constaban de dos grupos: los que trataban acerca de los títulos de nobleza y de tierras y aquellos que trataban de las causas de fe. El comité era de la opinión que los últimos correspondían al fuero eclesiástico, mientras que los primeros pertenecían al estado.[21]

El 6 de octubre de 1825, Echague presentó su propio informe y recomendaciones al gobierno. Estimó que los "expedientes de la fe, como ceden en ignominia y baldón de las familias de los pesquisados" debían ser quemados pero que su oficina debería ser permitida primero de "sacar una razón de los eclesiásticos acusados por solicitantes y por haber quebrantado el sigilo de la confesión para los efectos convenientes, pero los documentos sobre nobleza y genealogías" debían ser conservados por el estado debido a la importancia económica de los mayorazgos.[22]

El 12 de octubre de 1825, el Consejo de Gobierno comunicó a Echague que todos los "expedientes respectivos a causas de fe se quemen y la quema la haga realizar absolutamente sin reserva, ni distinción alguna; pero los papeles sobre obras pías, fundaciones, informaciones de nobleza y las genealogías pasen a la Dirección de

---

20 Fernando Armas Asín, *Patrimonio divino y capitalismo criollo. El proceso desamortizador de censos eclesiásticos en el Perú* (Lima: Instituto Riva-Agüero, Fundación M.J. Bustamante de la Fuente y Red para el Desarrollo de las Ciencias Sociales en el Perú, 2010), 68.
21 Antonine Tibesar, "The Peruvian Church at the Time of Independence in the Light of Vatican II", *The Americas* 26, no. 4 (abril 1970): 374.
22 Ibídem.

Censos".[23] De acuerdo con el testimonio de Manuel de Mendiburu, un fraile habría quemado todo el archivo de causas de fe existente en el convento de Santo Domingo.[24]

No he podido determinar cuándo y en qué circunstancias la documentación inquisitorial, o lo que quedaba de ella, fue trasladada al convento de San Agustín. Lo cierto es que estaba compuesta fundamentalmente de expedientes relacionados con el extenso patrimonio económico del Tribunal: concursos de acreedores, causas por deudas, cuentas de los receptores, inventarios de bienes secuestrados, registros de censos, remates de propiedades, depósitos de dinero, etc. Es muy probable que toda esta documentación haya estado en manos de la Dirección General de Censos y obras pías, luego reemplazada por la Caja de Consolidación. Pero cuando las rentas provenientes de los bienes del Tribunal fueron progresivamente extinguiéndose y las propiedades del mismo enajenadas a particulares debido a las necesidades del erario nacional, siempre en falencia en las décadas iniciales de la república, la documentación perdió utilidad práctica inmediata; en otras palabras, pasó a convertirse en parte de la memoria histórica.

Durante su estancia en Lima a inicios de la década de 1860, el historiador chileno Benjamín Vicuña Mackenna visitó el convento de San Agustín en búsqueda de documentos de interés para la historia colonial. Allí encontró "el archivo de la Inquisición, depositado junto con el de los jesuitas, en buena y grata fraternidad".[25] No debe extrañar que ambos conjuntos de papeles estuvieran alojados en el mismo espacio, ya que los ingresos provenientes del patrimonio de la Compañía de Jesús expropiado luego de su expulsión en 1767, conformaron un aporte considerable en la hacienda de la república peruana temprana; de allí también la necesidad de preservar la documentación jesuítica.[26] Los expedientes, observó Vicuña

---

23 Idem, 375.
24 Ibídem. No todos los expedientes relacionados con causas de fe desaparecieron. A principios del siglo XX, José de la Riva-Agüero consultó el proceso seguido a Pedro de Peralta Barnuevo. Al respecto véase José de la Riva-Agüero, *La Historia en el Perú* (Lima: Pontificia Universidad Católica del Perú, 1965), 299-306.
25 Benjamín Vicuña Mackenna, *Francisco Moyen o lo que fue la Inquisición en América (cuestión histórica y de actualidad)*. (Valparaíso: Imprenta del Mercurio, 1868), 93.
26 Armas Asín, *Patrimonio divino*, 72-73.

Mackenna, eran

> en tan gran número (sobre todo los autos de confiscación del Santo Oficio y de administración de renta de los jesuitas, testimonios los unos como los otros de un santo desinterés cristiano) que no vacilamos en decir que los volúmenes que cubrían hasta las vigas del vastísimo aposento (especie de refectorio que ocupa todo el costado occidental del claustro, en los altos) no contendría menos de doscientos mil cuerpos de autos.[27]

La situación de abandono en que se hallaban esos documentos fue, en parte, remediada por la creación del Archivo Nacional en 1861. El proyecto de establecer una institución de esa naturaleza, la primera en su tipo en el Perú, se llevó a cabo en una época de prosperidad económica y de relativa estabilidad política, y respondió al interés de los hombres dedicados a la investigación histórica por contar, al igual que otros países latinoamericanos, con una "Historia Nacional". Esta era entendida como un elemento esencial en la forja de la identidad nacional. En tal sentido, el Archivo Nacional debía contribuir a la realización del ansiado proyecto historiográfico nacionalista.

En la década de 1870 empezó a funcionar el Archivo Nacional en el local de la Biblioteca Nacional. Los fondos documentales que le dieron origen procedían de la Secretaría del Virreinato, del Tribunal de Cuentas y de la Real Junta de Temporalidades y todos ellos habían estado depositados en el convento de San Agustín. En 1878 el Archivo Nacional se hallaba bastante bien organizado. Poseía más de 25,000 documentos clasificados en los ramos de Temporalidades, Inquisición, Censos, Tabacos y Audiencia de Lima y contaba con un índice compuesto de cinco tomos. Pocos años después sobrevino la ocupación chilena de Lima y, con ella, la depredación y el saqueo del Archivo.

Como es conocido, durante la ocupación de Lima entre 1881 y 1883, los establecimientos públicos fueron saqueados por las autoridades civiles y militares chilenas.[28] El Archivo Nacional no fue la excepción. De acuerdo con Alberto Ulloa:

---

[27] Vicuña Mackenna, *Francisco Moyen o lo que fue la Inquisición en América*, 93.
[28] Pedro Guibovich Pérez, "La usurpación de la memoria: el patrimonio documental y bibliográfico durante la ocupación chilena de Lima, 1881-1883", *Jahr-*

[...] una vez ocupada Lima por el ejército invasor de Chile, el local de la Biblioteca Nacional fue entregado al pillaje. En él se encontraba el Archivo Nacional, en las mismas habitaciones que ocupa en el día; pero quiso la suerte que las tropas de Chile no destruyeran ni sustrajeran gran parte de los papeles del Archivo. Estos fueron groseramente mutilados, es cierto, porque innúmeros libros y legajos se extrajeron para llevarlos al mismo Chile, para regalarlos a particulares o para venderlos al peso en los almacenes de Lima; pero no sufrieron el total y cruelísimo reparto que se hizo en aquellos otros establecimientos. Contribuyó a tal resultado el interés que algunos caballeros chilenos, con notorias aficiones históricas, pusieron en revisar personalmente el Archivo para buscar datos y documentos de que habían menester, muchos de los cuales encontraron y se apropiaron, efectivamente, lo cual es fácil comprobar ahora mismo, comparando los truncados catálogos que hoy se conservan, con los documentos publicados en Santiago y en otros lugares pocos años más tarde. No fueron, sin embargo, pocas las carretadas de papel de aquel modo extraídas, ni escaso el número de personas que vieron en Lima, por aquel entonces, cuán profusamente se acondicionaban, con los papeles sustraídos, los artículos de expendio, en los establecimientos de abarrotes y despachos de la ciudad.[29]

El testimonio de Ulloa acerca del saqueo y consiguiente emigración de documentos a Chile es confirmado por otras fuentes. En 1883, al poco tiempo de desocupada la capital, Manuel Bravo, jefe del Archivo Nacional, dirigió al Ministro de Justicia, Culto, Instrucción y Beneficencia un detallado informe acerca de la desaparición del mobiliario así como de abundante documentación del Archivo. En su reporte, Bravo refiere que "por la vista de ojos que he pasado a los documentos existentes, noto la falta como de trescientos legajos que contenían más de cuatro mil documentos del ramo histórico de Inquisición, y también todos los pertenecientes a la Real Audiencia de Lima".[30] Este es el origen del rico fondo de Inquisición de Lima existente en el Archivo Nacional de Chile, en

---

buch für Geschichte Lateinamerikas 46 (2009): 83-107.
29 Alberto Ulloa, "Introducción", *Revista de Archivos y Bibliotecas Nacionales* 1, no. 1 (1898): il.
30 "Oficio de Manuel Bravo al Ministro de Justicia, Culto, Instrucción y Beneficencia. Lima, 30 de octubre de 1883". Archivo General de la Nación, Lima. Justicia, leg. 186.

Santiago.[31]

Pero no todos los papeles se quedaron en el país del sur. En 1885, Ricardo Palma obtuvo del gobierno de Chile la devolución de diez cajones de documentos sobre el Santo Oficio peruano.[32] El mismo Palma aseguró unos años después que se sirvió de sus antiguas relaciones con el presidente Santa María para recuperar "dos cajones de manuscritos que, para su examen o estudio, tenía en su casa el señor Vicuña Mackenna, que acababa de fallecer sin haber tiempo de abrirlos y enterarse del contenido".[33] Pero nuevas adversidades le esperaban a la documentación inquisitorial depositada en el Archivo, esta vez no por obra de extranjeros sino de nacionales.

Concluida la Guerra del Pacífico el presidente de la república, general Miguel Iglesias, encargó a Palma la reconstrucción de la Biblioteca Nacional. Esta y el Archivo Nacional se fusionaron y quedaron bajo la dirección del escritor. Palma, con un criterio que hoy resulta discutible, extrajo del Archivo gran cantidad de documentos para formar la colección de manuscritos de la Biblioteca

---

[31] En un par de visitas al Archivo Nacional de Chile he podido confirmar que la documentación allí existente procede de Lima. Menciono tan solo un ejemplo. Las cartas del Consejo de la Suprema a los inquisidores son originales, lo cual se colige por las anotaciones manuscritas que registran la fecha de su recibo y, en muchos casos, de su publicación en Lima, esto último cuando se trataba de edictos y órdenes. El primero en llamar la atención acerca del fondo documental existente en Santiago fue Rubén Vargas Ugarte. Al respecto véase *Manuscritos peruanos en las bibliotecas de América* (Buenos Aires: A. Baiocco y Cía., 1945), 53, 143. Vargas Ugarte resume el contenido de las cartas intercambiadas entre los inquisidores y el Consejo de la Suprema contenidas en el primer volumen de la correspondencia. Los documentos existentes en Santiago cuentan con un detallado inventario mecanografiado y de consulta en la sala de lectura, elaborado por el personal de aquel archivo. El inventario ha sido publicado, aunque convenientemente reordenado y atribuyéndose la autoría, por Teodoro Hampe en su artículo "La Inquisición peruana en Chile: Catálogo de documentos", en *Santo Oficio e Historia Colonial* (Lima: Ediciones del Congreso del Perú, 1998), 143-212. Para una descripción general del Fondo Inquisición de Lima en el Archivo Nacional de Chile, véase René Millar Carvacho, "El archivo del Santo Oficio de Lima y la documentación inquisitorial existente en Chile", *Revista de la Inquisición*, no. 6 (1997): 101-16.

[32] Ricardo Palma, *Memoria que presenta el director de la Biblioteca Nacional correspondiente al cuadrienio del 28 de julio de 1884 al 28 de julio de 1888* (Lima: Imp. Masías y Cía, 1888).

[33] Ricardo Palma, *Apuntes para la historia. Biblioteca de Lima* (Lima: Empresa Tipográfica Unión, 1912), 8.

Nacional. Para ello no tuvo reparo en alterar expedientes y series documentales. El propio Palma resume su labor de la siguiente manera:

> Durante los cuatro años últimos nos ocupamos constantemente en registrar los legajos del Archivo, separando todo documento que, a nuestro juicio, ofreciera algún interés. De esos documentos formamos treinta volúmenes que, empastados, figuran en el Catálogo de manuscritos.[34]

Los papeles "de algún interés" fueron a engrosar los fondos de la Biblioteca Nacional. Se trataba de edictos impresos, algunas relaciones de causas, literatura satírica y expedientes diversos, que despertaron el interés del escritor y fueron usados por este como materia prima en la redacción de sus afamadas *Tradiciones Peruanas*. Desafortunadamente, la mayoría de tales documentos desapareció en el incendio de la Biblioteca Nacional ocurrido en 1943. Los que sobrevivieron aun muestran las huellas de la acción del fuego y el agua arrojada por los bomberos. Ha pasado más de medio de siglo desde dicha tragedia y los papeles del Santo Oficio siguen librados a su suerte, deteriorándose por acción de la humedad, los hongos y el polvo, como lo pude comprobar recientemente.[35] En lo que toca a los papeles "sin el menor interés histórico, social

---

34 Palma, *Memoria*, 5.
35 Años atrás un grupo de esforzados estudiantes de la Universidad Nacional Mayor de San Marcos redactaron un catálogo del Fondo Contencioso de Inquisición del Archivo General de la Nación. Todos los investigadores sabemos cuán importante es la existencia de un auxiliar descriptivo de esa naturaleza, ya que no solo facilita la localización de información, sino además permite tener un registro de los documentos a fin de evitar pérdidas y sustracciones. Aparentemente, los industriosos alumnos no solicitaron permiso para la elaboración del mencionado catálogo, lo que generó malestar entre los empleados del referido repositorio documental. Descartaron el trabajo y decidieron iniciar uno nuevo. A pesar de algunas deficiencias en la descripción de las piezas documentales, propias de quienes desconocen la historia institucional del Santo Oficio, y de las malas lecturas de nombres propios, el catálogo realizado por los empleados del Archivo General de la Nación constituye una herramienta importante para el investigador que merece ser conocido. Hace varios años que dicho catálogo espera su publicación por el Fondo Editorial del Congreso de la República del Perú. Esta situación no hace sino poner en evidencia el poco interés que algunas autoridades muestran por la conservación y estudio de los textos de valor histórico en general, y de la Inquisición en particular.

o literario" (en opinión de Palma) y que quedaron en el Archivo, estuvieron los "expedientes sobre secuestros de bienes por la Inquisición y causas sobre concursos".[36] De haber sido trasladados todos ellos a la Biblioteca habrían desaparecido en el incendio. El desinterés de Palma los salvó para la posteridad.

    A un contemporáneo de Palma y cultor como él de la literatura, el historiador mejicano Vicente Riva Palacio, le correspondió llevar a cabo en su país una tarea similar, aunque de mayor envergadura. Luego de la supresión del Tribunal de la Inquisición novohispana, su archivo fue depositado en el arzobispado de Ciudad de México. Allí permaneció durante varias décadas hasta que en 1861 el Congreso encargó a Riva Palacio la publicación de algunos procesos. Con tal motivo se le permitió trasladar el archivo a su casa. El escritor mejicano hizo uso intensivo de los papeles para escribir varias novelas históricas, pero la familiaridad con los escritos inquisitoriales lo llevó a considerarlos como parte de su patrimonio personal. Ante los insistentes pedidos de las autoridades políticas, en 1869 o entre 1875 y 1883, devolvió la mayor parte de la documentación, pero mantuvo en su poder hasta su muerte, en 1896, una selecta colección de expedientes conocida como el "lote Riva Palacio". Luego de esa fecha, pasó a formar parte del patrimonio documental histórico de la nación mejicana.[37] En conjunto, el fondo de la inquisición mejicana, a pesar de algunas pérdidas, es el más completo entre los países hispanoamericanos.

    El Perú desafortunadamente no tuvo la suerte de contar con un Riva Palacio. De haberlo tenido, otra habría sido la historia de los estudios coloniales peruanos. Como se ha visto, la documentación inquisitorial peruana tuvo una historia bastante accidentada, como accidentada ha sido la de muchos otros conjuntos documentales en este país. Si ha llegado a nosotros ha sido más por el azar que por una política concertada del Estado. La pérdida de la mayor parte del archivo del Tribunal de Lima sin duda ha redundado, a diferencia del caso mejicano, en el escaso desarrollo de los estudios sobre dicha institución entre historiadores peruanos y extranjeros. Esto se hace más evidente entre los primeros, ya que para estudiar el Santo Oficio

---

36 Palma, *Memoria*, 5.
37 José Ortiz Monasterio, "Avatares del archivo de la Inquisición", *Boletín del Archivo General de la Nación* 5 (julio-set 2004), 93-109.

necesariamente deben acudir a los dos más importantes repositorios de la documentación inquisitorial: el Archivo Nacional de Chile, en Santiago de Chile, y el Archivo Histórico Nacional, en Madrid. Este último es particularmente atractivo para la investigación porque conserva, entre otros, dos valiosos corpus documentales: los procesos de fe y la correspondencia.[38] Los procesos de fe han sido estudiados principalmente por los estudiosos extranjeros y ha dado origen a una nutrida bibliografía.[39]

No es el caso de la correspondencia, esto es, las cartas intercambiadas entre el Consejo de la Suprema y General Inquisición y el Tribunal de Lima. Se trata de una documentación de enorme interés ya que permite reconstruir con bastante detalle la evolución institucional del Tribunal, sus relaciones con los poderes coloniales constituidos y la compleja trama de sus intereses económicos y sociales. Pero ella también permite estudiar una de las actividades centrales del quehacer inquisitorial: la censura de textos impresos y manuscritos. En sus cartas, los miembros del Consejo instruían a sus pares de Lima acerca de los textos que debían prohibirse, los procedimientos a seguir para evitar la difusión de la literatura considerada contraria a los intereses de la Iglesia y el Estado, entre otras disposiciones. A su vez, las cartas de los inquisidores informan de los alcances y limitaciones que conllevaba la ejecución de las órdenes provenientes de Madrid. El desconocimiento de esta documentación ha llevado a perpetuar uno de los tópicos más característicos de la historiografía: el del poder hegemónico y monolítico de los inquisidores en materia censoria, cuando la propia documentación revela las dificultades que se enfrentaron para llevarla a cabo como consecuencia de su situación de dependencia con relación a Madrid y la propia estructura administrativa del Tribunal.[40] Lejos de constituir un muro insalvable, la censura tuvo más de una fisura.

---

38 El catálogo del fondo documental del tribunal limeño existente en el Archivo Histórico Nacional en Madrid se encuentra publicado en Pedro Guibovich, *En defensa de Dios. Estudios y documentos sobre la Inquisición en el Perú* (Lima: Ediciones del Congreso de la República, 1998).
39 Un estado de la cuestión en Hampe, *Santo Oficio e Historia colonial*, 33-48.
40 A pesar de su antigüedad y los tópicos de la leyenda negra sobre el Santo Oficio peruano, la obra de Felipe Barreda y Laos, *Vida intelectual en el virreinato del Perú* (Buenos Aires: Talleres gráficos argentinos L. J. Rosso, 1937) sigue siendo

La falta de documentación ha llevado también a que se privilegie el empleo de fuentes literarias para reconstruir la historia de la Inquisición. Muestra de ello son los *Anales de la Inquisición*, de Ricardo Palma. Publicados originalmente en 1863 y reimpresos sucesivamente, han tenido y tienen un éxito notable entre los lectores. Su autor los concibió como un complemento y "remate" de sus *Tradiciones peruanas*, colección de breve relatos ficcionales sobre personajes, sucesos y costumbres de la época colonial. Para la redacción de los *Anales* consultó algunos expedientes inquisitoriales, pero sus principales fuentes fueron literarias. Como bien lo ha señalado Luis Loayza, Palma llevó a cabo esta tarea movido no por una vocación histórica, sino por el afán de encontrar material para sus divertidas evocaciones del pasado.[41] El mismo escritor así lo reconoce al inicio de sus *Anales* al calificarlos de "tradiciones".[42]

No obstante, son muchos los que acuden a los escritos de Palma como si se tratase de obras de historia y, en consecuencia, contribuyen a mantener la lectura decimonónica negativa del accionar inquisitorial y, por extensión, del pasado colonial. Basta como ejemplo la manera de proceder de los inquisidores en sus audiencias. Palma recoge en sus *Anales* el relato del viajero inglés William Bennet Stevenson, quien habría comparecido ante la Inquisición en 1812 y sido testigo del saqueo del local del Tribunal al año siguiente. De acuerdo con Stevenson, la mesa de los inquisidores se hallaba presidida por la talla de tamaño natural de un Cristo crucificado. Este poseía una cabeza articulada que era movida por uno de los oficiales del Tribunal para manifestar su aceptación o rechazo a los dictámenes de los inquisidores.[43] De esta manera, tan poco artificiosa, los inquisidores aparecían ante los acusados como meros ejecutores de la justicia divina. A pesar de carecer de sustento documental, el relato del Cristo articulado

---

fuente de consulta para los investigadores de la cultura colonial. Las limitaciones de esta y similares obras las discuto en mi libro *Censura, libros e Inquisición en el Perú colonial, 1570-1754* (Sevilla: Escuela de Estudios Hispanoamericanos, Diputación provincial y Universidad de Sevilla, 2003).
41 Luis Loayza, *El sol de Lima* (Lima: Mosca Azul Editores, 1974), 89-115.
42 Ricardo Palma, *Tradiciones peruanas* (Madrid: Espasa Calpe, 1939), vol. 6, 199.
43 Idem, 303.

goza de una enorme popularidad en la actualidad y forma parte del discurso de los guías en el Museo del Santo Oficio en Lima.

La historia del archivo del Santo Oficio, como la de muchos otros archivos institucionales de la época colonial heredados por la república peruana, ha estado marcada por un destino trágico. Las dos supresiones del Tribunal, en 1813 y 1820, produjeron mermas considerables en la documentación, pero ninguna habría de ser tan importante como la acaecida durante la ocupación del ejército chileno de Lima, cuando el Archivo Nacional fue entrado a saco y buena parte de los expedientes inquisitoriales llevada como botín de guerra al país del sur, donde aún se conserva. Años después el incendio de la Biblioteca Nacional destruyó buena parte de los restos del archivo del Santo Oficio allí conservado. En suma, la pérdida de la mayor de la documentación inquisitorial ha limitado grandemente la investigación histórica y hecho depender a los estudiosos de fuentes literarias, perpetuando de esa manera "la leyenda negra" inquisitorial con sus pocas luces y muchas sombras.

Bibliografía

Armas Asín, Fernando. *Patrimonio divino y capitalismo criollo. El proceso desamortizador de censos eclesiásticos en el Perú*. Lima: Instituto Riva-Agüero, Fundación M.J. Bustamante de la Fuente y Red Para el Desarrollo de las Ciencias Sociales en el Perú, 2010.

Bethencourt, Francisco. *La Inquisición española en la época moderna. España, Portugal, Italia. Siglos XV-XX*. Madrid: Akal, 1997.

Guibovich Pérez, Pedro. *En defensa de Dios. Estudios y documentos sobre la Inquisición en el Perú*. Lima: Fondo Editorial del Congreso, 1998.

Guibovich Pérez, Pedro. *Censura, libros en Inquisición en el Perú colonial, 1570-1754*. Sevilla: Escuela de Estudios Hispanoamericanos, Diputación provincial y Universidad de Sevilla, 2003.

Guibovich Pérez, Pedro. "La usurpación de la memoria: el patrimonio documental y bibliográfico durante la ocupación chilena de Lima, 1881-1883". *Jahrbuch für Geschichte Lateinamerikas* 46 (2009): 83-107.

Hampe, Teodoro. "La Inquisición peruana en Chile: Catálogo de documentos". En *Santo Oficio e Historia colonial*, 143-212. Lima: Ediciones del Congreso del Perú, 1998.

Loayza, Luis. *El sol de Lima*. Lima: Mosca Azul Editores, 1974.

Millar Carvacho, René. "El archivo del Santo Oficio de Lima y la documentación inquisitorial existente en Chile". *Revista de la Inquisición*, no. 6 (1997): 101-116.

Ortiz Monasterio, José. "Avatares del archivo de la Inquisición". *Boletín del Archivo General de la Nación*, no. 5 (julio-set 2004): 93-109.

Palma, Ricardo. *Memoria que presenta el director de la Biblioteca Nacional correspondiente al cuadrienio del 28 de julio de 1884 al 28 de julio de 1888*. Lima: Imp. Masías y Cía, 1888.

Palma, Ricardo. *Apuntes para la historia. Biblioteca de Lima*. Lima: Empresa Tipográfica Unión, 1912.

Palma, Ricardo. *Tradiciones Peruanas*, 6 vols. Madrid: Espasa Calpe, 1939.

Peralta, Víctor. *En defensa de la autoridad. Política y cultura bajo el gobierno del virrey Abascal, Perú 1806-1816*. Madrid: Consejo Superior de Investigaciones Científicas, 2002.

Pérez Villanueva, Joaquín y Bartolomé Escandell Bonet, dirs. *Historia de la Inquisición en España y América. I. El conocimiento científico y el proceso histórico de la institución (1478-1834)*. Madrid: Biblioteca de Autores Cristianos y Centro de Estudios Inquisitoriales, 1984.

Riva-Agüero, José de la. *La Historia en el Perú*. Lima: Pontificia Universidad Católica del Perú, 1965.

Tibesar, Antonine. "The Peruvian Church at the Time of Independence in the Light of Vatican II." *The Americas* 26, no. 4 (abril 1970): 349-375.

Ulloa, Alberto. "Introducción". *Revista de Archivos y Bibliotecas Nacionales* 1, no. 1 (1898): xxix-xcii.

Vargas Ugarte, Rubén. *Manuscritos peruanos en las bibliotecas de América*. Buenos Aires: A. Baiocco y Cía, 1945.

Vicuña Mackenna, Benjamín. *Francisco Moyen o lo que fue la Inquisición en América (cuestión histórica y de actualidad)*. Valparaíso: Imprenta del Mercurio, 1868.

HISTORY OUT OF THE ASHES:
REMEMBERING BRAZILIAN SLAVERY AFTER RUI BARBOSA'S
BURNING OF THE DOCUMENTS

Amy Chazkel[1]

City University of New York, Queens College and the Graduate Center

Modern nations obsessively preserve memory and fetishize documents. Post-colonial Latin American nations created national archives, libraries, museums, and universities as crucial elements in the process of state formation. When the historical record of a nation is not properly preserved, the story told usually concerns the inability of the state to fulfill this function because of a lack of resources or coordination, imperialist plunder, or the destruction of war.

Amid the discussion of archival documents that are difficult to access, poorly stored, or eaten by worms, I would like to insert the story of an archive in post-colonial Latin America that was intentionally destroyed. This essay concerns an episode familiar to historians of Brazil, but few others: in 1890, a distinguished Brazilian statesman, the Minister of the Treasury of the new Brazilian Republic (1889-1930), ordered the incineration of all documents held or produced by that Ministry related to Brazilian slavery, not only in the federal capital city of Rio de Janeiro but all over Brazil.

---

1 The author would like to thank Walter Brem and Mary Karasch for their valuable input, and Javier Villa-Flores and Carlos Aguirre for inviting me to be a part of the AHA panel and publication project.

Local officials in various places in Brazil partially carried out this order. Although precise numbers are probably irrecoverable, as we will see, it is clear that officials followed this order and set fire to a vast amount of this Ministry's public records. It is unlikely that historians will ever know precisely which documents were destroyed; indeed, there remains a great deal of mystery around this curious episode. This essay comprises a synthesis of the smattering of work on this famous (or infamous) episode, and a reflection on some of its implications for Brazilian, and perhaps Latin American, post-colonial history.

Brazilian intellectuals began to comment on the burning of the documents related to slavery in the early twentieth century. Some of the era's most influential observers of Afro-Brazilian life, culture and history —the doctor Raimundo Nina Rodrigues and the sociologist Gilberto Freyre, most prominently— helped to popularize the notion that the history of Brazilian slavery had gone up in smoke.[2] Nina Rodrigues's *Os africanos no Brasil*, based on medical, historical, and social scientific research carried out in the late nineteenth and early twentieth century and posthumously published in 1932, was among the first works to relate the supposed destruction of the slavery archive to the nation's inability to know its lamentable past. As he reflects on the challenges of reconstructing the transatlantic slave trade in Brazil, Nina Rodrigues states that the complete destruction of the customs documents relating to the slave trade in his home state of Bahia impeded his efforts to understand the ethnicities of Africans entering Brazil during the height of the legal traffic in the late eighteenth and early and mid-nineteenth centuries. The only traces of the slave trade, he claims, were some ship manifests that were published in the commercial press, which along with contemporary ethnographic research allowed him to devise his racialist theory of the destructive legacies of African blood in the Brazilian national body.[3] Freyre, with a different disciplinary and ideological orientation but a similar

---

2 Américo Jacobina Lacombe, Eduardo Silva, and Francisco de Assis Barbosa, *Rui Barbosa e a queima dos arquivos* (Rio de Janeiro: Fundação Casa de Rui Barbosa, 1988), 33.
3 Raimundo Nina Rodrigues, *Os Africanos no Brasil*. (Rio de Janeiro: Centro Edelstein de Pesquisas Sociais, 2010). [Orig. pub. 1932.]

understanding of the fate of the documentary record that slavery left behind, mentioned the episode again in the first edition of *Casa Grande e Senzala*, referring to the "Republican *autos-de-fé*" that robbed the nation of the customs documents needed to understand the ethnicities of enslaved men, women, and children entering the country.[4] The importance of the destruction of the written records of slavery as legend, if not as actual history, is such that when the US historian Mary Karasch traveled to Brazil in the late 1970s to begin her archival research having read of the famous burning of the archive, she feared that she would find nothing with which to reconstruct the history of Brazilian slavery. Tellingly, Karasch reveals this personal story of her initial doubts about the possibility of carrying out primary research on Brazilian slavery in the preface to her magisterial, encyclopedic, and very richly documented study, *Slave Life in Rio de Janeiro*.[5] The burning of the archive certainly may have imposed some challenges on the study of the institution of slavery and the people held in bondage. These limitations, however, did not prevent Brazil from developing arguably the richest historiography of slavery in the world, as we will see below.

This irreversibly destructive act may seem out of place in the context of the emphatic nation-building and the chest-thumping nationalism that characterizes Brazil's early republican era. Yet the national leaders' desire to preserve their collective memory was outweighed by their fears about the enduring effects of slavery's most basic and corrosive contradiction: its attempt to turn people into commodities that could be owned, sold, and purchased, and the impossibility of upholding sacrosanct property rights while opposing human bondage. Slavery was finally abolished in 1888, and the monarchical Empire fell the following year when a military coup imposed a republic that was deeply oligarchical but whose national leaders were committed to both transcending the embarrassing legacies of slavery and protecting the rights of

---

4 Gilberto Freyre, *Casa grande e senzala*, vol. 2, 7th ed. (Rio de Janeiro: José Olympio, 1952), 515. [Orig. pub. 1933.]
5 Mary Karash, *Slave Life in Rio de Janeiro (1808-1850)* (Princeton, NJ: Princeton University Press, 1986). On the widespread, conventional idea that the documentary record of slavery was destroyed, see also Robert W. Slenes, "Escravos, cartórios, e desburocratização: O que Rui Barbosa não queimou será destruido agora?," *Revista Brasileira de História* 5, n. 10 (1983): 166-196.

property owners. By targeting the documents from the Ministry of the Treasury in this incendiary act against the nation's archival memory, Brazil's Provisional Government in 1890 and 1891 clearly sought to preempt claims over former slave property.[6]

The importance of property rights behind the decision to order the burning of documents related to slavery is at the center of the few historians' writings on the subject as well as public history discussions that the late-nineteenth-century episode continues to generate and is certainly not a revelation. The pressing question of property rights serves to remind us here, though, of how useful the infamous "*queima do arquivo*" can be in recovering a historically specific concept of what it meant to preserve (or destroy) the memory of slavery in the early Republic, and what the transition from a slave to a post-abolition society meant. Recent historiography of Brazil as it moved from a slave to a free labor regime in the course of the mid – and late nineteenth century has largely and explicitly transcended the concept of a "transition" —if not actively banishing that word from their vocabulary, at least rarely uttering it uncritically. The social history tide has turned, instead, to the study of the lives of slaves, freedpersons living in a slave society, and emancipated slaves, all of whom experienced various degrees of freedom and unfreedom in their legal, social, and economic lives. Using notarial and criminal records and freedom suits, as well as such classic sources as newspapers and foreign travel accounts —in other words, the vast array of sources untouched by the "*queima do arquivo*"—

---

[6] The issue of property rights and the incongruity of human property came to the fore increasingly in the nineteenth century in the context of liberalism in Europe and the Americas. The idea that individual property rights were of paramount importance to protect citizens against the tyrannical leanings of the old regime was widely held. The literature on slavery and liberalism in nineteenth-century Brazil is vast. See, for example, Alfredo Bosi, "O escravidão no Brasil entre dois liberalismos," *Estudos Avançados* 2, no. 3 (1988): 4-39; Emília Viotti da Costa, *The Brazilian Empire: Myths and Histories* (Chapel Hill, NC: University of North Carolina Press, 2000); Keila Grinberg, *Liberata: A lei da ambiguidade* (Rio de Janeiro: Relume Dumará, 1994) and *O fiador dos brasileiros: escravidão, cidadania, e direito civil no tempo de Antonio Pereira Reboucasa* (Rio de Janeiro: Civilização Brasileira, 2002); Mônica Ovinski de Camargo, "O Habeas Corpus no Brasil Império: liberalismo e escravidão," *Sequencia* 25, no. 49 (2004); Tâmis Perron, *A política da escravidão no Império do Brasil* (Rio de Janeiro: Civilização Brasileira, 2011).

much social history research has come to stress not a transition but rather continuities and overlaps in the labor conditions between slavery and freedom. Historians of the last decade have uncovered, on the one hand, the social mobility of slaves and freedpersons and, on the other, the intractable "precariousness of freedom".[7] Even those who examine property ownership have shown the social and economic importance of property-owning slaves and freedpersons, complicating the supposed divide between two labor regimes brought about by the series of abolition laws in the nineteenth century.[8] While recent social historians correctly insist upon the inadequacy of the concept of a "transition" to study the end of legal bonded labor, it is important to remember, too, that some historical actors at the end of the nineteenth century also wrestled with the notion of this transition. Some sought to impose an emphatic rupture with the past because they understood that one had not and would not come about organically, particularly because the principle that was used to argue first in favor of maintaining slavery and then of compensating former slave owners, the supreme right to private property against the authoritarian tendencies of the expropriating state, was one to which those opposed to both slavery

---

7   See for example Marcelo Badaró Mattos, "Experiences in Common: Slavery and 'Freedom' in the Process of Rio de Janeiro's Working-Class Formation (1850-1910)," *International Journal of Social History*, no. 55 (2010): 193-213; Henrique Espada Lima, "Sob o domínio da precariedade: Escravidão e os significados da liberdade de trabalho no século XIX," *Topoi* 6, no. 11 (2005): 289-326; Sidney Chalhoub, "The Precariousness of Freedom in a Slave Society (Brazil in the Nineteenth Century)," *International Review of Social History* 56, no. 3 (2011): 405-439; João José Reis, "The Revolution of the Ganhadores': Urban Labour, Ethnicity, and the African Strike of 1857 in Bahia, Brazil," *The Journal of Latin American Studies* 29, no. 2 (1997): 355-93; and Richard Graham, *Feeding the City: From Street Market to Liberal Reform in Salvador, Bahia, 1780-1860* (Austin, TX: University of Texas Press, 2010). For a useful cross-section of recent Brazilian historiography that treats the tension between enslavement and freedom, see the thematic dossier "(Outros) trabalhadores livres no Atlântico oitocentista," published in *Mundos de Trabalho* 3, no. 6 (2011). See also Barbara Weinstein, "Postcolonial Brazil," in *Oxford Handbook of Latin American History*, edited by José C. Moya (New York: Oxford University Press, 2010), 218.
8   Zephyr Frank, *Dutra's World: Wealth and Family in Nineteenth-Century Rio de Janeiro* (Albuquerque, NM: University of New Mexico Press, 2004); João Reis, "From Slave to Wealthy African Freedman: The Story of Manuel Joaquim Ricardo," in Lisa Lindey and James W. Sweet, eds., *Black Atlantic Biography* (Philadelphia: University of Pennsylvania Press, 2013), 131-145.

and indemnification of *senhores de escravos* adhered. In sum, perhaps we can "read" the attempted eradication of the Ministry of the Treasury's entire documentary record of slavery as an interesting parable of a transition that never happened.

The Incident and its Context

Abolition of chattel slavery in Brazil was, in effect, gradual. By the middle of the nineteenth century after the end of the legal transatlantic human traffic in 1850 and as the economy in the Northeast weakened, a great internal slave trade developed and flowed southward, especially to the coffee-growing regions in the provinces of Rio de Janeiro and São Paulo. Poor immigrants and former slaves gradually replaced enslaved workers in all sectors.[9] The legal condition of slavery continued to affect the lives of hundreds of thousands of men and women in Brazil through the 1880s.[10] Only a small number of slaves achieved freedom with the 1871 "Free Womb Law." Throughout Brazil, spontaneous manumission freed over 170,000 enslaved men and women, yet the law had no immediate impact on most slaves' lives, and compliance was far from complete among slave-owners.[11]

Lawmakers presented and debated a variety of plans about how to fashion policy around the end of slavery in the legislative chamber. Although many variables were in play in determining just how and when slavery would finally end, the most controversial question involved whether former slave owners, should their human property become free and equal citizens, would receive monetary compensation for their loss. Passionate debate erupted in the 1870s and 1880s in the Câmara dos Deputados around the question of indemnification.

The person mainly responsible for the order to burn the archives, the jurist and statesman Rui Barbosa, was a doctrinaire abolitionist. Barbosa has been described as a perfect nineteenth-

---

9 Karasch, *Slave Life in Rio de Janeiro*, xx-xxii.
10 Travelers' accounts from the 1880s continue to report the streets of Rio being filled with slaves. Discussed in Roberto DaMatta, *A casa e a rua: Espaço, cidadania, mulher e morte no Brasil* (São Paulo: Brasiliense, 1985), 49.
11 Viotti da Costa, *The Brazilian Empire*, 165-56.

century gentleman and an enthusiastic defender of English liberalism in the spirit of Mill and Gladstone. As a nineteen-year-old law student in São Paulo, Barbosa formed a Masonic lodge for which membership depended on freeing the children of all slaves that members owned. He wrote newspaper editorials and pronounced publicly in favor of abolition at every opportunity. He did the same as a lawyer, journalist, and "militant politician" in his native Bahia, and later on the national stage.[12]

Barbosa authored a famous administrative opinion (*parecer*) in 1884, elaborating an abolitionist project to be presented before the Câmara "in the name of the government." He wrote this 200-page *parecer* in just nineteen days in an evident fit of passion. Using hard material evidence, Barbosa countered the "sophism" of the pro-slavery camp, which sharply criticized the abolitionist British for the prematurity of their push to emancipate the enslaved and its damage to Brazil's national economy as they pressured the nation to end slavery. Barbosa used financial data to explain how the country's agricultural production in the decade after 1850 (when a treaty ended the transatlantic slave trade) actually improved rather than showing the damage that the "pro-slavery Cassandras" were prognosticating. Barbosa's *parecer* met with enormous opposition.[13]

Much of the argument that Barbosa used, as well as the pro-slavery arguments that he wrote to oppose, revolved around the question of the economic impact of abolition, making claims and counterclaims that predicted Brazil's future between the two poles of economic ruin and national progress. The pro-slavery camp in the national legislature presented its own report to defend the opposite, anti-abolitionist case. This report argued that the project was being promoted by communists as a "pretext for agitation, revolution and social subversion, taken advantage of by anarchists." The real problem, the report stated, was not the question of abolition, but that abolition was being proposed without indemnities to be paid to slave owners. The pro-slavery camp made ardent claims to be striving not just to promote their own interests; instead they were "fighting for a principle —*the principle of property*." Even the

---

12 Astrojildo Pereira, *Interpretações* (Rio de Janeiro: Casa Rui Barbosa, 1944), 186-87.
13 Pereira, *Interpretações*, 187-90.

emancipation project proposed by Senator Dantas, which included very limited abolition, "dared to propose emancipation without indemnity. Abolishing slavery without indemnifying the proprietors would be to negate, deliberately, the principle of property." Barbosa's adversaries, he explained, were equating the freeing of enslaved people with "an attack of theft against the owners of private property," untenably arguing that human beings were just "as legitimate as any other type of private property, whose respect the constitutional and civil legislation grants us...."[14]

In his famous document Barbosa dedicated many pages to the debate about the question of abolition without indemnification. He posed several questions: Is a slave actual property? Of what nature? What are its limits? He also addressed the pro-slavery camp's charges of "socialism" and "communism" that came out of this issue of sacrosanct private property. For his *indenizista* opponents, Barbosa writes, "To take away a slave owner's property would be an attack upon him just as odious as it would be to take the investments away from a capitalist, to take the salary away from a worker, the buildings from an urban landlord, the rural landowner his fields, the cattle rancher his herd. The law does not have the authority to manumit even those slaves who are old or those who are infirm, *without paying*." Tellingly, slave proprietors came to focus their efforts on a small indemnity that was symbolic rather than primarily aimed at economic compensation —a political move that made it appear that they were fighting not for their economic self-interest, but rather for fundamental principles, thus gaining the moral high ground and strengthening their public position. Barbosa clearly understood the strategy that pro-slavery ideologues had adopted. He further explained that there were many who propose, by way of conciliation, that the government pay any minimal amount that would have no impact on public coffers. "But," he argued, "by its very character, indemnification recognizes, sanctions, legalizes servile *property*."[15]

On May 13, 1888, the "Golden Law" ("Lei Aurea") declared slavery extinct without recognizing any right to "servile property" (*propriedade servil*) nor compensating former slave owners for

---

14 Pereira, *Interpretações*, 202-6.
15 Pereira, *Interpretações*, 202-3. Emphasis in original.

their losses. It did not mandate any form of compensation for the millions of Brazilians living at the time who had labored in bondage without pay. But even after emancipation politicians continued to press the issue of paying indemnities to former slave owners in the national legislative chambers. Just days after the May 13, 1888 law, representative Coelho Rodriguez proposed legislation that would provide monetary compensation for the loss of slave property. On June 19, 1888 the Bahian senator Barão do Cotegipe presented a similar project, with a plan that included indemnifying slave owners by emitting government bonds (*apólices da dívida pública*). According to this elaborate plan, the sum of money to be paid to each former owner would be determined by a previous law that had passed in 1855. The text of this proposed law, which casually mentioned export duties and amortization of these human beings, suggests why it might have been morally offensive to those taken by the humanitarian spirit of abolitionism. Pro-indemnification legislators were persistent; the historian Eduardo Silva uncovered in the Annual Reports of both the higher (Senate) and lower (Chamber of Deputies) legislative chambers between July and November of 1888 seventy-nine attempts to raise the issue.[16]

In the representative chambers, with a veritable "*campanha indenizista*" underway, the then-Minister of the Treasury Anfrisio Fialho proposed the establishment of a bank in charge of indemnifying former slave owners and their heirs, "due to the damage caused by the law of May 13, 1888." The proposal was soon rejected by his successor, Rui Barbosa, on November 11, who proclaimed: "It would be more just, and more in keeping with national sentiment, if we could find out how to indemnify the ex-slaves, without onerous effects on the Treasury..."[17]

Proposals to take dramatic measures to rid Brazil of the documents related to slavery started to appear in the parliamentary records months after abolition and before the declaration of the Republic in November of 1889. In July 1888, a number of

---

16 Eduardo Silva, "O grande impasse: a indenização," in Américo Jabobina Lacombe, Eduardo Silva, Francisco de Assis Barbosa, *Rui Barbosa e a queima dos arquivos* (Rio de Janeiro: Fundação Casa Rui Barbosa, 1988), 41-45.
17 Moacir Medeiros de Sant'ana, *A queima de documentos da escravidão* (Maceió: Secretaria de Comunicação Social, 1988), 24, 27-29.

prominent abolitionists, including Joaquim Nabuco, signed a proposal to destroy —notably, though, not necessarily to burn— the registry books (*livros de matricula*) of slaves in all local jurisdictions throughout the Empire. This proposed destruction of documents was explicitly conceived to avoid having them ever serve as the documentary basis for indemnification claims. And then, on December 14, 1890, just over two years after the abolition of slavery and with Brazil still under its Provisional Government, Rui Barbosa issued his famous order: all "papers, registry books, and documents that relate to slavery that exist in all divisions of the Ministry of the Treasury related to the *elemento servil* [servile element], registries of slaves, of freed persons, and of emancipated sexagenarians" were to be immediately gathered in a central place in the Federal Capital, and burned. The order is reproduced here in full:

> *Portaria* de Rui Barbosa, December 14, 1890: "Rui Barbosa, Minister and Secretary of State of Business and Finance and President of the Court of the National Treasury (Presidente do Tribunal do Tesouro Nacional): Considering that the Brazilian Nation, however sublime its historical evolution has been, eliminated slavery from the soil of the fatherland–the most dreadful institution that for so many years paralyzed the development of society, infecting the moral atmosphere; Considering, however, that there still remain vestiges of this social stain in the public administrative archives; Considering that the Republic is obliged to destroy these vestiges for the honor of the Fatherland, and in homage to our brotherly duties toward and solidarity with the great mass of citizens who with the abolition of the servile element [*o elemento servil*] entered into the Brazilian communion; It is hereby resolved: 1. It will be required of all of the Treasuries of the Ministry of the Treasury that all of the extant papers, books, and documents in the buildings of the Ministry of Treasury related to the servile element, registries of slaves, of *ingênuos* [children born after the 1871 Free Womb Law of enslaved women], [or] freed children of enslaved women and sexegenarian freedpersons, should be sent without delay to this Capital [city of Rio de Janeiro] and gathered in an appropriate place in the Recebedoria. 2. A commission composed of Srs. João Fernandes Clapp, president of the Abolitionist Confederation, and of the administrator of the Recebedoria of this Capital, shall send the ...aforementioned books and papers and will proceed to the burning and immediate destruction of them, which will be carried out in the machine room of the Customs House of this Capital city in the manner that is most convenient

for the commission. Federal Capital, December 14, 1890."[18]

Six days later, the order was carried out. The *Diário Oficial*, the official newspaper of the national government, reported that at 11 in the morning in the Rio de Janeiro Customs House, the first burning of documents and record books "concerning the ignoble traffic in people" took place. As the documents were aflame, a ten-year old boy with no last name, described as "the African Custódio," a worker in the Customs House and evidently a former slave, watched; the government officials, the *Diario Oficial* added, had decided to give Custódio "the satisfaction of watching" the piles of paper consumed by flames, "testaments of the martyrdom and opprobrium of his race."[19] These do not appear to have been the actual words of any ten-year-old boy. Whether or not Custódio was actually there, the official government newspaper's description of his presence, flanked by statesmen, watching the flames, added a dramatic touch to their reporting of the transitional event, meant to emphasize the humanitarian purpose behind this destructive and controversial act.

According to the *portaria* of December 14, 1890, documents from not just the Federal District but also the states would arrive in the Brazilian capital city and be incinerated. A few days later, the northeastern abolitionist leader José Mariano Carneiro da Cunha presented a motion to the Constituent Assembly to offer official congratulations to the provisional government "for having ordered the elimination of the national archives containing the last vestiges of slavery in Brazil," a proposal that was signed by seventy-three senators and representatives (*deputados*), including some of the most important statesmen of the time and two future presidents of the country, Epitácio Pessoa and Prudente de Morais. Historians have noted that the mainstream press mostly praised this act as the destruction of "useless and infamous" documents that would save Brazil from shame and allow the nation to transcend its past immorality. One should note, though, that some staunch abolitionists contested the idea of burning the documents related to slavery. For example, in a speech before the Câmara dos Deputados,

---

18   Reproduced in Sant'ana, *A queima de documentos*, 37-38.
19   *Diário Oficial*. Rio de Janeiro (December 18, 1890), n/p.

representative Francisco Coelho Duarte Badaró protested the "cremation of the whole archive of slavery in Brazil". "We are a new people," he warned, "and we run the risk of having difficulties in writing our history."[20]

Many historians since the early twentieth century have believed that it was Rui Barbosa alone who bears the responsibility of this order, but his successor, Tristão de Alencar Araripe, signed a subsequent order on May 13, 1891 reinforcing Barbosa's original one, which resulted in additional burnings. In the following year on May 13, the anniversary of the passing of the Lei Aurea, the Ministry of Treasury issued a second order. This time, the goal was especially far-reaching. The language used indicated that the order was less selective than the previous one, now aiming to simply eliminate every remaining piece of documentation; it ordered "that all books and papers referring to the servile element be extinct (*que fiquem extinctos*)" and that the act should be carried out "with great urgency" and "without delay." The last incineration took place in Campo da Pólvora in Salvador da Bahia, on May 13, 1893, once again on the symbolic fifth anniversary of the May 13, 1888 law outlawing slavery without indemnification.[21]

What was actually destroyed?

No one can be sure of the extent of the damage to Brazil's archival records of slavery as a result of Rui Barbosa's order and the subsequent ones issued in the same spirit. It affected a broad range of documents produced and stored by not only the Ministry of Treasury but also the Ministry of Agriculture, but, as stated above, Barbosa appears to have only intended to eliminate the fiscal documents that former slave owners might use to make monetary claims against the Brazilian government.[22] The first round of

---

20 Sant'ana, *A queima de documentos*, 17, 21-22.
21 The 1892 order reads: "para que sejam incinerados sem demora os livros de lançamento e as declarações feitas para a cobrança da taxa de escravos, e os mandados devolvidos ao juizo que os houver expedido [law November 24, 1888], desaparecendo por este modo os últimos documentos que atestam a ex-propriedade servile." In Sant'ana, *A queima de documentos*, 32, 73.
22 Sant'ana, *A queima de documentos de escravidão*, 13-17.

burning targeted documents from Rio de Janeiro, and the second one ordered on May 13, 1891 probably included fiscal records sent from various states.[23] Local authorities in disparate parts of Brazil also collaborated in the incineration of documents related to slavery. A historian from the northeastern state of Alagoas has documented how that state set up a special commission to oversee the sending of documents to the capital to be burned. These materials, however, were never sent. Instead, local officials set them on fire right in the state treasury department building in the state capital of Maceió on July 15, 1891, before an audience comprised by "all of the employees of the ministry and under great formality." Examining these individual, local incidents, we can glimpse the extent of the damage: the documents burned on this one occasion in Alagoas covered the period of almost eighty years from 1810 to 1888 and came from twenty-nine municipalities, including 1,962 registry books, 1,241 pay stubs [*talões*] (mostly tax receipts), reports and other papers that were not identified in the report, as well as 4,596 executive orders, and 119 public promissory notes [*precatórias*], in addition to many orders, receipts, and other, miscellaneous fiscal documents.

Conclusion: Understanding the Queima do Arquivo, and its Causes and Effects

The burning of documents related to Brazilian slavery in the 1890s, then, may not have forestalled archival research on the topic, but the destruction was quite real. Its extent prompts us to ask why the state saw the danger of indemnification as greater than the danger of losing its national memory during this formative moment at the dawn of the Brazilian republic. As modern states formed —often as the result of violent ruptures that emphatically broke with the perceived tyrannies of the past— the archival preservation of these states' national histories formed a significant part of the process. In post-revolutionary France, for instance, the Archives Nationales were created in 1790. Despite the completeness and urgency of the dramatic break from the past, the revolutionary government did

---

23 Lacombe, Silva, and Barbosa, *Rui Barbosa e a queima dos arquivos*, 35.

not choose to destroy all records from the old regime. Instead, they redesignated these records as "historical documents"; they were preserved yet explicitly labeled as dead and kept separate from the present recordkeeping that was relevant to the ongoing functions of the modern, post-revolutionary state. These documents from the ancien regime came to be treated, in other words, as the still-useful vestiges of defunct institutions.[24] Why, then, did the leadership of Republican Brazil not see a similar reassignment of these vestiges of Brazil's troubling past as a viable option? In this case, the decision to burn the archive was based on Barbosa and his colleagues' assessment that these "records of vanished institutions" could not be sufficiently neutralized or depoliticized by consigning them to deep storage. This event also fits in with a larger pattern in the immediate aftermath of abolition to try to bury the memory of slavery.[25] The statistical record of the First Republic —its censuses, crime statistics, and other public records— did not account for the presence of former enslaved persons among the Brazilian population.

For Brazil's Republican leaders, payment of indemnities to former slaves was never seriously considered; it was more a rhetorical device than an actual possibility. In contrast, former slave owners and their political allies demanding indemnities was a very pressing and very real problem for the country's leaders, and it was not going to disappear so quickly. The idea of human property was so incongruous that it could not be resolved by way of any judicial reshuffling. In fact, for Rui Barbosa, that was the point.

Rui Barbosa and those who favored the burning of the documents and carried out the order were trying to prove a point and to force an end to a juridical discussion about human property that did not and could not follow reason. There is no evidence that Barbosa sought to erase all traces of slavery–"to extinguish the last vestiges of slavery," to quote from the legislative record —or to give Afro-Brazilians the "satisfaction of watching the complete

---

24 Francis X. Blouin, and William G. Rosenberg, eds., *Archives, Documentation, and Institutions of Social Memory: Essays from the Sawyer Seminar* (Ann Arbor: University of Michigan Press, 2007), chap. 1.
25 See for example Micol Seigel, *Uneven Encounters: Making Race and Nation in Brazil and the United States* (Durham, NC: Duke University Press, 2010), chap. 6.

destruction of the testaments to their martyrdom and the opprobrium of their race."[26] The idea was to "cremate" not the memory of slavery but the idea of humans as objects on fiscal balance sheets, even when the indemnities proposed were nominal and symbolic. The historian Eduardo Silva put it well: "Rui can be accused of anything *except*, certainly, of having been naïve to the point of imagining that it would be possible to erase, two years later, the stain of four centuries. What's at stake here is something else, evidently." As the Provisional Government of the new Brazilian republic fielded numerous initiatives proposed to provide public monies to repay former slave owners for their lost property, Rui's order to burn the archives was neither naïve, nor an evil act against black Brazilians. As Silva says, "it was a blow against the 'socialization of losses' of the end of slavery—in other words, the attempt to spread the damage of the end of slavery evenly throughout the citizenry of the Republic rather than concentrating those losses in the former slave-owning classes."[27]

As we have seen, the *queima do arquivo* in no way made the study of Brazilian history or of Brazilian slavery impossible. Despite the lamentable loss of thousands of documents, we need to emphasize that these were targeted because they attested to enslaved men, women, and children as legal property. Countless other documents of no political concern to either Rui Barbosa or the *indenizistas* record other dimensions of enslaved persons' encounters with the written word: their lives as Catholics who were baptized when born and sometimes married and had children, who appeared in other peoples' wills, who once freed acquired property that they willed to their heirs, and who were processed judicially after being accused of crimes.

As Rui Barbosa himself quite perceptively wrote in the heat of the battle over the terms of emancipation as he anticipated both victory and trouble ahead, "the principle of indemnification will be repudiated forever, and left to crumble like the famous titles of ownership of the white race over the black race." The documentary basis for indemnification would vanish, and so would the danger of

---

26   I refer here to the previous cited article in the official organ of the national government; *Diário Oficial*. Rio de Janeiro (December 18, 1890), n/p.
27   In Lacombe et al., *Rui Barbosa e a queima dos arquivos*, 1-3.

re-enslavement. But *literal* re-enslavement was not the only danger facing the millions of former slaves in early Republican Brazil. After abolition was accomplished in 1888, freed slaves now faced, in Barbosa's words, "the starvation salary, the constant wandering from field to field, the degradation of misery and despair." The legal ownership of people ended, but semifeudal socioeconomic relations had not. In that sense, burning the titles of ownership served no purpose.

Bibliography

Badaró Mattos, Marcelo. "Experiences in Common: Slavery and 'Freedom' in the Process of Rio de Janeiro's Working-Class Formation (1850-1910)." *International Journal of Social History*, no. 55 (2010): 193-213.

Blouin, Francis X. and William G. Rosenberg, eds. *Archives, Documentation, and Institutions of Social Memory: Essays from the Sawyer Seminar*. Ann Arbor: University of Michigan Press, 2007.

Bosi, Alfredo. "O escravidão no Brasil entre dois liberalismos." *Estudos Avançados* 2, no. 3 (1988), 4-39.

Chalhoub, Sidney. "The Precariousness of Freedom in a Slave Society (Brazil in the Nineteenth Century)." *International Review of Social History* 56, no. 3 (2011): 405-439.

DaMatta, Roberto. *A casa e a rua: Espaço, cidadania, mulher e morte no Brasil*. São Paulo: Brasiliense, 1985.

Espada Lima, Henrique. "Sob o domínio da precariedade: Escravidão e os significados da liberdade de trabalho no século XIX." *Topoi* 6, no. 11 (2005): 289-326.

Frank, Zephyr. *Dutra's World: Wealth and Family in Nineteenth-Century Rio de Janeiro*. Albuquerque, NM: University of New Mexico Press, 2004.

Freyre, Gilberto. *Casa grande e senzala*, vol. 2, 7th ed. Rio de Janeiro: José Olympio, 1952.

Graham, Richard. *Feeding the City: From Street Market to Liberal Reform in Salvador, Bahia, 1780-1860*. Austin, TX: University of Texas Press, 2010.

Grinberg, Keila. *Liberata: A lei da ambiguidade*. Rio de Janeiro: Relume Dumará, 1994.

Grinberg, Keila. *O fiador dos brasileiros: escravidão, cidadania, e direito civil no tempo de Antonio Pereira Reboucasa*. Rio de Janeiro: Civilização Brasileira, 2002.

Jacobina Lacombe, Américo, Eduardo Silva, and Francisco de Assis Barbosa. *Rui Barbosa e a queima dos arquivos*. Rio de Janeiro: Fundação Casa de Rui Barbosa, 1988.

Karash, Mary. *Slave Life in Rio de Janeiro (1808-1850)*. Princeton, NJ: Princeton University Press, 1986.

Medeiros de Sant'ana, Moacir. *A queima de documentos da escravidão*. Maceió: Secretaria de Comunicação Social, 1988.

Ovinski de Camargo, Mônica. "O Habeas Corpus no Brasil Império: liberalismo e escravidão." *Sequencia* 25, no. 49 (2004).

Pereira, Astrojildo. *Interpretações*. Rio de Janeiro: Casa Rui Barbosa, 1944.

Silva, Eduardo. "O grande impasse: a indenização." In *Rui Barbosa e a queima dos arquivos*, edited by Américo Jabobina Lacombe, Eduardo Silva, and Francisco de Assis Barbosa, 41-45. Rio de Janeiro: Fundação Casa Rui Barbosa, 1988.

Perron, Tâmis. *A política da escravidão no Império do Brasil*. Rio de Janeiro: Civilização Brasileira, 2011.

Reis, João José. "The Revolution of the Ganhadores': Urban Labour, Ethnicity, and the African Strike of 1857 in Bahia, Brazil." *The Journal of Latin American Studies* 29, no. 2 (1997): 355-93.

Reis, João José. "From Slave to Wealthy African Freedman: The Story of Manuel Joaquim Ricardo." In *Black Atlantic Biography*, edited by Lisa Lindey and James W. Sweet, 131-145. Philadelphia: University of Pennsylvania Press, 2013.

Rodrigues, Raimundo Nina. *Os Africanos no Brasil*. Rio de Janeiro: Centro Edelstein de Pesquisas Sociais, 2010. [Orig. pub. 1932].

Seigel, Micol. *Uneven Encounters: Making Race and Nation in Brazil and the United States*. Durham, NC: Duke University Press, 2010.

Slenes, Robert W. "Escravos, cartórios, e desburocratização: O que Rui Barbosa não queimou será destruido agora?" *Revista Brasileira de História* 5, n. 10 (1983): 166-196.

Viotti da Costa, Emília. *The Brazilian Empire: Myths and Histories*. Chapel Hill, NC: University of North Carolina Press, 2000.

Weinstein, Barbara. "Postcolonial Brazil." In *Oxford Handbook of Latin American History*, edited by José C. Moya, 212-256. New York: Oxford University Press, 2010.

A Cultural Tragedy:
The Destruction and Reconstruction of the Peruvian
National Library, 1943-1948[1]

Carlos Aguirre

University of Oregon

> Nunca en mi vida había visto un espectáculo tan impresionante. Daba la impresión de un lugar bombardeado. Gruesas paredes desnudas sobre las que se sostenían algunas vigas calcinadas y que, a medias, protegían escombros llenos de lodo, era lo que había en lugar de las apacibles salas América, Europa y Periódicos Peruanos, con sus bellas estanterías y sus anchos corredores, y como resto del depósito de publicaciones recientes. En su suelo yacían, en confusión, papeles y trozos de anaqueles, muebles, pisos y techos. El fuego, al consumir los pisos, al poner en descubierto la tierra del suelo y al ocasionar el desplome de habitaciones enteras, habíase unido, en monstruosa alianza, con el agua para la destrucción de impresos y manuscritos preciosos que yacían empapados y en desorden.
> —Jorge Basadre[2]

In the early hours of May 10, 1943, the National Library of Peru, in Lima (hereafter BNP, for Biblioteca Nacional del Perú), was almost totally destroyed by a voracious fire. This dreadful tragedy horrified the Peruvian cultural and political elite as well as

---

[1] I would like to express my deepest gratitude to the staff at the Peruvian National Library, especially its director, Ramón Mujica Pinilla, and Silvana Salazar and Martha Uriarte, for all their assistance with the research for this article. Previous versions of it were presented at the 2012 American Historical Association annual meeting (Chicago, January 5-8, 2012) and at the colloquium on "La cultura del libro. Aproximaciones desde la historia y el arte" (Peruvian National Library, August 22-23, 2013). I want to thank the participants in those two events, especially Javier Villa-Flores, Pedro Guibovich, and Ricardo Salvatore, for their comments and suggestions.

[2] Jorge Basadre, *Recuerdos de un bibliotecario peruano* (Lima: Editorial Historia, 1975), 27.

national and international individuals and institutions, including foreign governments, cultural associations, scholars, librarians, and ordinary people. Debates and commentaries following the fire concentrated on the causes of the tragedy, but immediate action was also taken to try to reconstruct the library and its holdings. In the midst of all the angst generated by the loss of such valuable bibliographical and documentary treasures, a series of themes came to the forefront: the social value attributed to libraries, the rather tragic earlier history of the BNP, the role that a "modern" library should play in society, the protection of the country's cultural patrimony, and the national and international contexts in which both the fire and the reconstruction efforts took place. This essay revisits this tragedy and the debates it elicited, while it also addresses some of the implications it has for our understanding of the place of cultural institutions in twentieth-century Peru.

The Peruvian National Library: A Tragic History

The BNP was created on August 28, 1821, only one month after General José de San Martín proclaimed Peruvian independence from Spain. It began to function on September 7, 1822 inside the building of the old San Pablo Jesuit School in Lima. Its initial collection was comprised by the holdings of the libraries of San Marcos University and various religious orders. In addition, it received important donations from the Lima town council and many private individuals, including General San Martín, who bestowed 600 volumes. When it began to function, the BNP had 11,256 volumes. The collection continued to grow over the course of the nineteenth century, in the midst of serious political turmoil and institutional instability. By the 1850s, it had more than doubled its size, reaching the 30,000 volumes. By the late 1870s, it owned more than 55,000 books and about 800 manuscripts.[3]

Between 1879 and 1884 Peru suffered the consequences of a disastrous war with Chile that included the occupation of an extensive portion of its territory by Chilean troops. Lima, the

---

3   Raúl Porras Barrenechea, "Pasión y muerte de la Biblioteca Nacional de Lima," *La Prensa*, April 9, 1943.

capital, was occupied for almost two years, between 1881 and 1883, and endured serious physical damage, egregious abuses against its residents, and the pillaging of its rich cultural patrimony, including sculptures, paintings, scientific equipment, furniture, printing presses, and much more. Of particular and painful significance was the looting of the BNP, whose building was used by a Chilean battalion as its headquarters. Several thousand books–up to 10,000 according to some estimates–were shipped to Chile while many others were simply destroyed by the Chilean soldiers or sold to store owners as wrapping paper.[4] According to the German traveler Ernst W. Middendorf, "the BNP was one of the most highly coveted targets for the victors."[5] Numerous testimonies reveal that Chilean authorities in Lima received orders to send valuable books and documents from the BNP and the National Archive to Santiago: Chilean historians who knew about the holdings of Peruvian repositories asked for specific collections and objects to be seized and shipped to Santiago. In other words, it was not a random act of pillaging, but a very well orchestrated plan of cultural appropriation.[6]

After the war, on November 2, 1883, the renowned writer and traditionalist Ricardo Palma was named BNP Director and charged with the daunting task of leading its reconstruction. He only found 738 books of the 56,000 that the BNP had before the occupation, many of them in Latin and/or partially destroyed by moth-worms. The lack of financial resources to guarantee a relatively easy re-stocking of library materials transformed Palma into a "beggar librarian," a nickname by which he was and still is known today. Thanks to his personal contacts and reputation he was able to acquire, via donation or exchange, valuable collections

---

[4] In 2007, 3,788 books were returned by the Chilean government to the BNP. It is still a matter of dispute whether these were all the books taken by Chile during the occupation or if there are still several thousand of them in Chilean libraries. See Pedro Guibovich, "La usurpación de la memoria: el patrimonio documental y bibliográfico durante la ocupación chilena de Lima, 1881-1883," *Jahrbuch für Geschichte Lateinamerikas* 46 (2009), 83-107.
[5] Cited in Pedro Guibovich, "La usurpación de la memoria," 88.
[6] Carmen McEvoy, "Guerra, civilización e identidad nacional. Una aproximación al coleccionismo de Benjamín Vicuña Mackenna, 1879-1884," *Jahrbuch für Geschichte Lateinamerikas* 46 (2009), 109-134.

of old and new books. Numerous foreign governments, institutions, and individuals contributed to the effort. When the BNP reopened on July 28, 1884, it contained 27,894 volumes.[7] By 1912, when Palma retired, the collection had grown to 45,792 volumes, 1,323 periodicals, and 449 manuscripts. By 1943, the holdings included about 150,000 books and 40,000 manuscripts. It was, according to numerous observers, one of the best libraries in Latin America.[8]

Without denying the enormous contribution that Palma made to the reconstruction of the BNP, there were still serious issues with the way the library operated, which were highlighted in a report written by his successor, Manuel González Prada, in 1912. González Prada wrote a short but strong indictment of Palma's legacy—which, on the other hand, reflected the personal animosities existing between them—that included a criticism of practices such as Palma's printing his personal stamp on library books, the binding together of quite heterogeneous groups of pamphlets, the lack of method and serious errors in the organization of volumes by topics, and the almost complete absence of catalogues and library cards. He also noticed that there were about 1,553 missing volumes whose identity was impossible to confirm due to the lack of catalogues. González Prada concluded: "If it is true that the BNP reflects good intentions, work, and perseverance, it does not reveal much in terms of bibliographical competence, exquisite taste, or love for books."[9]

Ricardo Palma had demanded, since at least 1895, a better building and more resources for the library. By 1911, he bitterly complained about the lack of attention to the library's needs: if the

---

[7] Luis Fabio Xammar, "Ricardo Palma, bibliotecario," *Fénix*, no. 1 (1944), 121-132.
[8] Porras, "Pasión y muerte."
[9] Manuel G[onzález] Prada, *Nota informativa (acerca de la Biblioteca Nacional)* (Lima: Imprenta de "La Acción Popular," 1912), passim. On Ricardo Palma as a librarian and his dispute with Manuel González Prada, see Osmar Gonzales Alvarado, "Ricardo Palma y la Biblioteca Nacional del Perú: Homenaje" and "Ricardo Palma y Manuel Gonzáles Prada: Conflicto entre dos tipos de intelectuales," both in *Ideas, intelectuales y debates en el Perú* (Lima: Universidad Ricardo Palma, 2011), 15-29 and 91-118 respectively. Without necessarily discarding all the criticisms for the lack of appropriate cataloguing practices, it is fair to mention that in 1891 Palma produced a partial catalogue of the BNP's holdings. Ricardo Palma, *Catálogo de los libros que existen en el Salón América* (Lima: Imprenta de Torres Aguirre, 1891).

executive and the legislature did not pay attention to his requests, he lamented, "my exhausting but enthusiastic work of 25 years is in danger of becoming sterile."[10] Intellectuals such as José Carlos Mariátegui and Carlos Pareja Paz Soldán wrote, in 1928 and 1935 respectively, about the serious shortcomings of the BNP. Mariátegui's depiction is quite telling: "The National Library does not correspond to its category or its title. Its collection of books, magazines, and contemporary newspapers is insignificant ... The National Library does not have a life. It does not exist for the country's culture and intelligence."[11]

Sometime around midnight on Sunday, May 9, 1943, a fire started at the BNP–probably inside the Sala Europa–and rapidly expanded into other rooms and areas of the building. The first person to notice the fire around 2 a.m. was a street watchman, Valeriano Grados, who asked for help from other guards, passersby, and firefighters. The library director, Carlos A. Romero, who lived just a few blocks away, was promptly notified as well. The lack of an alarm system–one of the many security gaps the BNP had at that time–and the shortage in water supply prevented a more rapid action on the part of firefighters. When they arrived, several rooms, including the Sala Europa, the Sala América, and others, were totally destroyed. The fire razed about 75 percent of the building, which housed not only the BNP but also the Historical Institute, the Geographical Society, and the National Archive. The neighboring San Pedro church and the Women's Education Institute (Instituto Pedagógico de Mujeres) were not affected. Miraculously, the wing of the building where the National Archive functioned was spared by the fire. The initial reports indicated that up to 100,000 bound volumes, 4,000 unbound books, and 40,000 manuscripts were lost. Extremely valuable materials–incunabula, colonial volumes, collections of rare newspapers and journals, and irreplaceable manuscripts–were either burned or severely damaged by fire, water, or both. It took at least two months for library administrators to take action regarding the surviving materials: Luis Fabio Xammar, the newly appointed Secretary of the BNP reported in July 1943

---

10 Xammar, "Ricardo Palma," 131. González Prada, however, considered that a new building was not entirely needed. *Nota informativa*, 15-16.
11 Quoted in Basadre, *Recuerdos de un bibliotecario*, 19.

that those items had been piled and abandoned in various rooms with no effort to classify and organize them to prevent further deterioration.[12] Manuscripts and books that were totally destroyed were sold to local paper factories. Two valuable collections that were initially feared to have been destroyed, survived the tragic fire: the Paz Soldán archive and the Zegarra collection. A collection of duplicate materials was also saved, which allowed for the replacement of at least some of the lost items. A few valuable items that the Director had kept in his office were also rescued, including the first five books printed in Lima by Antonio Ricardo, such as the *Doctrina Christiana* (1584) and the *Confesionario para curas de indios* (1585).[13]

News of the fire quickly spread through the city of Lima and beyond. Reactions uniformly reflected the magnitude of the disaster. Raúl Porras Barrenechea, a leading historian of colonial Peru, referred to the "cruelty" of this tragedy and suggested that an "irremediable" damage had been done to future historical research. "To study Peruvian history, he wrote, we will have to go to the United States, Argentina, Chile or Spain." Extensive periods of Peruvian history, he added, "will be in darkness due to the disappearance of the only remaining copies of pamphlets and newspapers." The destruction of the BNP amounted to the "mutilation of our history," he concluded.[14] Journalist and writer Jorge Falcón compared this tragedy with the Nazi invasion of Holland, Luxemburg, and Belgium that had happened exactly three years earlier. Culturally, he wrote, the loss could be equated with the destruction of an entire

---

12   Report written by Luis Fabio Xammar to the Minister of Education, July 10, 1943. BNP, Archivo Central. This brief document offers quite damning evidence of the state of affairs at the BNP: the new administration found boxes of books that had never been opened, letters that had never been answered, and valuable manuscripts that could not be accounted for.

13   A list of the books that survived the fire was published in various issues of the *Boletín de la Biblioteca Nacional* beginning in October 1943. Equipment to dry wet books and other materials was borrowed and brought to the library. All the books that were burnt to the point that they could no longer be used were carefully wrapped for preservation and stored in a room known as "Pabellón de Quemados" inside the National Library. Newspapers and other materials were bound or rebound at the printing and binding shop that functioned inside the Lima penitentiary.

14   Porras, "Pasión y muerte."

Figure 1: A lateral view of the building of the BNP after the May 1943 fire. Source: Biblioteca Nacional del Perú. Reprinted with permission.

city.[15] The Brazilian consul called this "a painful event that the continent's intelligentsia is mourning."[16] Enrique Gamio considered it an "irreparable national and continental loss" and suggested that the reconstruction of the National Library should be considered a national priority.[17]

Whom to blame?

The search for explanations and culprits began immediately, even as firefighters were still trying to contain the fire. Two suspects were detained but later released. The watchman was also detained and interrogated but no charges were brought against him. From the very beginning the hypothesis of a deliberate act of destruction

---

15 Jorge Falcón, "Sin biblioteca," *Universal*, May 10, 1943.
16 *El Comercio* (hereafter *EC*), May 13, 1943.
17 *EC*, May 13, 1943.

Figure 2: A section of the BNP building after the fire.
Source: Biblioteca Nacional del Perú. Reprinted with permission.

was shared by many people. The Commander of the La France Firefighters Unit, the first to arrive to combat the fire, explained that when they got there "it was not possible to distinguish a single focus," which was taken by many as indication that the fire was intentional.[18]

On May 12, 1943, the government formed a commission to formulate a plan for the reconstruction of the BNP at the earliest possible time and to propose the construction of a new building

---

18 *EC*, September 29, 1943.

for the library.[19] This commission ordered an investigation of the causes of the fire by a sub-commission formed by the well-known intellectuals José Gálvez, Luis Alayza y Paz Soldán, and Honorio Delgado (hereafter referred to as "The Gálvez Commission"). The Gálvez Commission issued a report a month later, but it was not made public until September.[20] Gálvez and his co-commissioners were convinced that the fire had not been an accident. Of critical importance to reach that conclusion was the statement offered by an engineer that served as expert witness for the Commission. He discarded one after another all the other possible causes: electricity was disconnected, so a short circuit could not have occurred; the fire could not have been caused by embers because no fireplace existed in the neighborhood; the absence of inflammable materials inside the building meant that no "spontaneous combustion" could have caused the tragedy; and there were no visitors that day, so there was no possibility of an accidental fire due, for instance, to cigarette ashes.[21] The most plausible explanation, for the engineer and the Gálvez Commission, was that of an intentional fire: "The way in which the fire was propagated, without leaving anything untouched by the flames, makes me believe that there have been multiple foci and that they were planned so not to leave traces," wrote the engineer.[22] This hypothesis was also shared by historian and librarian Jorge Basadre, who would soon be appointed Director of the BNP in June 1943: "The long distances covered by the flames,

---

19   *EC*, May 13, 1945.
20   On August 18, 1943, Congressman Emilio Delboy expressed his frustration that the report completed in June by the Commission had not yet been made public. According to the information he had, the report indicated that the fire was not entirely accidental, but in any case, he stated, the Chamber of Deputies and the entire country had the right to know the report, so he moved the motion to solicit that the Ministry of Education make the report available. *La Prensa* (hereafter *LP*), August 21, 1943. The report ("Informe presentado por la Comisión Investigadora del Incendio de la Biblioteca Nacional"), dated June 19, 1943, was made public in late September 1943 (*EC*, September 29, 1943).
21   Jorge Basadre mentioned yet another possibility, but one that was purely speculative: one of the catalogadores told him that the adolescent children of the building's guard apparently had a sort of illegal typing business that functioned when the library was closed. This may mean that there were indeed "visitors" on that Sunday and that the fire could have been provoked by an imprudent action on their part. Basadre, *Recuerdos de un bibliotecario peruano*, 39.
22   *EC*, September 30, 1943.

the violence of their horizontal action, leaning towards the most valuable collections, who were tight against each other like walls, and the scope of the immense destruction [visible by] Monday morning, made us believe that the origin [of the fire] could not be due to flaws in the electric system."[23] Another report, written by a Commission formed on August 2, 1945 by Jorge Basadre when he was Ministry of Education, arrived at the same conclusions: they discarded an accidental fire and blamed it on human action, although they could not identify the culprits.[24]

But, who would be interested in destroying the treasured BNP? There were several rumors or hypotheses. According to librarian Ricardo Arbulú, who was an employee at the BNP at the time of the fire, the commentary among the employees on the morning of May 10, 1943, was: "Romero the old man has burned the library!"[25] Romero, in fact, became one of the key suspects. Born in 1863, he was 80 at the time of the fire and had worked at the BNP for sixty years, fifteen of them as director (1928-1943). The venerable librarian was accused of being accomplice in the disappearance of valuable bibliographical pieces, and many employees of the BNP found it suspicious that the fire happened precisely at the time when cataloguers had started to inventory "the most valuable books, newspapers, and pamphlets, that were very difficult to replace, and manuscripts that could not be replaced," thus suggesting that Romero tried to cover up the thefts by burning the entire collection.[26] The problem with this hypothesis is that there were no inventories of the existing holdings, which made it impossible to identify lost or stolen items. Thus, why would Romero decide to burn the whole library?[27] Others blamed the administration of President Manuel Prado, the son of a former President, Mariano I. Prado, who played

---

23 Basadre, *Recuerdos de un bibliotecario peruano*, 33.
24 Report signed by Ezequiel Muñoz, José Vila y Acuña, and Anselmo Barreto (March 1946). BNP, Archivo Central. See also Basadre, *Recuerdos de un bibliotecario peruano*, 37.
25 Orlando Corzo, "Testimonio del Dr. Ricardo Arbulú Vargas, representante de la primera promoción que cursó estudios en la Escuela Nacional de Bibliotecarios el año 1944," *Alexandria. Revista de Ciencias de la Información* 3, no. 6 (2007): 37-44, quote from page 39.
26 *EC*, September 30, 1943.
27 Basadre shared the reservations about this hypothesis. See *Recuerdos de un bibliotecario peruano*, 35-36.

a very controversial role in the 1879-1883 war with Chile. Prado, the rumor contended, was trying to expunge accusatory materials against his father.[28] There is wide consensus that this hypothesis did not carry too much weight: documentation about Mariano I. Prado's role in the War with Chile was widely known, so there was no purpose in trying to destroy it. Still others blamed members of the Japanese community, who would have acted in revenge for the mistreatment they received. No evidence of any type ever surfaced about this being a plausible cause. The Gálvez Commission, while maintaining its conviction that the fire was indeed intentional, did not endorse any of the theories about the human elements behind the fire. Both the Gálvez Commission and Jorge Basadre tended to believe that the fire was related to disputes between Romero and a group of young cataloguers sent by the Ministry of Education. According to Ricardo Arbulú, Romero forcefully opposed the cataloguing that started in 1942 and even expelled the librarians from the BNP building.[29] How exactly these disputes translated into a deliberate act of igniting the fire was known to no one, and even Basadre admitted that connecting the fire with these disputes was just speculation.[30]

Romero became the prime suspect and was brought to court but was eventually cleared of charges after the judges found no basis for the accusation. Romero proclaimed his innocence during the trial, in private conversations, and in an interview he gave a few years later, on September 3, 1946. After stating that "there is so much dirt I would have to throw that many people should be grateful for my silence," he pointed to the staff at the Ministry of Education: "The responsibility for the fire falls on those authorities. On their disdain, their lack of preparation .... especially on previous administrations, since from the time of [Ricardo] Palma there were constant memos demanding the reconstruction of the building. Its ruinous state is the only cause of the fire... and it is disgraceful to think or suggest that it was intentional. It would amount to present ourselves as barbarous people before the world."[31] Romero insisted

---

28 Basadre, *Recuerdos de un bibliotecario peruano*, 34.
29 Corzo, "Testimonio del Dr. Ricardo Arbulú," 39.
30 Basadre, *Recuerdos de un bibliotecario peruano*, 36.
31 Quoted in Basadre, *Recuerdos de un bibliotecario*, 45.

Figure 3: Director Carlos Romero visiting the BNP after the fire.
Source: Biblioteca Nacional del Perú. Reprinted with permission.

that it was an electrical short circuit that caused the fire. According to his testimony, he had been asking for funds for electrical repairs since 1933, but to no avail. He also said that in one of the employee's desks there was electrical current even when the general switch was off. I have heard versions that other employees noticed electricity near some of the library shelves. Romero admitted that kerosene had been used to combat moth, which further contributed to the expansion of the fire. Librarian Ricardo Arbulú also shared the view that it was a short circuit and confirmed that Romero had actually notified his superiors about the existence of an un-insulated electrical wire but that the Director of Education consistently dismissed those complaints.[32] Arbulú was not the only one defending Romero. For Jesuit historian Rubén Vargas Ugarte, for instance, Romero's dedication and integrity were beyond doubt and he praised him for all his efforts in the organization of the library as well as his indefatigable work as editor, author, and publisher.

---

32 Corzo, "Testimonio del Dr. Ricardo Arbulú," 39.

Countering accusations that he profited from the traffic of valuable library materials, Vargas Ugarte noticed that Romero always lived very modestly out of a "miserable" salary, just a few blocks away from the National Library.[33] Other testimonies, however, depicted Romero as an arbitrary administrator, who always wanted things to be done his way and usually opposed changes aimed at modernizing the BNP. Jorge Basadre wrote an unflattering report in July 1943 that included a clear denunciation of the inadequate library practices during the Romero administration.[34]

While there is no evidence that Romero (or somebody on his orders) *intentionally* started the fire, it is quite clear that he shared the responsibility for what happened: negligence and indifference on the part of the Ministry of Education and BNP personnel, including its Director, played a key role in the tragedy. Even during periods of relative financial prosperity, state administrators denied the BNP the funds needed to build a more secure and functional structure. The fire, wrote Porras Barrenechea, was "the logical epilogue for the long Calvary of the intellect in which Peru has been living for a long time."[35] There were no funds for shelves, books, or security guards. *El Comercio* reminded its readers that for a long time it had been demanding the construction of a new building, since "the old one lacked the safety required for the preservation of the treasures stored in its different sections."[36] Congressman Carlos de la Puente wrote a letter to *El Comercio* pointing out that in January 1940 and November 1941 he had presented requests to the Chamber of Deputies asking for "economic support and immediate protection" to the BNP, including the construction of a new building.[37] Luis Alberto Sánchez, one of the leading Peruvian intellectuals and who

---

33 Rubén Vargas Ugarte, "Carlos A. Romero", in *La Biblioteca Nacional: Aportes para su historia* (Lima: Biblioteca Digital Andina, n.d.), 66-71.
34 Report written by Jorge Basadre, July 10, 1943. BNP, Archivo Central.
35 Porras, "Pasión y muerte."
36 *EC*, May 11, 1943.
37 *EC*, May 13, 1943. In one of his interventions he stated: "The BNP must leave soon the building where it functions now. The reading room is nothing more than a corridor or hallway. There are no catalogues and books lack protection. The staff is earning the same salary than twenty years ago, which constitutes a salary of hunger." And he did demand the construction of a new building "as soon as possible." The BNP, he added, can not continue to function in the same place where it was founded (*EC*, May 13, 1943).

was living in exile in Chile at the time of the fire, called the BNP "the Cinderella of the National Budget."[38] The prominent conservative intellectual Víctor Andrés Belaúnde put it succinctly: "We were able to reconstruct our library in the days of pain and misery, but we have not been able to preserve it in times of prosperity and bonanza." He blamed the tragedy on "the abandonment and disdain for culture that twenty years of bureaucratic Caesarism have represented for Peru."[39] Raúl Porras Barrenechea was clear in associating the official disdain for culture with the lack of democratic and transparent institutions:

> In Peru, due to Caesarist regimes, we have lost a long time ago the sense of responsibility that we need to restore. There is no democracy without responsibility and renovation. It is urgent to restore the democratic virtues that existed between 1895 and 1919, and to eliminate the habits implanted since: the hatred or disdain towards intelligence; the horror against technical improvement; the propensity to servility; the supremacy of the inept and the opportunistic, even in the highest cultural institutions; corruption and mercantilism. It is from all of this that the BNP's tragedy has resulted; from its reform, with the indispensable contribution of young people, a renaissance may take place.[40]

Other intellectuals such as Jesuit historian Rubén Vargas Ugarte or legal scholar and diplomat Raúl Ferrero were equally critical of the status quo. *La Prensa* editorialized: "The BNP was, for a long time, in a state of complete abandonment, and lived a rather languid life, without resources, an appropriate building, or even a catalogue to help readers consult its holdings."[41] Jorge Basadre shared that view: "Bureaucratic inertia had a direct or indirect responsibility in the tragedy."[42] The Commission formed by the Ministry of Education also described the condition of the library at the time of the fire: "The National Library was in a state of abandonment, characterized by the decrepit and ruinous condition

---

38 *El Mercurio* (Santiago de Chile, heretofore *EM*), May 13, 1943.
39 "Ante el incendio de la Biblioteca Nacional," *Blasón*, no date.
40 Ibid.
41 *LP*, June 26, 1943.
42 Jorge Basadre, *La Biblioteca Nacional de Lima, 1943-1945* (Lima: Editorial Lumen, 1945), 6.

of the building, deficient electrical installations, primitive methods used to preserve its collections, the institution's meager budget, the absence of night-time inspection and of any fire-prevention system, the lack of adequate internal bylaws ... and the careless behavior of the directors of the BNP and the Ministry of Education to remedy this situation." Romero and Manuel Beltroy, his superior in the Ministry, were identified by this Commission as the individuals directly responsible for the tragedy.[43]

The conclusion was clear: the BNP was not only a victim of the state's neglect but in fact a sort of microcosm of Peruvian society. Romero's long-lasting tenure as Director coincided with a long period of authoritarian governments. Romero was akin to an elder dictator that kept things tightly under control, rejected any effort towards reform or renovation, and nobody dared to challenge. Inertia and disdain on the part of successive governments and the library's main administrator resulted in the conditions that led to the tragedy. Basadre summarized this extended perception as follows: "That somebody [intentionally] burned the BNP is subject to discussion, [and is] an issue that will probably never be solved; that the BNP *could be burned* is the most ominous and regrettable episode in the history of Peru's twentieth century." Not only the state, he added, but also public opinion, ought to be indicted for this dramatic and painful episode.[44]

Reconstruction and Reform

As mentioned above, only two days after the fire the

---

[43] Undated report signed by Ezequiel Muñoz, José Vila y Acuña, and Anselmo Barreto. BNP, Archivo Central, 15.

[44] Basadre, *Recuerdos de un bibliotecario peruano*, 48. The investigation carried on by the Judge Pedro Gazatz did not arrive at any conclusion. The case was reopened in 1946 by a Public Defender (Fiscal de la Corte Superior), who tried to prove that the fire was not due to human action. The Senate approved a motion on August 7, 1946, asking the Judiciary to launch an exhaustive investigation, but the Superior Court ordered the case to be closed. Despite isolated efforts, the case of the fire was gradually abandoned. Political developments–in particular the coup led by Manuel Odría in October 1948–and the desire not to reopen the case on the part of many members of the political and cultural elite, prevented a full investigation. See Basadre, *Recuerdos de un bibliotecario peruano*, 37-38.

government formed a commission in charge of the BNP's reconstruction. This Commission, presided by the Minister of Education, was also in charge of receiving and administering all the donations. Prominent limeño intellectuals such as Jorge Basadre, Víctor Andrés Belaúnde, Raúl Porras Barrenechea, José de la Riva Agüero, and others, were appointed to serve on this commission. A special credit of five million soles was approved by the Council of Ministers to fund this commission. Four sub-commissions were formed, each in charge of one of the following tasks: 1) To oversee the construction of a new building; 2) to receive and administer cash donations; 3) to receive and purchase books; and 4) to move forward the project of creating a catalogue of the library's holdings. Historian Jorge Basadre was named Secretary General of all the sub-Commissions.[45] Shortly afterwards, in June 1943, the government removed Romero from the BNP's Direction and named Basadre as his successor. He accepted with a few conditions: that the reconstruction efforts would be guided by technical criteria; that he would have full authority over all aspects of the BNP; that a School of Librarians be created; and that the plans for the future library building be vetted by foreign (U.S.) experts. Reconstruction, according to Basadre, had to be "total": it had to encompass book collections, service, organization, staff, and "spirit."[46]

Building a new edifice for the library was considered a priority. This had been a demand voiced for decades by library administrators and intellectuals alike. An interesting proposal had been made by Indigenista artist José Sabogal in 1936 and reiterated in the aftermath of the fire: he recommended the construction of a "modern, safe, and ample" building that would house the National Library, a National Museum, concert theaters, and exhibit halls, "using North American technical guidance." Sabogal also suggested that the space then occupied by the Lima penitentiary (in a very central area near downtown Lima) would be the best location for such a building.[47] This project was never implemented. After the

---

45 *EC*, May 19, 1943.
46 Basadre, *La Biblioteca Nacional de Lima*, 6.
47 José Sabogal, "La Biblioteca Nacional y el Museo Peruano," *Excelsior* (unknown date), 382-384. This proposal was supported by various intellectuals, including Jorge Falcón (*Universal*, May 10, 1945).

fire, Basadre had suggested that the plans for a new building be subjected to a contest among Peruvian architects, supervised by the Sociedad de Arquitectos, but the government put instead the Ministry of Public Works (Ministerio de Fomento) in charge of this. Basadre insisted that the plans be revised by foreign experts.[48] The sub-commission in charge of this issue decided that the new BNP was going to be built in the same location, although with a greater extension thanks to the addition of areas resulting from expropriated property. The proximity of that area to San Marcos University, the Congress, the Plaza de Armas, and other public buildings, and the desire to preserve its historical location, were the main reasons behind the decision. The final plan was prepared by architects of the Ministry of Public Works led by Emilio Harth Terré, with feedback offered by US specialists such as Lewis Hanke, Director of the Hispanic Division of the Library of Congress and a prestigious historian of Latin America; Keyes Metcalf, President of the American Library Association and director of Harvard University's library; and Milmarth Lewis, Yale University Librarian.[49] The new building was going to have six stories, a total constructed area of 16,500 square meters, and the capacity for one million volumes.[50]

On January 18, 1944, the groundbreaking ceremony for the new library building took place and the actual construction started in March of that year.[51] The Library, that after the fire had been functioning in the area previously occupied by the National Archive, which had not been affected by the disaster, was moved to a section

---

48 Basadre, *La Biblioteca Nacional de Lima*, 6.
49 "Datos sobre el nuevo local," *Boletín de la Biblioteca Nacional* 1, no. 2 (January 1944): 71-72.
50 *El Universal*, December 12, 1943; "Datos sobre el nuevo local," 72. For reasons that we do not have space to address, Basadre strenuously objected to Harth Terré's plan and wrote a detailed memo to the Minister of Public Works explaining his reasons. Jorge Basadre, Memorandum on the building of the National Library, October 23, 1946. BNP, Archivo Central.
51 "Colocación de la primera piedra del edificio de la Biblioteca Nacional," *Boletín de la Biblioteca Nacional* 1, no. 2 (January 1944): 66-70. Basadre objected to this ceremony but President Prado was eager to present his outgoing administration as one that had begun the construction of the new building. See Jorge Basadre, Memorandum on the building of the National Library, October 23, 1946. BNP, Archivo Central.

of the Escuela de Bellas Artes during the construction of the new building.[52]

While the construction of the new building was off his hands, most of Basadre's efforts were concentrated, like those of Ricardo Palma sixty years earlier, in securing donations and acquisitions to rebuild the BNP's book collection. Individuals—well known intellectuals as well as ordinary citizens—, neighborhood associations, businessmen, town councils, military, religious, and civilian institutions, schools, bookstore owners, foreign embassies, and many other individuals and institutions, national and foreign, not only expressed their sympathy but also began to donate both cash and books. Newspapers from all over the country and beyond were filled, in the days and weeks after the fire, with both expressions of sympathy and pledges of donations. In Peru, contributions were not limited to Lima: letters and donations arrived from places as distant and varied as Cerro de Pasco, Puerto Maldonado, Iquitos, Ayacucho, Azángaro, Huaraz, or Negritos. Valuable personal collections were given to the library. The "Sindicato de Comerciantes en Libros Usados" (a sort of used-bookseller guild) announced its contribution of "a few books."[53] A housewife suggested the organization of fund-raising festivals (*kermesses*) to "raise again that Temple of Knowledge, where our children can go happy and confident to drink in such font of knowledge, so necessary today, more than ever, when moral values are broken around the world."[54] Modest families gave away valuable possessions. The Minuto family, for instance, sent fifty-nine volumes, "which formed the most valuable portion of my very modest collection of books brought from my hometown, Moquegua"—wrote the head of the household.[55] Students from Nuestra Señora de Guadalupe high school organized a fund-raising campaign; a soccer match was played between the San Marcos and the Catholic universities' teams and a special bullfighting program was organized to raise

---

52 The National Archive was moved to a new location right after the fire. A decree that ordered the temporary relocation of the library to the Palace of Exhibitions, in Paseo Colón, could not be effected due to opposition from the Mayor of Lima. Basadre, *La Biblioteca Nacional de Lima*, 61.
53 *EC*, May 15, 1943.
54 *EC*, May 17, 1943.
55 *EC*, May 20, 1943.

funds for the future BNP. It is clear that many sectors of Peruvian society participated in this campaign–the wealthy and the poor, the young and the old, prominent intellectuals and ordinary citizens, workers and students, and residents of virtually every province. By 1945, two years after the fire, a bit over 5,000 books and more than half a million soles had been donated by Peruvian individuals and institutions.[56] From a certain point of view, there was a generous and massive mobilization in favor of the reconstruction of the BNP but, despite all this, efforts were clearly insufficient and, as Basadre noted, the wealthiest individuals and corporations such as the International Petroleum Company, Graham Rowe Co., or the Cerro de Pasco Corporation, did not contribute as expected.[57] An editorial in the newspaper *La Noche* on the first anniversary of the fire contrasted the news of a recent donation of 27 million dollars made by a wealthy U.S. man to the University of Chicago with the attitude of the Peruvian groups that possessed wealth and bibliographical treasures: the latter "have not had, until now, any great gesture towards our National Library."[58]

Donations also arrived from Argentina, Mexico, Cuba, Bolivia, Ecuador, Guatemala, Haiti, Great Britain, China, and many other countries. The Buenos Aires National Library announced the shipping of 5,000 books.[59] A Committee formed in Spain promised to send "as many original books as possible to replace the ones destroyed by the fire" and the Vatican offered its own contribution.[60] An international "Society of Friends of the Lima Library" was formed in Mexico by Rafael Heliodoro Valle, Fernando Ortiz, Alfonso Caso, and many other prominent intellectuals.[61] Close to 23,000 books had been received from abroad by 1945, with Argentina being the largest donor with 6,884.[62]

---

56 Basadre, *La Biblioteca Nacional de Lima*, 16, 22.
57 Basadre, *Recuerdos de un bibliotecario peruano*, 62-63.
58 Fulano de tal (pseudonym), "El perfil de las cosas," *La noche*, May 10, 1944, reproduced in *Boletín de la Biblioteca Nacional* 1, no. 4 (July 1944): 298.
59 *LP*, May 14, 1943.
60 *EC*, May 16, 1943 and *LP*, May 23, 1943, respectively.
61 *Excelsior*, June 24, 1943.
62 See Basadre, *La Biblioteca Nacional de Lima*, for detailed information about national and international donations. See also the list of donors in various issues of the *Boletín de la Biblioteca Nacional* that Basadre founded shortly after becoming Director.

But the future of the BNP collection could not depend only on donations, so Basadre started to buy private collections of periodicals, books, and pamphlets from Peruvian collectors and intellectuals such as Hermilio Valdizán, Evaristo San Cristóbal, and others. Undercover agents for the BNP began to look into used bookstores in Peru and elsewhere searching for valuable items to replace the lost ones.[63] Library publications included ads asking readers to donate or exchange specific titles the library felt it must have.[64] Anonymous ads were also placed in newspapers. One of the most important acquisitions was the personal collection of the late Argentine president Agustín Pedro Justo, who had died a few months before the BNP fire. His vast collection–comprising 28,000 volumes that Basadre had seen in person during a visit to Buenos Aires in 1942–was offered to the Argentine National Library, but the purchase could not go through, apparently due to the Perón administration's reluctance to authorize it. Notified of this, and realizing the great opportunity to acquire such an important collection, Basadre mobilized public and private efforts that culminated in this "spectacular" acquisition. Liborio Justo, the General's son, rejected a much higher offer from the University of Texas, stating that he "would have never allowed [the library] to be taken to the United States, since it would have strengthened its weapons of imperialist penetration."[65] It is somehow ironic that the anti-U.S. attitude of Liborio Justo allowed Basadre, a close friend, admirer, and collaborator of U.S. institutions, to secure such an important acquisition for the BNP.

From his new position as director of the BNP, Basadre laid out his vision of what the new library collection should consist of. For him, it should include all the works printed in Peru, written by Peruvians, or related to Peru; a substantial collection of representative works of "American culture" (by which he clearly meant Latin American culture); the fundamental texts of "Western

---

63 Basadre, *La Biblioteca Nacional de Lima*, 52.
64 In *Fénix*, for instance, ads listed books by Bernabé Cobo, Pedro Cieza de León, Juan de Matienzo, Juan de Arona, Francisco García Calderón, Ventura García Calderón, Manuel González Prada, Manuel Lorenzo de Vidaurre, and others, that the library was trying to acquire.
65 Basadre, *Memorias de un bibliotecario*, 68. On the acquisition of the Justo collection, see Basadre, *La Biblioteca Nacional de Lima*, pp. 53-54.

culture"; and a basic collection about "Oriental" cultures.[66] As Ricardo Salvatore has commented, Basadre's vision of the new BNP reflects his realization of the subalternity of an institution located in a peripheral country, so the goals he set for it were much more limited than, say, the Library of Congress or the British Library.[67] Although acquisitions should be "indiscriminated" in the case of Peru-related materials, in all other cases they had to be "selective" although striving to strike a balance between different disciplines, "partitioning, if possible, the available funds."[68] It is worth highlighting Basadre's view of a unified "Western culture" (in singular) versus a more heterogeneous "Oriental cultures" (in plural) as well as his embracing of the idea of a single entity he called "Peru," which included pre-Hispanic cultures. This is in fact consistent with Basadre's well-known view of "Peru" as a unified spiritual and political entity that had traversed historical periods (as a "problem" but also as a "promise" and a "possibility").

Basadre's energetic leadership produced impressive results. Only two years after the fire, in 1945, the library already had 70,000 volumes, and 30,000 more were expected to arrive soon from abroad. It also had 6,150 Peruvian and 4,715 foreign periodicals. When the new BNP opened its doors in September 1947, it had 134,000 volumes on its shelves, a figure very close to the 150,000 it had at the time of the fire.[69]

Designing a modern library

Beyond reconstructing the BNP's holdings, Basadre and others used the opportunity to promote the design and construction of a modern and functional library. It was their hope that the new library could adopt the most advanced techniques in library science, especially those developed in the United States. Several

---

66 Basadre, *La Biblioteca Nacional de Lima*, 50.
67 Ricardo D. Salvatore, "Dilemas de la acumulación cultural periférica. Acerca de la 'peruanidad' de tres intelectuales peruanos," paper presented at the Conference on "Intelectuales y Poder en la Historia Peruana" (Lima, December 14-16, 2004), unpublished manuscript.
68 Basadre, *La Biblioteca Nacional de Lima*, 51.
69 Basadre, *La Biblioteca Nacional de Lima*, 62.

commentators weighed in. One of them, Enrique González Carrión, outlined his ambitious hopes for the new BNP:

The new library must have sections for children, an ambulatory library, a music department with a record collection and gramophones, studios for researchers, disinfecting chambers, sections for engravings, a printing press, a photographic workshop, devices to make and reproduce microfilms, etc. Above all, it needs a new spirit. We don't need a library that waits, hostile and aggressive, for those that due to necessity have to visit it but, as is the case in sophisticated countries, it has to step out to the street thanks to proper publicity, in search of new readers, using exhibits, lectures, and enlightened projections, which would receive them [the readers] in a friendly and understanding manner.[70]

Basadre shared this vision of building a new type of library, "the closest we can have to a modern library in a democratic country."[71] His project included both creating a new internal organization and projecting the library to play a new role in a democratic society. Here is the summary of his vision for the new BNP:

> The BNP will aspire to be the intellectual home of all social classes, without distinctions of sex or age. Those who would visit it will be helped not because of favors or personal discrimination; all persons will have the same right to be treated with courtesy and will be able to demand the fulfillment of the obligation to serve them. Without ignoring the erudite, the BNP will reach out to the professional, the industrial worker, and the student, offering them reading materials that carry a triple purpose: pure recreation, spiritual formation, and practical and immediate application. Implementing a technical organization, in this specific case, does not mean taking distance from ordinary people; quite the opposite: it will be impregnated of an authentic and vast democratic content and a generous social philosophy.[72]

This was a very ambitious agenda, to be sure, but one that, to be implemented, would have required a much wider and more radical transformation in Peruvian society, not just in

---

70 "Ante el incendio de la Biblioteca Nacional," *Blasón*, no date.
71 Basadre, *La Biblioteca Nacional de Lima*, 6.
72 Basadre, *La Biblioteca Nacional de Lima*, 7.

library practices. Thus, Basadre's efforts (and successes) are more visible in the changes in the internal operation of the BNP than in the "democratizing" role it was supposed to play. One of the key reforms that Basadre implemented was the creation of the first School for Librarians (Escuela de Bibliotecarios) in June 1943, an institution he was always proud of and that was conceived as the foundation for a scientific and modern approach to library organization in Peru.[73] He was also adamant in promoting the cataloguing and classification of books, a basic principle of library organization that was virtually non-existent at the time of the fire. A new internal structure was given to the institution, which was now going to have the following departments: acquisitions, cataloguing and classification, circulation, reading services, and a children's section. A Bibliographical Museum was also planned but never materialized. Finally, Basadre also founded three important periodical publications: the *Boletín de la Biblioteca Nacional*, which offered information about the operation of the library; *Fénix*, a journal specializing in library science; and the *Anuario Bibliográfico*, an annual compendium of all the publications from and about Peru during a given year.[74]

Making the BNP (and the network of libraries that it was supposed to be part of) open, democratic, reachable, and welcoming, was a much harder endeavor. Literacy levels remained low in Peru in the 1940s. Successive administrations were not particularly interested in promoting a democratic and inclusive culture of which disseminating information and fostering reading practices were going to be an important part. In fact, shortly after the BNP reopened, a coup d'état installed a new and brutal military dictatorship in Peru on October 3, 1948. Despite all the reconstruction efforts, the library continued to suffer from meager budgets, bureaucratization, corruption, and low attributed social value. Half a century later, in

---

[73] The first term of the school ran from January 15 through June 15, 1944. See a detailed account on the early functioning of the School for Librarians in Basadre, *La Biblioteca Nacional de Lima*, 32-50. See also the testimony of Ricardo Arbulú, a member of the first cohort of students/librarians, in Corzo, "Testimonio del Dr. Ricardo Arbulú Vargas," 39-42, and the speech given by Basadre at the conclusion of the first year of activities of the Escuela, in Jorge Basadre, "Terminación y comienzo." *Fénix*, no, 1 (1944): 133-139.

[74] Basadre, *La Biblioteca Nacional de Lima*, 55-58.

the early 2000s, another "beggar librarian," BNP director Sinesio López, had to go to the streets to raise funds to build a new library location, and more recently, in 2011, another BNP Director, Ramón Mujica Pinilla, started a campaign to recover valuable lost and stolen books. Without necessarily denying the important work done since the 1940s, the place that Basadre envisioned for the BNP as a centerpiece of a democratic society did not materialize.

The Role of the United States and the Defense of Cultural Patrimony

Shortly after the May 1943 fire, a Commission was formed in the United States to offer professional and financial assistance to the efforts to reconstruct the BNP. Its members included Herbert Bolton, director of the Bancroft Library and the already mentioned Lewis Hanke (Library of Congress), Keyes Metcalf (Harvard University), and Milmarth Lewis (Yale University). A delegation traveled to Lima in August 1943, along with Sumner Welles, Assistant Secretary of State, for a series of meetings with state authorities and the Commission in charge of the BNP's reconstruction. It was with U.S. support that the School of Librarians was opened: the U.S. hired and paid five teachers for the school, two of them brought from the U.S.[75] In addition, the United States donated a total of 22,000 books to the BNP, the largest single donation in the entire campaign, and $25,000 in cash for the purchase of books. Photocopies of Peruvian materials housed by the Library of Congress' Harkness collection were also donated to the BNP. Staff members of the BNP received grants to travel to the U.S. to study North American library techniques.[76]

Peruvian key intellectuals, as Ricardo Salvatore has emphasized, had a close relationship with the U.S. government and cultural institutions. Jorge Basadre had been a Carnegie fellow in the U.S. in 1931, studying library science.[77] In 1938, Basadre, along with Estuardo Núñez, Luis E. Valcárcel, Julio C. Tello,

---

75 Basadre, *La Biblioteca Nacional de Lima*, 13; *LP*, October 9, 1943.
76 Basadre, *La Biblioteca Nacional de Lima*, 13.
77 Basadre, *Recuerdos de un bibliotecario peruano*, 21.

Albert Giesecke, and other noted Peruvian and U.S. intellectuals, founded the Instituto Cultural Peruano Norteamericano (ICPNA), an institution aimed at strengthening cultural cooperation between Peru and the United States.[78] Basadre had actually accepted a visiting position at Columbia University when he was asked to serve in the Reconstruction Commission first, and as Director of the BNP shortly afterwards. Basadre's personal connections but also his intellectual prestige were critical in mobilizing the United States' support. Equally importantly, Basadre's familiarity with (and admiration of) U.S. library traditions and organization shaped his vision of the future BNP as well as the adoption of various techniques in library science, such as the Dewey decimal classification system. In late 1943 or early 1944, historian and librarian Alberto Tauro was commissioned by the BNP to visit several libraries in the United States. His report showed his enthusiasm and admiration for the "elevated mission" that U.S. libraries performed: "They serve, of course, individual and collective enlightenment ... but, above all, they are entities whose work is reflected in civic behavior and the national consciousness ... as a whole, North American libraries cover all areas of human interest, in strict harmony with their contemporary scientific ambitions."[79]

But it was the context of World War II which provided the overall rationale for the rapid and somehow generous collaboration offered by U.S. institutions to the BNP in the aftermath of the fire. This appears with total clarity in an interview that Keyes Metcalf offered in August 1943:

> I sincerely believe that this gesture [U.S. aid to the reconstruction of the BNP, CA] will have an excellent repercussion not only among you [the Peruvian people, CA] but also in the other countries of America, and not because I want to underscore U.S. contributions to this effort, or because I want to paint it with brush strokes of generosity. I believe, on the contrary, that it was our

---

78   Luis E. Valcárcel, *Memorias* (Lima: Instituto de Estudios Peruanos, 1981), 339; see also María Elena Cornejo, *70 aniversario. ICPNA: Instituto Cultural Peruano Norteamericano, 1938-2008* (Lima: Instituto Cultural Peruano Norteamericano, 2008).

79   Alberto Tauro, "Informe del Dr. Alberto Tauro sobre su viaje a los Estados Unidos" (February 15, 1944), *Boletín de la Biblioteca Nacional* 1, no. 3 (1944): 259-262.

duty, as good neighbors, to be present in this sad time for Peru. I believe, at the same time, that it is the obligation of all the other American republics, like good sisters, to offer their contributions, like many of them are already doing, since the disappearance of the BNP is a tragedy that afflicts the entire Americas. On the other hand, I'm convinced that this is a new and effective step towards a mutual understanding between the Americas that, unfortunately, have taken too long in approaching each other. That had to happen one day, and it seems that we have started to walk the path that we should have followed a long time ago.

And so there was no doubt as to what the main motivation was, he added:

The war that is afflicting the world has come to give more impulse to the need to establish a better understanding among Americans of all latitudes. We were guilty of mutual ignorance about each other. You did not know us well and we didn't know you well either. We looked at each other and thought of each other through curious principles and terms established by passing-by travelers or by authors that came in search of color to these countries and made the mistake of writing about South America without really knowing it.[80]

That these sentiments of cooperation were reciprocal was made clear during the dinner that, on August 17, 1943, the Peruvian Minister of Education offered to the U.S. delegation. Minister Enrique Laroza said in his speech:

The collaboration of the United States is particularly important, given the world-wide celebrated progress of its public libraries. Fortunately, Peru has cultivated a traditional and steady friendship with this great Nation, expressing its solidarity with her after the attack on Pearl Harbor. To political solidarity and economic cooperation, we add today the high expression of intellectual aid, which completes with elevated dignity the noblest expression of

---

80 *EC*, August 14, 1943. It is worth highlighting the way in which Metcalf used terms such as "America" or "American republics" to refer to all the countries in the continent, not just the U.S., a rhetorical tool used during war time to emphasize the existence of a brotherhood of nations behind a common purpose. During the same visit to Lima, historian Lewis Hanke offered a public lecture entitled "The Americanization of the Americas." *EC*, August 19, 1943.

the friendship between peoples.[81]

As it has been the case in other social tragedies throughout the hemisphere, the destruction of the BNP afforded an opportunity for the U.S. to show its "soft" and benevolent face and for the receiving country to promote even further a well established "friendship" with the "great Nation." This mutually beneficial cooperation was even more imperative because of the threats created by the anti-democratic axis led by Germany. When Basadre wrote his 1945 report on the progress made towards the reconstruction of the BNP, he considered it a victory of "international solidarity" and "interamericanism," a term that resonated in the context of World War II as representing the advent of a new era in U.S-Latin American relations.[82]

A bit more than three years after the tragedy, on July 4, 1946, a delegation of U.S. librarians went to Lima to participate in a ceremony at the Presidential Palace in which a donation of 20,000 books was made. In his speech, Luther Evans, director of the Library of Congress, reviewed the long-standing library collaboration between the United States and Peru and reiterated that "many of the most important problems cannot be resolved without an inter-American foundation, through the collaboration of the thought and action of librarians of the Americas." In his response, Basadre offered a detailed account and glowing eulogy of the U.S. library system: the Library of Congress, he stated, instead of being a closed and bureaucratic institution, "accumulates and classifies knowledge in order to disseminate it," thus contributing to a "fertile" spirit of discontent that was at once "creative and progressive."[83]

Basadre's pro-U.S. stance is palpable in the many reminiscences he wrote of his work as a librarian and historian. He

---

81   *EC*, August 17, 1943.
82   Basadre, *La Biblioteca Nacional de Lima*, 62. In 1941, Peruvian Aprista leader Víctor Raúl Haya de la Torre had also used the term to signal a departure from his radical anti-imperialism of the 1920s and early 1930s and his embracing of a "democratic interamericanism without empire." Víctor Raúl Haya de la Torre, *Plan para la afirmación de la democracia en América. Interamericanismo democrático sin imperio* (Buenos Aires: Ediciones APRA, 1941).
83   "Entrega del donativo norteamericano a la Biblioteca Nacional," *Boletín de la Biblioteca Nacional* 3, no. 9 (1946): 44-52.

not only admired the U.S. library system, its Dewey system, and the plans of U.S. libraries, but repeatedly praised U.S. contributions to the reconstruction efforts and the School of Librarians. He maintained the same position in 1975, three decades after the events. In this, Basadre's attitude was similar to that of other intellectuals such as Luis E. Valcárcel and Julio C. Tello, whose "nationalism," as Ricardo Salvatore has argued, required and was founded upon "imperial connections."[84] The discourse on "library science" and "library modernization" that infused Basadre's vision for the reconstruction of the BNP was borrowed from U.S. models, which he had been in contact with since the early 1930s.[85] But there was one issue in which Basadre failed to confront U.S. librarians, archivists, and collectors: the tragic history of cultural pillaging that Peru had been victim of from U.S. institutions and individuals. We will turn now our attention to the issue of cultural patrimony in peripheral countries such as Peru.

The fire, the rumors about its possible causes, and the realization that many materials that used to belong to the BNP, the National Archives, and other repositories were now in foreign hands, prompted some interesting remarks about the need to protect and recover the cultural patrimony of the "sister republics," but they also reveal some significant silences and omissions. Let me start with a very telling story. The Argentine embassy in Lima announced, in August 1943, that its new military attaché was coming from Buenos Aires carrying a "donation" for the BNP: a valuable volume printed in 1557 by Elio Antonio de Nebrija, the *Hymnorum Recognition*. The book, however, had belonged to the San Francisco convent in

---

84 Ricardo D. Salvatore, "Tres intelectuales peruanos: conexiones imperiales en la construcción de una cultura nacional," in Carlos Aguirre and Carmen McEvoy, eds. *Intelectuales y poder. Ensayos en torno a la república de las letras en el Perú e hispanoamérica (ss. XVI-XX)* (Lima: Instituto Francés de Estudios Andinos and Instituto Riva Agüero, 2008), 353-384.

85 It is inevitable to note, however, that this pro-U.S. attitude represented a clear shift from his rather vocal condemnation of U.S. imperialism in 1927. In his article "Mientras ellos se extienden" (*Amauta*, no.9, 1927, 9-13) Basadre wrote: "We belong to the [group of] countries that trust the United States. Psychologically, we are among the closest to them: there are abundant episodes of cordial deference towards them in our history; our academics and politicians have offered the most flattering praises of them." And he concluded: "It is necessary to shape a public sentiment in defense of national sovereignty vis-à-vis the yankee threat."

Lima and was later transferred to the BNP, from which it had been stolen and later acquired by the Argentine National Library. Now, it was being "donated" to its legitimate owner.[86] When the attaché arrived in Lima, about a week later, he did announce that this volume was being restored to its proper owner, but still considered the devolution "a beautiful and meaningful gesture" on the part of the Argentine government.[87] In his speech at the ceremony the Argentine officer stated that the book "has, for Peru, the great sentimental value of having belonged to the National Library of Lima," while the Peruvian Ministry of Foreign Affairs highlighted Argentina's "generosity."[88]

How many more books had been taken away from Peru's libraries and were being held at private and public collections around the world? The question lingered in the minds of many during the period following the fire. The most obvious precedent was the case of the books taken away from the BNP and transported to Chile during the occupation of Lima (1881-83). What is worth highlighting is that, although a solidarity campaign was launched in Chile once they knew of the fire that destroyed the BNP, nobody mentioned the destruction and sacking of the BNP caused by Chilean troops in the 1880s. The Chilean Minister of Education, the Senate, the Chilean Society of History and Geography, the President of the Universidad de Chile, the directors of the Library System and the National Archive, and many other authorities sent their messages of solidarity.[89] The newspaper *La Hora* reported on the fire and offered a brief history of the BNP, including the fact that it contained "thousands of books patiently collected by the traditionalist writer Ricardo Palma," but made no mention of the destruction of the library during the Chilean occupation that precisely required Palma

---

86   *EC*, August 10, 1943.
87   *EC*, August 19, 1943.
88   "Discursos pronunciados en la ceremonia de entrega, por el señor Encargado de Negocios de la República Argentina, de la Obra 'Hymnorum Recognitio' obsequiada por su país a la Biblioteca Nacional," *Boletín de la Biblioteca Nacional* 1, no. 1 (October 1943): 5-7. Basadre mentions the delivery of this "bibliographical treasure that used to belong to our National Library and was acquired in Buenos Aires," but makes no comment about the illegal nature of the acquisition by the Argentine library. Basadre, *La Biblioteca Nacional de Lima*, 11.
89   *La Hora*, May 11, 1943, *EM*, May 12, 1943.

Figure 4: Ceremony held at the Peruvian Governmental Palace on July 4, 1946. Second from the left is Jorge Basadre. At the center, Luther Evans, director of the Library of Congress and Luis E. Valcárcel, Peruvian Minister of Education. Source: Biblioteca Nacional del Perú. Reprinted with permission.

to "patiently" collect books.[90] The newspaper *Defensa* asked every Chilean to collaborate with the reconstruction of the BNP: "Let's be generous; each Chilean should be represented in the Lima Library with one book."[91] In fact, a public campaign was launched to collect books for the BNP. An ad published in *El Mercurio* asked Chileans to "contribute generously with Chilean books, no matter what their topic, date, or condition is."[92] The Chilean Chamber of Deputies approved a donation of 500.000 pesos for the Peruvian National Library.[93]

90   *La Hora*, May 11, 1943.
91   As reported by *LP*, May 17, 1943.
92   *EM*, July 28, 1943.
93   *EM*, August 25, 1943.

There was no lack of solidarity in Chile with the Peruvian tragedy, but what was missing was a public recognition that Chile did have in its possession thousands of books that used to belong to the BNP. An Editorial published in *El Mercurio* about the tragedy is quite telling of the lack of any public recognition (it is doubtful that it can be attributed to ignorance) of the events that had happened in the 1880s: "The loss of the rich National Library of Lima (...) makes us think of the disgrace that represents, for a country, a catastrophe of the magnitude of the one that had happened in our brother country and on the fortune that represents to have a National Library like the one we have, surely the best in Spanish America. Fortune made it possible for our country to have an adequate building, still under construction, capable of protecting the valuable volumes that it [the Library] treasures."[94]

To be sure, some Peruvian intellectuals, notably Luis Alberto Sánchez, then exiled in Chile, were also silent on the looting of the BNP by Chilean troops during the occupation: he lauded Ricardo Palma for reconstructing the library but did not mention the causes of its destruction.[95] In Peru, the issue was brought up by several commentators, although not always with the same vigor. An editorial of *El Comercio* only referred to "the invaders" when mentioning the destruction that led to Ricardo Palma's efforts.[96] Days later, the same paper published an article signed by Manuel Enrique Gómez that referred to the "sacking and destruction" suffered by the BNP during the war but, again, Chile was not explicitly mentioned.[97] One of the first commentators that clearly and explicitly brought up the Chilean pillaging of the BNP was Raúl Porras Barrenechea:

> The War with Chile took place in 1879. In March 1881, according to Ricardo Palma, who was then Sub-Director of the Library, Chilean General Lagos, already in possession of Lima after the Battles of San Juan and Miraflores, decided the looting of the Library, which contained 50,000 volumes and more than 800 manuscripts. Part of them was shipped to Chile and the rest were dilapidated by the

---

94 *EM*, May 13, 1943.
95 *EM*, May 13, 1943.
96 *EC*, May 14, 1943.
97 Manuel Enrique Gómez, "Una irreparable pérdida nacional," *EC* (no date available).

soldiers that had transformed the Library into their quarters.[98]

Chilean officers did not take the accusations lightly. Gabriel Amunátegui, Director General of Libraries, Archives, and Museums strongly rejected the report's suggestion that Chile had books that used to belong to the BNP. Neither the Chilean National Library nor the Archive, he said, "have acquired through purchase or any other means, printed or manuscript materials of such origin."[99] Half a century later, Chile would return to the BNP more than 3,000 books stolen during the occupation.

Explicitly or implicitly, the memories of the Chilean looting of the BNP shaped many interventions that pointed to the undeniable fact that Peruvian cultural patrimony had been repeatedly sacked by local and foreign predators. Víctor Andrés Belaúnde was among the first in raising these concerns: "Many historical documents and books belonging to the Peruvian cultural patrimony have been taken abroad. In those countries, they are objects of decoration or curiosity and only rarely useful tools for some erudite; but, for us, they represent the foundation of our culture and are like the living incarnation of our spiritual character. Their return to Peru, besides representing a true sign of fairness, would have the deep meaning of an effective proof of solidarity."[100]

The report written by the Gálvez Commission took a very firm stand regarding this issue, one that actually created some tension with foreign actors in the midst of the solidarity that they showed in the aftermath of the tragedy. The Commission referred to "palpable indications of the existence of valuable Peruvian books and documents in foreign countries. Peruvian researchers have seen in foreign libraries papers and books from Peru, *especially in Chile, Argentina and the United States*" (emphasis added). It explicitly mentioned antique books held by the Library of Congress and manuscripts existing at its Harkness Collection that had been apparently stolen from Peruvian collections. The Commission recommended the Ministry of Education to start an investigation of these stolen materials but also suggested the need for a treaty

---

98   Porras, "Pasión y muerte."
99   *La Hora*, Santiago, October 8, 1943.
100 *LP*, May 12, 1943.

or convention among American countries to prevent their cultural institutions from acquiring stolen objects. Congressman Delboy added to this by making reference to the Argentine's "donation" mentioned above: "It is unacceptable that this was known and no investigation has been conducted thus far." And then offered a list of other missing documents that, he argued, existed in the United States, something he had the opportunity to confirm during a recent trip.[101] Delboy asked the Ministry of Foreign Affairs to give instructions to embassies and consulates in the continent to initiate negotiations to recover–by purchase or other mechanisms–books and documents that used to belong to the BNP or the National Archive and that had been obviously taken away illegally.[102] Senator Uriel García also testified that during a recent visit to the US he confirmed that museums, archives, and libraries owned different types of cultural artifacts taken away from Peru, and insisted on the need to legislate in favor of the protection of cultural patrimony.[103] These concerns found echo in Peruvian media. *La Prensa* editorialized in support of a Pan-American agreement to protect bibliographical and documentary patrimony.

These accusations notwithstanding, the cordial relations between U.S. institutions and the BNP continued, as we saw above, and the Peruvian government did not pursue any action. Although the Harkness documents had been explicitly mentioned by the Gálvez Commission, the BNP accepted the donation of photocopies of those materials without demanding their return. The *Boletín de la Biblioteca Nacional* published a brief note about the collection, highlighting its importance. Although the note did state that "many [of the documents, CA] are originals, kept by the notaries" and underlined the fact that many of them contain information of "all the Pizarros and all the Almagros" except Juan Pizarro, no mention was made of the dubious origin of many of the items in the collection.[104] Clearly, the desire to strengthen the collaboration between the U.S. and Peru prevailed over the denunciations of

---

101   *EC*, September 9, 1943.
102   *LP*, September 11, 1943.
103   *LP*, October 19, 1943.
104   "La colección Harkness," *Boletín de la Biblioteca Nacional* 2, no. 6 (January 1945): 175.

the supposed illegal appropriation of Peruvian cultural artifacts. Basadre made only passing references in his various writings about the reconstruction of the BNP to cultural and bibliographical pillaging and says almost nothing about the need to recover stolen artifacts from foreign institutions.[105] He was clearly aware of the looting Peruvian libraries and other institutions had been subjected to, but he did not become a strong advocate (at least publicly) for immediate measures to be taken to remedy the situation. As an exception, he mentioned the agreement reached with Luther Evans, director of the Library of Congress, according to which it was not to buy Peruvian manuscripts or rare books without consulting with the BNP.[106] The emphasis with which Basadre chastised Peruvian state officers for the prostration of institutions such as the library, the archives, or museums, was not matched by a similarly energetic stand vis-à-vis the issue of cultural looting and pillaging. He was focused on securing donations and strengthening collaboration and thus was trying to avoid conflicts with foreign institutions and governments.

Conclusion

The fire that destroyed the building and the collection of the BNP in May 1943 opened up a series of issues for discussion: the state of abandonment in which one of Peru's main cultural institutions had been kept for decades; the precarious administrative and organizational structures under which the BNP had been operating; the need for both a new building and a truly scientific and technical approach to the future operation of the library; the role of a "modern library" in a democratic society; and the critical issue of protecting the cultural patrimony, especially in a country that had been the victim of so much pillaging and looting of its cultural artifacts–archaeological pieces, manuscripts, valuable

---

105 In reference to the purchase of the Justo collection, for example, Basadre wrote that "in a country such as Peru, from which so many times our cultural wealth has been exported with impunity, we accomplished with this purchase an authentic and valuable importation of that [bibliographical] wealth." Basadre, *La Biblioteca Nacional de Lima*, 54.
106 Basadre, *Recuerdos de un bibliotecario*, 82.

books, colonial art, and more. The reconstruction efforts showed a great deal of mobilization and solidarity within Peru but also from foreign governments, institutions, and individuals. Peruvians of all walks of life–although in insufficient numbers–participated in the campaign and offered their contribution. Donations and support from abroad made a big difference, especially those from the United States, which was interested in showing its most benevolent face in view of the challenges presented by WWII and the need to strengthen Pan-American cooperation. Peruvian intellectuals, notably Jorge Basadre, were well-positioned to embrace and further this relationship, given the paradoxical combination they embodied between a strong cultural nationalism and a long-term collaboration with what Salvatore has called the U.S. "enterprise of knowledge."[107]

The BNP reopened its doors four years after the tragedy, but soon the hopes that it could become a critical promoter of a new democratic culture disappeared in the midst of continuous political turmoil, military intervention, and pervasive official inertia with regards to cultural institutions. The BNP, up until today, continues to be the Cinderella of state institutions, while at the same it has suffered from theft, pillaging, and bureaucratic inertia. Although the May 1943 fire did a great deal of damage to the BNP, other, less visible but no less dramatic tragedies have plagued the institution for most of its bicentennial existence.

The scattered denunciations of foreign appropriation of Peruvian cultural artifacts voiced in the aftermath of the fire produced rather modest results. The fact that foreign governments and institutions were helping in the reconstruction of the BNP did not discourage the members of the Gálvez Commission and other commentators from posing serious, even if relatively vague, accusations. It is clear that, at least for certain sectors of the Peruvian cultural elite, the occasion was ripe to engage in an international debate about one of the main sources of library pillaging and

---

[107] Ricardo Salvatore, "The Enterprise of Knowledge. Representational Machines of Informal Empire," in Gilbert M. Joseph, Catherine C. Legrand, and Ricardo D. Salvatore, eds., *Close Encounters of Empire. Writing the Cultural History of U.S.-Latin American Relations* (Durham: Duke University Press, 1998), 69-104.

destruction: the traffic in stolen books and documents. The message from some intellectuals was clear: if there was a serious interest in reconstructing and maintaining a library collection, an effort had to be made to prevent the continuation of what was clearly a common practice throughout the hemisphere.[108] Unfortunately, those in charge of the negotiations and discussions did not push the issue hard enough, and the opportunity to engage in a serious effort to stop cultural pillaging was lost.

Whether the fire was accidental or intentional became, to a certain extent, secondary: the real issue was that the BNP had suffered, for decades, from abandonment, inertia, underfunding, and misadministration. It is not that books and libraries were not valued by Peruvian political, social, and intellectual elites–after all, valuable private libraries had always existed and continued to be amassed by prominent elements of those elites. The real issue is that public libraries–and the services they were supposed to bring and the customers they were supposed to serve–were not held in great esteem. Exclusionary social and cultural practices had their correlation in the lack of concern with cultural institutions during periods of authoritarian and oligarchic rule. At the same time, the notion of protecting the cultural patrimony of the "nation" was not embraced by those elites, who saw with irresponsible indifference how national and foreign looters stole documents, books, and pieces of art. The fire that destroyed the BNP in May 1943 was a very tragic event but it was the result of much more common, deeper, long-lasting, and pervasive tragedies that have plagued Peru throughout its 200 years of existence as an independent country.

Bibliography

Báez, Fernando. *El saqueo cultural de América Latina. De la conquista a la globalización*. Barcelona: Debate, 2009.

Basadre, Jorge. "Mientras ellos se extienden." *Amauta*, no. 9 (1927): 9-13.

---

108   On this issue, see Fernando Báez, *El saqueo cultural de América Latina. De la conquista a la globalización* (Barcelona: Debate, 2009).

Basadre, Jorge. *La Biblioteca Nacional de Lima, 1943-1945*. Lima: Editorial Lumen, 1945.

Basadre, Jorge. *Recuerdos de un bibliotecario peruano*. Lima: Editorial Historia, 1975.

Cornejo, María Elena. *70 aniversario. ICPNA: Instituto Cultural Peruano Norteamericano, 1938-2008*. Lima: Instituto Cultural Peruano Norteamericano, 2008.

Corzo, Orlando Corzo. "Testimonio del Dr. Ricardo Arbulú Vargas, representante de la primera promoción que cursó estudios en la Escuela Nacional de Bibliotecarios el año 1944." *Alexandria. Revista de Ciencias de la Información* 3, no. 6 (2007): 37-44.

Gonzales Alvarado, Osmar. "Ricardo Palma y la Biblioteca Nacional del Perú: Homenaje." In *Ideas, intelectuales y debates en el Perú*, 15-29. Lima: Universidad Ricardo Palma, 2011.

Gonzales Alvarado, Osmar. "Ricardo Palma y Manuel Gonzáles Prada: Conflicto entre dos tipos de intelectuales." In *Ideas, intelectuales y debates en el Perú*, 91-118. Lima: Universidad Ricardo Palma, 2011.

González. Prada, Manuel. *Nota informativa (acerca de la Biblioteca Nacional)*. Lima: Imprenta de "La Acción Popular," 1912.

Guibovich, Pedro. "La usurpación de la memoria: el patrimonio documental y bibliográfico durante la ocupación chilena de Lima, 1881-1883." *Jahrbuch für Geschichte Lateinamerikas* 46 (2009), 83-107.

Haya de la Torre, Víctor Raúl. *Plan para la afirmación de la democracia en América. Interamericanismo democrático sin imperio*. Buenos Aires: Ediciones APRA, 1941.

McEvoy, Carmen. "Guerra, civilización e identidad nacional. Una aproximación al coleccionismo de Benjamín Vicuña Mackenna, 1879-1884." *Jahrbuch für Geschichte Lateinamerikas* 46 (2009), 109-134.

Palma, Ricardo. *Catálogo de los libros que existen en el Salón América*. Lima: Imprenta de Torres Aguirre, 1891.

Porras Barrenechea, Raúl. "Pasión y muerte de la Biblioteca Nacional de Lima." *La Prensa*, April 9, 1943.

Salvatore, Ricardo D. "The Enterprise of Knowledge. Representational Machines of Informal Empire." In *Writing the Cultural History of U.S.-Latin American Relations*, edited by Gilbert M. Joseph, Catherine C. Legrand, and Ricardo D. Salvatore, 69-104. Durham: Duke University Press, 1998.

Salvatore, Ricardo D. "Dilemas de la acumulación cultural periférica. Acerca de la 'peruanidad' de tres intelectuales peruanos." Unpublished paper presented at the conference on "Intelectuales y Poder en la Historia Peruana," Lima, Peru, December 14-16, 2006.

Salvatore, Ricardo D. "Tres intelectuales peruanos: conexiones imperiales en la construcción de una cultura nacional." In *Intelectuales y poder. Ensayos en torno a la república de las letras en el Perú e hispanoamérica (ss. XVI-XX)*, edited by Carlos Aguirre and Carmen McEvoy, 353-384. Lima: Instituto Francés de Estudios Andinos and Instituto Riva Agüero, 2008.

Tauro, Alberto. "Informe del Dr. Alberto Tauro sobre su viaje a los Estados Unidos." *Boletín de la Biblioteca Nacional* 1, no. 3 (1944): 259-262.

Valcárcel, Luis E. *Memorias*. Lima: Instituto de Estudios Peruanos, 1981.

Vargas Ugarte, Rubén. "Carlos A. Romero." In *La Biblioteca Nacional: Aportes para su historia*, 66-71. Lima: Biblioteca Digital Andina, n.d.

Xammar, Luis Fabio. "Ricardo Palma, bibliotecario." *Fénix*, no. 1 (1944): 121-132.

Detrás de una puerta gris: Notas sobre los archivos policiales públicos argentinos

Lila Caimari

CONICET/ Universidad de San Andrés

Mariana Nazar

Universidad de Buenos Aires / Universidad de San Andrés

Evocar los archivos latinoamericanos es introducirse en un laberinto de relatos de la imposibilidad. La sola mención del tema produce una asociación espontánea de imágenes de destrucción, de promesas arrasadas por el autoritarismo, la negligencia o la crisis. También activa historias heroicas y espectaculares —la del archivo salvado de milagro, la del archivista clandestino que guarda sigilosamente tesoros para su revelación después de las peores tormentas políticas, la del investigador astuto que consigue información clave allí donde redes personales y estrategias informales de acceso a los documentos constituyen un valor decisivo.

Este ensayo parte de dicho contexto, como no podría ser de otra manera. Pero en dicho paisaje desolado procura tomar en consideración aspectos menos atendidos del devenir de los archivos de la región, como el desarrollo temprano de cierta conciencia del valor de los documentos en el seno de las burocracias modernas, o la evolución de una disciplina dedicada a la preservación de archivos en el marco del aparato estatal. No para reemplazar la leyenda negra con historias ingenuamente optimistas, sino para examinar más cuidadosamente nuestro sentido común sobre la destrucción y la desidia.

Así pues, a partir del caso argentino, este trabajo procura

identificar diferencias y periodizaciones en el nacimiento y devenir de los archivos estatales. Luego, se ocupa de la situación de tres archivos públicos de la policía en Buenos Aires. Cada uno a su manera, los repositorios reseñados plantean la cuestión de las condiciones de posibilidad del archivo público de una institución matrizada por la cultura del secreto. Concebidos para cumplir funciones precisas dentro de la policía y reconvertidos para prestar servicios diversos a la sociedad, los casos examinados también exponen los dilemas del cambio de sentido y de función de los archivos "secretos" en el largo plazo.

1. *Los archivos estatales argentinos: hitos para una historia pendiente*

a) *Nacimiento y avatares de los archivos de estado*

La historia de los archivos en la Argentina aún está por escribirse. Estrechamente vinculados a la emergencia de burocracias modernas, no han encontrado todavía el lugar que les corresponde en la reconstrucción de la génesis y evolución de las capacidades estatales. En años recientes, y en un arco que se inicia con la renovación historiográfica del regreso de la democracia y que aún continúa, el proceso de construcción del estado moderno ha sido interrogado a la luz de perspectivas más complejas y diversificadas que las que ofrecía la historiografía "nacional" de inicios del siglo XX. Por ejemplo, analizando la conformación de esferas de acción estatal, como la justicia, la educación o la salud, se ha desarrollado un campo de indagación histórica de los "saberes de estado", que analiza la conformación de grupos profesionales y sus formas de inserción en las instituciones, el rol de estos procesos en la constitución efectiva de agencias estatales, las lógicas de las políticas públicas, etc.[1] Una de las fronteras de este campo de estudios incluye la historia del saber estadístico, que en los últimos años ha producido trabajos sustantivos, tanto sobre la formación de técnicos y expertos como sobre las premisas conceptuales subyacentes al aparato estadístico

---

1 Mariano Plotkin y Eduardo Zimmermann, eds., *Los saberes del estado* (Buenos Aires: Edhasa, 2012); ver también http://saberesdeestado.ides.org.ar.

y al tipo de saber que dicho aparato generó.² No obstante estos alentadores avances, aún no ha sido abordado el problema de las políticas referidas a la gestión de la información para el funcionamiento estatal. Si se estudiara en el largo plazo, el tema conduciría a una historia de los archivos, sus lugares en la estructura institucional, los recursos asignados, su apertura o cierre, sus autoridades, sus usos, etc.

La idea de que los archivos argentinos siempre han sido víctimas de la desidia estatal es hoy sentido común. Una reciente convocatoria de trabajos de investigación sobre el asunto, por ejemplo, justifica la iniciativa como una manera de contrarrestar la naturaleza de la sociedad argentina, "que escasamente protege sus archivos, y que en muchos casos ha propiciado ingenuamente su privatización".³ La iniciativa de equipos de investigación que se propusieron construir o gestionar archivos de la sociedad civil para garantizar acceso a ciertos universos documentales también responde a esta fundada convicción. Una de las más trascendentes, el Centro de documentación e investigación de la cultura de izquierdas en la Argentina (CeDInCI), nace en 1998 para cumplir una función de recuperación patrimonial y servicio de acceso público a investigadores y lectores, supliendo "lo que el Estado debió hacer y no hizo".⁴

No hace falta detenerse en las razones de esta percepción: las pruebas del abandono estatal son ampliamente conocidas por los investigadores sobre casi cualquier dimensión del pasado de la Argentina. Acaso más interesante sea llamar la atención sobre lo que esta percepción oculta, pues lejos de ser siempre igual a sí misma, la historia de los archivos estatales ha transcurrido por caminos divergentes y contradictorios. Su evolución permite vislumbrar periodizaciones con umbrales de cambio y zonas de continuidad, lógicas políticas que han operado en sentidos paradójicos, y actores

---

2 A modo de ejemplo, ver Hernán Otero, *Estadística y nación. Una historia conceptual del pensamiento censal en la Argentina moderna, 1869-1914* (Buenos Aires: Prometeo, 2007).
3 Convocatoria para la publicación de artículos en el *Anuario de la Escuela de Historia de la Facultad de Humanidades y Artes* de la Universidad Nacional de Rosario: "La Historia frente a sus fuentes. Los archivos y las nuevas y viejas formas de hacer Historia Social en Argentina"; correo electrónico, 7 de marzo de 2006.
4 *Políticas de la Memoria*, no. 5 (Verano 2004/2005): 5.

que han intervenido de maneras diferenciadas —es decir, no siempre en detrimento de la salud de los archivos. Como veremos a continuación, importantes zonas del estado nacen con conciencia en relación a la importancia de la protección de ciertos documentos.

Un ejemplo del precoz valor institucional atribuido a la guarda documental radica en la vieja "Policía de Buenos Aires", creada durante las reformas rivadavianas en 1821. Su archivo, dice Diego Galeano, era una suerte de memoria de la ciudad con dimensión material precisa: los legajos y carpetas ocupaban una gran sala del Hotel del Gallo, como se llamaba al edificio de la jefatura. También tenía una dimensión casi mítica: la prensa y la literatura popular del siglo XIX lo imaginaban como un lugar cargado de secretos. Incluso existía una leyenda en torno a un pozo en el patio del Departamento Central. Se rumoreaba que el hundimiento del piso se debía a que una misteriosa parte del archivo estaba allí enterrada.[5]

Cuando en 1859 Rafael Trelles asumió la Jefatura de Policía, una de sus medidas fue reorganizar y jerarquizar el archivo.[6] En 1867, Enrique O'Gorman continúa la modernización. En su Reglamento General del Departamento de Policía, el Archivo ocupa un lugar propio en la estructura del organigrama, quedando a cargo de un oficial con misiones y funciones específicas. En 1896, los legajos correspondientes al período 1812-1873 son transferidos desde el Departamento de Policía al Archivo General de la Nación (AGN). Esta transferencia se da en forma casi paralela a la división de la vieja Policía de Buenos Aires en dos instituciones separadas: la Policía de la Capital (1880-1943) y la Policía de la Provincia de Buenos Aires (1880-presente).

La Policía de la Capital nace con el área "Archivo" y el cargo de archivero incluidos. De hecho, con el correr de los años y el crecimiento burocrático, cada una de las Secciones pasa a tener su propio archivo. Por ejemplo: dentro de la División Investigaciones (el área que más depende de la capacidad para acceder a información para su práctica de vigilancia y represión del delito comple-

---

5   Diego Galeano, *Escritores, detectives y archivistas. La cultura policial en Buenos Aires, 1821-1910* (Buenos Aires: Ediciones BN, 2010), 49-77.
6   BNA Departamento General de Policía, Índice del Archivo del Departamento General de Policía (Buenos Aires: Imprenta de La Tribuna, 1859).

jo[7] y la disidencia política) las distintas ramas tienen su archivo de prontuarios, con registro en un fichero denominado Índice General. (Nadie sabe qué ha ocurrido con ese Índice, pero en el frondoso folclore de los buscadores de archivos se rumorea que aún se encuentra en un edificio policial dedicado a otros usos). Mientras tanto, la Policía de la Provincia de Buenos Aires pasa por un proceso similar de formalización de sus secciones de archivo.

A pesar de su especificidad, el lugar asignado al Archivo en la estructura y el presupuesto de la Policía no es excepcional en el diseño de este estado en plena maduración. Observando las planillas de sueldos y gastos de la Presidencia de la Nación durante el período 1884-1916, se menciona el cargo de archivero con un sueldo considerable, a la altura del secretario privado de Presidencia.[8] Como ya hemos señalado, el tema aún no ha sido abordado sistemáticamente, pero trabajos parciales y evidencia dispersa permiten sugerir que el crecimiento del estado no transcurre sin conciencia de la importancia de esta dimensión.

Gracias al trabajo de Laura Assali, a quien seguimos en este tramo de la reconstrucción, sabemos que el Archivo del Ministerio de Relaciones Exteriores existía en 1879 dentro de la sección "Secretaría", con un encargado del ordenamiento del material.[9] En 1900, un nuevo decreto otorga funciones a la "Oficina Archivo y Biblioteca". Desde sus mismos orígenes, las Memorias del Ministerio dejan plasmada la necesidad del ordenamiento y organización del archivo. Su propósito es agilizar las tareas cotidianas, pero también conservar y proteger documentación crítica para este estado en formación —la vinculada a la fijación de límites, comercio internacional, tratados de paz, y posibles conflictos con otros países. En 1938 se informa por primera vez sobre la asistencia de investigadores que "han aprovechado el material existente en esta División, con

---

7 La categoría "delito complejo" alude a las transgresiones que involucran dos o más ilegalidades. Se utiliza con frecuencia para aludir a delitos como narcotráfico, blanqueo de capitales, secuestro extorsivo, etc.

8 Estas planillas se encuentran en AGN-DAI, Fondo Contaduría Nacional, Sección Ministerio del Interior.

9 Laura Assali, "Accesibilidad y descripción archivística en el Archivo Histórico del Ministerio de Relaciones Exteriores y Culto" (trabajo final del Seminario de Investigación "Archivos e Investigación", Universidad de Buenos Aires, Facultad de Filosofía y Letras, Departamento de Historia, diciembre 2012).

fines de estudio". Al año siguiente se crea una Oficina de Consulta al interior del Archivo para "los investigadores de nuestro pasado histórico".[10]

Como ocurre en otras memorias ministeriales (género proclive a la queja e instancia de demanda de presupuesto) estos informes se extienden en relatos de las dificultades para llevar a cabo las tareas requeridas al Archivo: falta de recursos económicos y de personal capacitado, problemas con la estructura edilicia, escasez de ficheros, criterios inadecuados del sistema productor de documentos, etc. También aparece la asociación del archivo con un giro negativo en la carrera administrativa de quien trabaja en su custodia, como instancia de castigo o estancamiento. (Las razones de la brusca devaluación de esta tarea nos son aún desconocidas y requerirían de investigaciones específicas). Con este tono, los resúmenes se repiten hasta la década de 1960. A partir de entonces las memorias reducen su espacio, síntoma de la pérdida de relevancia del área. En 1970, el Archivo de Relaciones Exteriores ingresa en su etapa más oscura, quedando arrumbado en un depósito de la Policía Federal (PFA).[11] Recién en el año 2006 el Ministerio encarará un proyecto modernizador que volverá a incluirlo.

El Ministerio del Interior también crea tempranamente un Área de Archivo. En los expedientes secretos, confidenciales y reservados se puede seguir el derrotero de su progresiva pérdida de relevancia.[12] Algunos inconvenientes parecen vincularse al crecimiento exponencial del volumen de documentación que en la mayoría de los ministerios se registra durante la gestión peronista. A

---

10 *Memoria del Archivo del Ministerio de Relaciones Exteriores*, períodos 1938—1939 y 1939-1940; citado en Assali, Ibídem.
11 En una entrevista publicada en el diario *Página/12*, el historiador Leandro Morgenfeld lo describía así: "Empecé a trabajar sobre el archivo del Ministerio de Relaciones Exteriores, que es el segundo archivo más importante en volumen que hay en nuestro país, aunque estaba totalmente abandonado. Funcionaba en la calle Zepita, cerca del Puente Victorino de la Plaza, en un centro verificador de autos de la policía; había una familia viviendo allí que lo cuidaba, pero sin ningún presupuesto, apenas unos gatos para que se comieran las ratas que se comían los documentos. Una cosa muy dantesca." "Apenas asumió Obama fue el golpe en Honduras y no salió a repudiar", *Página/12*, consultado el 9 de mayo de 2013, http://www.pagina12.com.ar/diario/dialogos/21-172957-2011-07-25.html.
12 En AGN-DAI, Fondo Ministerio del Interior, exp. Secretos, confidenciales y reservados (1930-1983).

partir de 1951 se reiteran reclamos en relación al personal: cantidad insuficiente, incompetencia, ausencias, etc. Con los años, esta situación se tensiona, como lo prueba la multiplicación de sanciones disciplinarias y solicitudes de pase por parte de los empleados.

Una de las dificultades perceptibles de las áreas de archivo diseminadas en los ministerios es el crecimiento exponencial del volumen de material a resguardar, función directa del desarrollo y ampliación de las potestades de gobierno y su sistema de administración. La expansión iniciada a fines del siglo XIX con la formación del estado moderno se agudiza, además, con la incorporación de procedimientos derivados de la adopción de instrumentos como la máquina de escribir y el papel carbónico. Todo esto modifica profundamente las condiciones iniciales de los archivos y genera toda suerte de problemas. Como ha mostrado la historiografía sobre el crecimiento del aparato estatal, la expansión de esferas alcanza su momento álgido durante las gestiones peronistas (1946-1955), con antecedentes importantes en la década de 1930.[13]

Cuando el diagnóstico de la situación está alcanzando límites críticos, la gestión modernizadora impulsada durante la presidencia de Juan Carlos Onganía ataca directamente el tema. El Decreto 759/66 de Reglamento para Mesas de Entradas, Salidas y Archivo ordena " (...) adoptar medidas de racionalización de carácter permanente y sistemático, en los organismos centralizados y empresas del Estado; Que dichas medidas deben tender a mejorar la eficiencia administrativa disminuyendo costos y simplificando los servicios, en relación con la necesidad y utilidad que tales servicios prestan". Más importante: se introduce aquí el permiso de *destrucción* de "los documentos que hayan perdido actualidad y no tengan validez".[14] A partir de entonces, cada ministerio elabora una norma para la racionalización de sus archivos, con consecuencias decisivas. En el del Interior, por ejemplo, una resolución establece

---

13 Patricia Berrotarán, *Del plan a la planificación. El estado en la época peronista* (Buenos Aires: Imago Mundi, 2003).
14 Decreto 759/66, de Reglamento para Mesas de Entradas, Salidas y Archivo. El inciso I sobre Denominaciones y Funciones afirma en su Art. 2.9.: "Archivar con o sin término y paralizar con término los expedientes y demás documentos, cuando así lo disponga autoridad competente, vigilar el orden y la seguridad del archivo y destruir, conforme a las normas vigentes o a las que eventualmente se dicten, los documentos que hayan perdido actualidad y que no tengan validez".

que debe clasificarse toda la documentación existente en la Sección Archivo y destruir por incineración toda aquella que, "conforme a las normas en vigencia o las que posteriormente se dicten", hayan perdido actualidad o carezcan de valor.[15] En 1979, una gran destrucción de documentos del Ministerio de Trabajo también se ampara en dicha medida.[16]

La implementación del modelo neoliberal durante la década de 1990 afecta decisivamente esta situación. La profunda reforma del estado implica, entre muchas transformaciones, fuertes reducciones de presupuesto y personal para casi todas las áreas de gobierno. Las reparticiones de las cuales dependen los archivos no son la excepción. La gran reducción de personal basada en retiros voluntarios, los recortes presupuestarios, la externalización de saberes y servicios y, más en general, la exaltación de la liberación de las "rémoras del pasado", todo ello conspira para reducir el lugar de los archivos a niveles de marginalidad inéditos.

Una manifestación central de este proceso transcurre en el marco de la acelerada privatización de agencias estatales. Una vez que se entregan los inmuebles de almacenamiento documental a sus nuevos administradores, las operaciones no prevén un destino para ese material en la reconfiguración de las instituciones. Los entes liquidados tampoco tienen espacio para la guarda de documentación de valor permanente. Es el golpe de gracia para los archivos de nivel nacional. El AGN queda en la situación de tener que resolver con pocos medios —y sujeto a las restricciones de esa misma reforma del Estado— los problemas surgidos de la ausencia de una política archivística estatal.[17]

b)   *El paradójico desarrollo de un campo de saber*

En este marco, sorprende descubrir que la Argentina es el

---

15   "La documentación que entrañe importancia para la historia o intereses políticos o administrativos del estado será transferida al AGN". La misma Resolución obliga a que el archivo de los expedientes determine, cada cinco años, el plazo durante el cual deben conservarse por si surgen reclamos o revisiones, una vez finalizada su tramitación (Resolución Ministerio del Interior no. 837 de 1970).
16   esolución Ministerio de Trabajo 394/74, sobre mecanismos de custodia y conservación de actos administrativos.
17   Mariana Nazar y Andrés Pak Linares, "El hilo de Ariadna", *Políticas de la Memoria*, no. 6/7 (2007): 212-8.

primer país latinoamericano en contar con una Escuela de Archiveros, localizada en la Universidad Nacional de Córdoba y fundada en 1959. Desde dicha base, la OEA organiza cursos para los países latinoamericanos e invita a los máximos especialistas internacionales en la materia, iniciando así lo que serían frondosas trayectorias de la disciplina en Brasil, Colombia, Uruguay y otros países latinoamericanos. Archiveros formados en esta Escuela serán luego responsables, por ejemplo, de las carreras de grado y programas de Maestría y Doctorado ofrecidos en las universidades de Brasil.

Mientras tanto, Roberto Etchepareborda —un reconocido historiador, por entonces al frente del AGN— logra que en 1961 el Congreso Nacional argentino apruebe una ley que amplía las competencias de la institución, incluyendo la posibilidad de inspeccionar los archivos administrativos del Poder Ejecutivo Nacional, asistir en materia archivística a las instituciones que lo requieran, registrar documentación de valor histórico que se encuentre en manos privadas, controlar el comercio y la salida del país de la misma, entre otras. Para la década de 1970 existe una Asociación Archivística Argentina que ofrece cursos sobre técnicas específicas a la Administración Pública Nacional.[18]

Mucho más sorprendente: todo indica que uno de los raros momentos de esplendor del Archivo General de la Nación transcurre en el marco de la última dictadura militar. El inesperado diagnóstico se desprende de la empresa de edición de una revista propia de calidad —donde se difunden artículos inéditos firmados por los mayores especialistas internacionales— así como de la evidencia de una serie de congresos archivísticos que reúnen a las autoridades de archivos históricos provinciales y de otros poderes.[19] También en esos años se actualiza y crece la estructura del AGN.

Sin duda, el dato fundamental es que en ese período se aprueban dos decretos (232/79 y 1571/81) que constituyen —has-

---

18 GN-DAI, Fondo Ministerio de Justicia, comunicaciones varias, exp. 6591/73.
19 or ejemplo, la revista del AGN publicó, en 1976, un artículo que el Director de los Archivos Nacionales de Francia, Michel Duchein, publicaría diez años después en francés en una compilación del Consejo Internacional de Archivos. El texto se transformaría en un artículo seminal y es frecuentemente citado sin referencia a su temprana edición en castellano. Michel Duchein, "El respeto de los fondos en archivística: principios teóricos y problemas prácticos", *Revista del Archivo General de la Nación*, no. 5 (1976): 7-31.

ta la actualidad— la principal herramienta legal para la valoración, conservación y tratamiento archivístico de fondos documentales. El Decreto 1571 establece la obligatoriedad para todos los organismos de la Administración Pública Nacional de dar intervención al mencionado Archivo para el tratamiento de su producción documental, su valoración, el establecimiento de plazos de guarda y eventual desafectación o transferencia. Este instrumento legal ha sustentado la intervención en numerosos archivos, incluidos aquellos que contienen información con respecto a violaciones de los derechos humanos.[20]

c)   *Archivos administrativos/ archivos históricos: precisiones conceptuales*

Nos detenemos brevemente en una distinción entre los criterios posibles en la construcción de archivos estatales que, como veremos, ha sido decisiva en el caso argentino.

La definición técnica de "documento de archivo" incluye a todo aquel que es generado por una institución o persona en el desarrollo de sus misiones. Esto significa que, en lo que se refiere a las instituciones públicas, los archivos se han generado desde las tempranas organizaciones estatales hasta las oficinas del presente. El surgimiento de la disciplina archivística se sitúa a mediados del siglo XIX, que es el momento de formulación de sus dos principios esenciales: el principio de procedencia y el de orden original, a los que luego se agregará el de integridad de los archivos.[21] Aparecen entonces las primeras compilaciones con reflexiones globales y se ponen en marcha las escuelas de formación. También es el período en que los archivos empiezan a ser tratados en forma diferenciada según su naturaleza histórica o de gestión. Influidos por la Pa-

---

[20] Mariana Nazar y Andrés Pak Linares, "El acceso a documentación relacionada con violaciones a los derechos humanos del último régimen militar en Argentina", en Vania Markarian e Isabel Wschebor, comps., *Archivos y derechos humanos. Los casos de Argentina, Brasil y Uruguay* (Universidad de la República: Montevideo, 2009), 21-34.

[21] Mariana Nazar, "Información, archivos y acceso: Sistemas de gestión de la información implementados en América Latina", en Natalia Torres, comp., *Todo lo que siempre quisimos saber sobre archivos (y nunca nos animamos a preguntarle al acceso a la información)*, http://www.palermo.edu/cele/acceso-a-la-informacion/investigaciones.html.

leografía y la Diplomática —disciplinas dominantes en el clima de historicismo positivista decimonónico— los archiveros dedicarán su mayor atención a los archivos devenidos en "laboratorios de la Historia".[22] Esto genera un desequilibrio de largo plazo en relación al tratamiento de archivos de gestión, produciéndose una división, plena de consecuencias, entre fondos para la historia y la cultura, por un lado, y fondos para la gestión, por otro.

Hace tiempo que los especialistas coinciden sobre el daño causado por esta superposición de criterios. Según un conocido manual de la disciplina, "Los principios de racionalidad y cientificismo propios de la Ilustración tuvieron un efecto negativo en el mundo archivístico, los nuevos archiveros adoptan un método de clasificación: el sistemático o por materias. Éste suponía desgajar los fondos de su adscripción originaria, para reagruparlos según criterios sistemáticos, por la materia de que trataran los documentos, con lo cual los archivos se desnaturalizan y pasan a sufrir continuas clasificaciones y reclasificaciones, a medida que varían los criterios subjetivos que las inspiran."[23]

Los problemas de la clasificación y ordenación con criterios temáticos, y la selección para ingresos al archivo "histórico", tienen su origen en dicho esquema historicista, y constituyen hasta hoy un sentido común sobre la función del archivo estatal. Así ha ocurrido en numerosos repositorios documentales inaugurados con la formación del estado moderno. Es a la luz de esta concepción que debe entenderse la preocupación, en el Archivo de Relaciones Exteriores, por reordenar el material para el acceso de los historiadores. O las transferencias del Ministerio del Interior al AGN, informadas con criterios temáticos y cronológicos. O la sucesiva destrucción de documentos menores de 30 años, atribuyendo valor "histórico" a la mera inscripción cronológica de los materiales. Como veremos, este criterio ha prevalecido en los repositorios documentales de la policía de Buenos Aires que se han abierto al público.

---

22 Robert-Henri Bautier, "La phase cruciale de l'histoire des archives: la constitution des depóts d'archives et la naissance de l'archivistique (XVI-début du XIX siècle)", *Archivum*, no. 18 (1968): 139-149.

23 José Ramón Cruz Mundet, *Manual de archivística* (Madrid: Fundación Germán Sánchez Ruipérez, 2003), 36-37.

2. Los archivos policiales públicos

Por razones propias a la naturaleza de su práctica, como vimos, la Policía de Buenos Aires inicia una temprana tradición de formalización de sus archivos. A comienzos del siglo XX (la fecha es incierta), las reparticiones de la División Investigaciones empiezan a conservar sus materiales en un depósito propio cuyo destino es desconocido. Luego, se crea un centro de estudios históricos que funciona en forma paralela y que hoy es consultado por numerosos investigadores académicos. Más recientemente se ha abierto al público un tercer archivo, que ha sido vital en el aporte de pruebas en los juicios por violaciones a los derechos humanos durante la última dictadura militar. Lo que resta de este ensayo está dedicado a dar cuenta de estos tres repositorios, nacidos de iniciativas contrastantes en origen e intención, separadas en el tiempo y desconectadas entre sí. Trataremos de argumentar que la noción misma de "archivo policial público" plantea una contradicción que trama profundamente las percepciones del sentido de ese acceso y tensiona las condiciones del contacto con los documentos más que en otros repositorios. Veremos que no obstante la temprana protección de ciertos documentos de la policía de Buenos Aires y la relativa disponibilidad de archivos abiertos al público, las políticas de acceso y los criterios de selección y almacenamiento han estado informados por nociones completamente dispares del sentido y el valor documental, nociones que además experimentan desplazamientos importantes en el tiempo.

a) El archivo histórico

El Centro de Estudios Históricos Policiales "Francisco Romay" nace en 1961. Funcionó en el edificio Central de la Policía Federal hasta su traslado, en 1964, a los altos de la Comisaría 7ma, en el barrio porteño de Once.[24] El Centro fue concebido como instrumento para la formalización de una vertiente historiográfica intrainstitucional, a cargo de algunos policías interesados en el quehacer histórico. Esa tradición ya es manifiesta cuando se organiza el

---

24 Ya funcionaba allí la Biblioteca Policial, antecesora de la actual Editorial Policial, que desde 1934 se dedicaba a la edición de libros profesionales y la prestigiosa *Revista de policía y criminalística* (1935-1947).

Centro: la policía porteña tiene una larga práctica de historización de sí misma, como lo testimonian su frondoso y estilizado anecdotario colonial o decimonónico y la formalización del relato de eventos memorables del pasado policial, elementos que salpican las revistas profesionales a lo largo de todo el siglo XX. Asimismo, la historiografía institucional incluye sucesivas empresas de ambición totalizante, minuciosas historias de múltiples volúmenes encaradas desde la década de 1930 hasta el presente.[25]

El Centro de Investigaciones Romay se crea a partir de la donación de los 6.000 volúmenes de la biblioteca de Francisco Romay, el más conocido de los policías historiadores argentinos, miembro de la Academia Nacional de Historia y de la Academia Porteña de Lunfardo.[26] La biblioteca exhibe la heterogeneidad propia de una colección de origen particular, a la que se han añadido materiales institucionales seleccionados con criterios de valor propios de la concepción tradicional del archivo "histórico". Incluye una importante colección de obras de historia argentina, secciones de criminología y criminalística, estudios de lunfardo (*argot* porteño), tratados y memorias de autores policiales extranjeros. A esto hay que agregar una nutrida hemeroteca de publicaciones institucionales —decenas de series de revistas oficiales o semi-oficiales— y varias colecciones de revistas populares (*Caras y caretas, PBT, Ahora*) y volúmenes sueltos de diarios (*La Nación, La Prensa, El Nacional*). Hay series incompletas y fragmentarias de boletines con estadísti-

---

25 El Centro de Estudios ha respaldado empresas historiográficas ambiciosas: Francisco Romay, *Historia de la Policía Federal Argentina* (Buenos Aires: Editorial Policial, 1965-1972), Tomos 1 al 5; Adolfo Rodríguez, *Historia de la Policía Federal Argentina* (Buenos Aires: Editorial Policial, 1975), Tomos 6 y 7; Adolfo Rodríguez, *Cuatrocientos años de policía en Buenos Aires* (Buenos Aires: Editorial Policial, 1981); Adolfo Rodríguez et al., *Historia de la Policía Federal Argentina a las puertas del tercer milenio. Génesis y desarrollo desde 1590 hasta la actualidad* (Buenos Aires: Editorial Policial, 1999).
26 Francisco Romay ingresa a la Policía de la Capital en 1906. Paralelamente a su dilatada producción intelectual para la institución —es autor de la mencionada *Historia de la Policía Federal* en cinco tomos— despliega una obra historiográfica que excede ese marco, aunque lleva su huella: *Las milicias del fuego* (1962), *Breve historia de los bomberos voluntarios de la Boca* (1962), *Juan Hipólito Vieytes — Historia de Chascomús* (1967), *El barrio de Monserrat* (1971). Su participación en la vida cultural de mediados del siglo XX incluye la colaboración regular en diarios y revistas, su actuación como conferencista y disertante, y el vínculo con numerosas figuras de la cultura.

cas delictivas, memorias institucionales y órdenes del día, y también legislación, boletines oficiales, recortes periodísticos, prensa de la década de 1970, carpetas con correspondencia, traducciones de conferencias internacionales, investigaciones, actas de congresos, etc. Más inesperadas son las series de literatura de kiosco y las transcripciones de programas radiales de policía. Una mención aparte merecen los libros de comisaría del siglo XIX, ubicados en una sala separada y largamente expuestos a la destrucción.

Este material está registrado en fichas de cartón manuscritas, ubicadas en un fichero de madera al que los lectores tienen acceso prohibido. Hasta mediados de 2013, la biblioteca/archivo no tenía computadora, y dado que el único instrumento de búsqueda está fuera del alcance de la consulta del público, el acceso al material depende del conocimiento y buena voluntad de los diversos guardianes del lugar, todos ellos policías sin entrenamiento (ni interés) en cuestiones archivísticas o bibliotecológicas. La precariedad del resguardo del acervo bibliográfico y documental, unida a la discrecionalidad en los criterios de acceso explican por qué tanto material se ha ido perdiendo o destruyendo con los años —un dato confirmado por los guardianes más antiguos, pero también observado por los investigadores que trabajan allí por períodos prolongados. Semejantes dificultades exponen con nitidez la situación del usuario ajeno a la institución, a la vez que ponen en evidencia las premisas discrepantes de unos y otros en su interpretación del sentido del material que alberga el Centro.

Por un lado, es manifiesto el peso de la cultura del secreto en el manejo de los materiales. La policía no es una institución que tiene secretos, sino que está *impregnada* de la cultura del secreto, como sostiene Dominique Monjardet.[27] Este rasgo es seguramente más acentuado allí donde la policía tiene mucho que ocultar en relación a su intervención represiva en períodos de suspensión de garantías constitucionales y es (sigue siendo) objeto de denuncias por violaciones de los derechos de los sectores más vulnerables de la sociedad, como ha sido el caso de Argentina. El acceso a la información sobre el quehacer de esta institución —incluso el más anodino— siempre estará sujeto a tensas negociaciones, puesto que

---

27 Dominique Monjardet, *Lo que hace la policía. Sociología de la fuerza pública* (Buenos Aires: Prometeo, 2010), 221.

pocas instituciones son más resistentes al escrutinio.

A este rasgo general se agrega la considerable vocación historiográfica de la policía porteña, que apunta a una política sostenida (y muy exitosa, hasta hace poco) de control de los discursos sobre el pasado institucional. Recordemos la importancia de esta tarea para las instituciones policiales: asociada indisolublemente a la coerción, la policía tiene una endeble legitimidad social, lo que la convierte (en Buenos Aires y muchas otras ciudades) en una institución necesitada de un elaborado andamiaje de símbolos y rituales, de panteones de héroes y mártires. Las formulaciones utilizadas en las disposiciones de creación del Centro Romay revelan el cruce de un proyecto de espíritu positivista —las órdenes del día hablan de "prolijas investigaciones", "documentar indubitadamente la trayectoria histórica de la Policía Federal", "interpretadas científicamente"— con la tarea de reconstrucción de un pasado institucional y organización de una memoria oficial.[28] La historiografía institucional ha cumplido así una misión simbólica fundamental en la creación de un imaginario y la configuración de mitos de origen que vinculan a la policía del presente con hitos ilustres del pasado.

En las últimas dos décadas, el lugar del Centro Romay en esta empresa se ha visto desestabilizado por la creciente presión social para el acceso a la consulta. Una parte de esa demanda es, en realidad, bastante antigua, y proviene del uso de materiales del centro para investigaciones de corto plazo, en su mayoría ligadas al mundo de las industrias culturales (varios policías-historiadores han mantenido vínculos singularmente intensos con el mundo de la radio, el cine y la televisión). Luego, con la acelerada profesionalización de la investigación histórica y el avance del conocimiento de la naturaleza de la institución policial, el interés en la colección del Centro ha crecido mucho entre los cientistas sociales, cambiando su dinámica y funcionamiento originales. Así es como este archivo/biblioteca, nacido para sustentar una historia de la policía escrita por policías para ser leída por policías, se ha convertido en el lugar de peregrinación obligada para cualquier trabajo vinculado al pasado

---

28 Policía Federal Argentina (PFA), Orden del Día, 26 de agosto de 1961; Orden del día del 3 de octubre de 1962. En 1987 se crea la Comisión de Historiadores Policiales, integrada por oficiales en actividad y retirados con antecedentes en investigación histórica.

de esta institución.²⁹ Esta vinculación admite definiciones amplias, e incluye un vasto espectro de la historia política, la historia urbana, la historia social o la de la cultura popular. Semejante evolución, que es percibida por los usuarios originales como un verdadero asedio, ha transcurrido sin cambios en las reglas de acceso al material, por lo que decenas de investigadores han experimentado directamente los imprevisibles vaivenes de la discrecionalidad policial. Esto ha generado tensiones y la emergencia de todo un anecdotario de episodios "de archivo" entre los estudiosos de la policía.

Así pues, el pasado de la policía porteña se va abriendo, a regañadientes, al escrutinio de los investigadores ajenos a la institución. Y mientras tanto, una biblioteca concebida para la memoria de las hazañas de policías ilustres va dejando lugar a un repositorio que es, cada vez más, fuente para la historia social y política de la ciudad y su gente.³⁰

b) *El archivo evanescente*

Hay un segundo archivo policial del que los investigadores hablan en términos casi míticos. Se sabe que alguna vez existió. Se alude a los documentos que alojaba: alguien le dijo a alguien "que allí los vio". Pero hoy ese archivo no existe o, si existe, no es posible encontrarlo. Nadie puede decir con seguridad qué ocurrió. La información disponible es la siguiente.

En la calle Chacabuco al 400, existía hasta hace algunos años un depósito de documentación de la PFA. Se supone que allí fue a parar una parte importante de la documentación generada por

---

29 Una dinámica similar afecta a otro archivo "histórico" que funciona en el Museo Policial de la Provincia de Buenos Aires Inspector Mayor Dr. Constantino Vesiroglos. Allí también, los investigadores que han logrado acceder han dependido de concesiones graciosas de las autoridades policiales y trabajan en condiciones frágiles y cambiantes.

30 Algunos ejemplos de trabajos recientes que se han nutrido de este repositorio: Valeria Manzano, "Juventud y modernización sociocultural en la Argentina de la década del sesenta", *Desarrollo Económico* 50, no. 199 (, 2010); Ana Sánchez Trolliet, "'Buenos Aires Beat': A Topography of Rock Culture in Buenos Aires, 1965-1970", *Urban History* 41, no. 3 (2014); Lila Caimari, *Mientras la ciudad duerme. Pistoleros, policías y periodistas en Buenos Aires, 1920-1945* (Buenos Aires: Siglo Veintiuno, 2012); Horacio Caride, "Lugares de mal vivir. Una historia cultural de los prostíbulos de Buenos Aires, 1875-1936" (tesis doctoral, Facultad de Ciencias Sociales, Universidad de Buenos Aires, 2013).

la mencionada División Investigaciones, entre otras zonas clave de la Policía de la Capital (devenida Federal en 1943). Sabemos de su existencia porque ha sido consultado a lo largo de varios años por investigadores académicos de procedencias diversas.[31]

Otra fuente de información proviene del AGN, cuyos intentos por preservar el material allí reunido se parecen a un largo ejercicio en frustración. Personal especializado en archivos trabajó sostenidamente en el "depósito de la calle Chacabuco" entre 1986 y 1989. Se clasificó y describió documentación evaluada como de alto valor histórico. Para entonces, se crea en la policía una Comisión de Valoración Documental estrechamente vinculada al Centro Romay, cuyo fin declarado era "(...) conservar documentación policial que no sólo guarda elementos que hacen a su historia, sino para servir a investigadores y estudiosos".[32] Los archivistas solicitaron reiteradamente a dicha Comisión permiso para establecer las tablas de plazos de guarda, y se preveía el eventual traslado del material al AGN. Pero la oposición de los historiadores de la policía impidió la mudanza del material y la documentación quedó en sus manos. Llegó la década de 1990 y con ella la mencionada debacle de los archivos estatales. El AGN perdió la batalla por hacer públicos los más importantes archivos de la policía.

No está claro qué ocurrió con este depósito de documentación. Las autoridades hablan de la destrucción por causa de una inundación, aunque hay dudas sobre la veracidad de esta versión. En cualquier caso, es evidente que más allá de su reclamo de mono-

---

31 En su libro *Sociabilidad en Buenos Aires: Hombres, honor y cafés, 1862-1910* (Buenos Aires: Ediciones del Signo, 2000), Sandra Gayol cita los Libros de Comisaría del período 1864-1899; José Moya menciona un libro "con tapa roja" y con prontuarios de expulsados por la Ley de Residencia y otros materiales de Orden Social en *Cousins and Strangers. Spanish Immigrants in Buenos Aires, 1850-1930* (Berkeley: University of California Press, 1998), 412, 498 y 522; Laura Kalmanowiecki cita los libros copiadores de la Sección Especial de la década de 1930 en "Military Power and Policing in Argentina" (tesis doctoral, New School for Social Research, Nueva York, 1996), cap. 4; en su investigación sobre la aplicación de la Ley de Residencia, Marcela Aspell habla de la "compulsa a varias carpetas de la Sección Especial del Archivo de la Policía Federal Argentina". Ver "Expulsión de extranjeros. La ley 4144 'de Residencia' y la jurisprudencia de la Suprema Corte de Justicia de la Nación", *Revista de Historia del Derecho*, no. 15 (1987): 12.
32 Rodríguez et al., *Historia de la Policía Federal Argentina a las puertas del tercer milenio*, 475.

polio del manejo patrimonial de los archivos policiales, los historiadores de la institución no se han interesado en proteger el material de los brutales vaivenes de las burocracias argentinas. El estatus de acceso a los archivos de valor histórico no se ha modificado en los últimos años, ni siquiera en el contexto de la apertura de los "archivos de la represión". Esta persistencia pone de manifiesto la relatividad del poder del AGN para cumplir, por sí solo y sin respaldo político adicional, con su misión de recuperar archivos estatales allí donde las instituciones en cuestión son resistentes a entregar sus documentos.

c) *El archivo de la represión*

El archivo de la Dirección de Inteligencia de la Policía de la Provincia de Buenos Aires (DIPPBA) es quizás el más famoso de la Argentina.[33] Difundida su existencia desde 1998, y abierto a la consulta pública desde 2003, ha aportado documentos para la reparación de víctimas y el desarrollo de las causas judiciales en relación a la última dictadura militar (1976-1983). En este sentido, el caso de la DIPPBA debe ser pensado junto a otros archivos recientemente abiertos por los gobiernos democráticos latinoamericanos, que los han dado a conocer y los han puesto al servicio de múltiples funciones, según las políticas para su apertura y respectivo uso. Los archivos localizados en Argentina, Paraguay o Brasil han puesto en evidencia muchas veces la existencia de servicios de inteligencia en otros países de la región, como Haití y Uruguay.[34]

DIPPBA es, en realidad, el último nombre de una larga serie de denominaciones de un organismo de espionaje político, nacido en 1956 y disuelto en 1998, aunque con antecedentes que se remontan a los inicios del siglo XX.[35] Los sucesivos cambios en el marco

---

33 En ocasiones se utiliza las siglas DIPBA para referirse a esta institución. Ambas versiones son aceptadas. Véase también el ensayo de Emilio Crenzel en esta colección.
34 Antonio González Quintana, *Políticas archivísticas para la protección de los Derechos Humanos. Actualización y ampliación del informe elaborado para UNESCO y Consejo Internacional de Archivos (1995) sobre gestión de los archivos de los Servicios de Seguridad del Estado de los desaparecidos regímenes represivos* (París: Consejo Internacional de Archivos, 2008).
35 La agencia nace con el nombre de Central de Inteligencia. No es el primer organismo de espionaje de la Policía de la Prov. de Buenos Aires, ya que tiene

normativo y las funciones y estructuras de los aparatos de seguridad sugieren, para la segunda mitad del siglo XX, una tendencia de creciente represión de las "actividades subversivas" en los órdenes sindical, cultural, económico y político. También revelan que los distintos organismos de inteligencia colaboraban entre sí, conformando la llamada "comunidad informativa".[36]

A pesar de que una parte sustantiva del archivo de la DIPPBA aloja información muy sensible sobre la vida de personas vigiladas (y que esta dimensión ha generado un debate sobre la mejor protección de la privacidad de dichos sujetos una vez abierto el archivo a la consulta pública) no hay legajos personales o prontuarios. Su estructura se articula a partir de "organizaciones". El ordenamiento de la información se basa en "mesas" de carácter temático. El legajo es la principal unidad documental, con características variables según los procedimientos administrativos. Los legajos están caratulados de acuerdo a sus características —por personas, temas, localidades, etc. Dentro de los legajos se encuentran los documentos elaborados, recolectados o secuestrados por la DIPPBA, que se adjuntaban y utilizaban como evidencia de las afirmaciones de los informes. El organismo centralizaba, y mantenía actualizada, la información provista por una densa red de comunicación con delegaciones diseminadas en el territorio provincial.[37]

Cuando la DIPPBA es disuelta, en abril de 1998, se autoriza al Equipo Argentino de Antropología Forense a acceder a su

---

profusos antecedentes en las secciones de Orden Social y Político (dependientes de la División de Investigaciones), la oficina de Movimiento Político (dependiente de la Secretaría General), la división de Orden Público (dependiente de la Jefatura de Policía), etc. En 1961 pasa a llamarse Servicio de Informaciones de la Policía de la Provincia de Buenos Aires (SIPPBA). En 1978 es bautizada Dirección General de Inteligencia.

36 María Eugenia Marengo, "Los mecanismos del control social: el caso de la ex DIPBA", *Revista Derecho y Ciencias Sociales*, no. 4, (2011): 147-162.

37 Los tipos documentales afines a todas las mesas son: los informes de inteligencia y los memos, que reflejan la comunicación entre los distintos organismos de inteligencia; las distintas fichas (personales, de acontecimientos, de organizaciones, de comandos); las carpetas alfabetizadas, que resumen los antecedentes de personas que se hallan en diferentes legajos; las fotos; los antecedentes de personas. Por otro lado, existe una gran variedad de tipos documentales generados por los diversos sujetos vigilados y que fueron objeto de secuestro o sustracción de parte de alguna de las fuerzas.

archivo para colaborar en la tarea de identificación de víctimas del terrorismo de estado.[38] En diciembre de 2000 la Legislatura de la provincia de Buenos Aires transfiere el Archivo y el edificio completo de la DIPPBA —donde se encontraba el depósito de la documentación— a la Comisión Provincial por la Memoria. El propósito es transformarlo en un centro de información con acceso público tanto para las personas directamente afectadas como para aquellas interesadas en desarrollar tareas de investigación y difusión. Es así como el archivo concebido para espiar y reprimir ciudadanos se pone al servicio de una agenda de reparación por la violación de los derechos humanos.

En 1998 se habían iniciado en la provincia de Buenos Aires los denominados "Juicios por la Verdad", impulsados por la Cámara Federal de Apelaciones de La Plata. En este marco, el fondo documental de la ex DIPPBA correspondiente al período 1976-1983 fue separado y sometido a un régimen especial, destinado prioritariamente a la tarea de consolidación del carácter probatorio de la documentación utilizada en los juicios.[39] La expectativa que genera la apertura del archivo de la DIPPBA puede entreverse en el titular de una nota en el diario *Página/12*: "Por primera vez se ven los inmensos archivos de inteligencia bonaerense. Detrás de una puerta gris estaba la verdad":

> En el corazón del edificio donde funcionó la sede central de los servicios de inteligencia de la Bonaerense, detrás de una puerta gris que simula ser un simple armario, se esconde una sala que contiene cientos de miles de fichas de personas ordenadas meticulosamente por orden alfabético. Hasta allí llegó, poco después del mediodía, un grupo de la Comisión por la Verdad encabezados por Estela de Carlotto —de Abuelas de Plaza de Mayo—, Adelina de Alaye —de Madres— y el diputado Alejandro Mosquera. Alguien, casi a modo de prueba, abrió el fichero en la letra T. Ajada por el tiempo, la ficha con datos de inteligencia sobre Jacobo Timer-

---

[38] Consultado el 9 de mayo de 2013, http://www.comisionporlamemoria.org/cuadroclasificacion/#seccion6.

[39] El aporte probatorio prestado por los documentos reunidos en el Archivo de la DIPPBA ha sido fundamental, por ejemplo, en las causas contra los represores Miguel Etchecolatz y Cristian Von Wernich. Asimismo, contribuye al desarrollo de la instrucción en numerosas causas radicadas en distintas jurisdicciones del país, así como a la investigación de centros clandestinos de detención. Consultado el 20 de mayo de 2013, http://www.comisionporlamemoria.org/archivo/?page_id=8.

man [famoso periodista secuestrado durante la dictadura] estaba intacta. A un costado los lomos de gruesas carpetas de madera terciada guardaban todavía la inscripción "DS", la sigla que los visitantes atinaron a traducir como "delincuente subversivo".[40]

Con toda su teatralidad, la ceremonia de apertura dramatiza la oportunidad inédita de acceder a información producida por los organismos de seguridad y espionaje durante la última dictadura militar. El entusiasmo, la sorpresa y la urgencia por "sistematizar la información para hacerla pública" son evidentes en el artículo, que sella así una evaluación de la importancia y el sentido de estos archivos.

En uno de los primeros trabajos sobre los archivos de la represión en América Latina, la antropóloga Ludmila da Silva Catela observa que en estas "aperturas" confluyen numerosos intermediarios y actores que controlan, en primer lugar, el pasaje de estos acervos de las manos de la policía a los archivos, bibliotecas, universidades, comisiones o museos que los tienen como custodios.[41] También observa que los mismos agentes de la transferencia —políticos, periodistas, técnicos archivistas, víctimas de la represión, cientistas sociales— se disputan luego el sentido acerca de la utilidad, los mejores usos y las potencialidades de estos documentos. La noción de archivo no es pasiva, como señala Catela: los documentos no tienen un interés predeterminado en relación a su legado a la posteridad. Estos intereses son el producto de negociaciones entre actores que mantienen relaciones diversas y oscilantes en el tiempo con los materiales que se busca guardar.

Tal parece ser el caso del archivo de la DIPPBA, que ha cumplido una función primordial en los Juicios por la Verdad y en las causas iniciadas a partir de la derogación de las leyes de Obediencia Debida y Punto final (2003). La Comisión Provincial por la Memoria ha desarrollado un vínculo fluido con tribunales de todo el país, proveyendo información para la construcción de numerosas cau-

---

40 "Detrás de una puerta gris estaba la verdad", *Página/12*, 25 de noviembre de 1999, consultado el 9 de mayo de 2013, http://www.pagina12.com.ar/1999/99-11/99-11-25/pag15.htm.
41 Ludmila da Silva Catela, "El mundo de los archivos", en Luzmila da Silva Catela y Elizabeth Jelin, comps., *Los archivos de la represión: documentos, memoria y verdad* (Madrid: Siglo Veintiuno de España editores, 2002), 198.

sas. Pero también parece destinado a servir objetivos más amplios y diversificados: es consultado por particulares que buscan información sobre sí mismos o sobre sus familiares, y muy tempranamente se puso de manifiesto el potencial para ofrecer un impulso decisivo al creciente campo de estudios históricos del aparato represivo.

Historiadores y cientistas sociales, en efecto, se han ido acercando al archivo de la DIPPBA, y los resultados de este acceso comienzan a palparse.[42] Gracias a ellos se insinúa, por ejemplo, el potencial de los documentos correspondientes a las dos décadas previas a la dictadura militar. Se descubre asimismo que hay materiales que se remontan al golpe de estado de 1930, confirmando la importancia de este fondo para poner en cuestión las hipótesis más instaladas sobre la genealogía y las dimensiones del aparato represivo estatal argentino. Como indica Emmanuel Kahan, también se va descubriendo que los alcances del sistema de vigilancia excedían en mucho las organizaciones de izquierda para incluir sectores sociales como las organizaciones judías, el rock nacional, asociaciones feministas, organizaciones de ex-combatientes de la Guerra de Malvinas, etc.[43]

Todo esto plantea corrimientos y transformaciones inminentes en los sentidos y usos del archivo en el mediano y largo plazo, lo cual incluye modificaciones en el plano del manejo técnico de los materiales. La temprana decisión de digitalizar el archivo hizo de él una instancia de consulta pública pero estrictamente mediada por el personal. La única forma de acceso a los materiales digitalizados era (y sigue siendo) mediante la comunicación de las razones de la búsqueda a los investigadores, que proceden a seleccionar lo que consideran pertinente y a entregar una copia de la documen-

---

42 La producción es vasta y está creciendo mientras escribimos este trabajo. A modo de ejemplo, y sin aludir a las investigaciones inscriptas en la llamada "Historia Reciente", citamos dos estudios sobre la policía tributarios de los archivos de la DIPPBA: Osvaldo Barreneche, "Paro de y represión a policías... Reclamos salariales, protestas y huelga en la policía bonaerense (1955-1973)", *Desarrollo Económico* 51, no. 202-203 (2011): 53-88; Emmanuel Kahan, "Unos pocos peligros sensatos. La Dirección de Inteligencia de la Policía de la Provincia de Buenos Aires frente a las instituciones judías de la ciudad de La Plata" (tesis doctoral, UNLP, Universidad Nacional de La Plata, La Plata 2007).

43 Emmanuel Kahan, "Qué represión, qué memoria? El 'archivo de la represión' de la DIPBA: problemas y perspectivas", *Question. Revista especializada en periodismo y comunicación* 1, no. 16 (2007).

tación.⁴⁴ Los límites de este sistema de acceso son evidentes para quien conoce las bases de la investigación científica, y sin duda esos criterios serán modificados en los años por venir: desde 2007 se ha ido elaborando una descripción general del fondo que permite tener una idea más pormenorizada de la documentación disponible, y que promete mejorar el potencial del material para una diversidad creciente de públicos interesados.

Así pues, el acceso a los secretos de la DIPPBA se va ampliando y el sentido mismo de ese acceso se va modificando. Protegidos por la policía a lo largo de las décadas, el propósito de esos secretos era permitir la continuidad de la vigilancia de las poblaciones espiadas y mantener a los espías por fuera de los controles institucionales habituales y del escrutinio de la opinión pública. Esos secretos devienen públicos, primero, para un uso que atañe a los directamente afectados —es decir, para la misma población de la que se pretendía, a la vez, saber más y mantener ignorante de este saber. Pero el acceso a los secretos de la policía tiene sentidos cuyas posibilidades apenas estamos explorando. Uno de ellos reside en la oportunidad de utilizar la información prolijamente acumulada por la DIPPBA para interrogar los misterios de una sociedad que produce fenómenos de largo plazo como la DIPPBA misma.

A modo de cierre

Por su larga historia de vigilancia de poblaciones específicas, o por las necesidades simbólicas de su relación con la sociedad, la policía es una de las agencias del estado con mayor y más precoz interés en la producción, sistematización y resguardo de archivos. Concebidos para uso interno, con grados mayores o menores de confidencialidad, se trata de repositorios documentales de una institución que se caracteriza por su constitutiva cultura del secreto. De allí la dificultad que plantea la noción del "archivo policial público", que en los últimos años ha emergido por caminos muy distintos entre sí pero siempre tramados de tensiones.

Cuando no son destruidos, como ocurre en la mayor parte

---

44 Consultar: http://www.comisionporlamemoria.org/archivo/?page_id=31. Los nombres propios son tachados para preservar la intimidad de las personas.

de los casos, algunas secciones documentales de la policía alcanzan, efectivamente, acceso público. Las vías de ese acceso son: a) la transformación, gradual y oscilante, de un archivo policial "histórico" en repositorio relativamente abierto (Centro F. Romay); b) la apertura completa, por decisión política, de un archivo secreto, por su importancia social en torno a los reclamos de Memoria, Verdad y Justicia (DIPPBA); c) la vía prevista en las reglamentaciones sobre los ciclos vitales de los archivos estatales, que consiste en el envío periódico de documentos al Archivo General de la Nación. Esta última ha sido repetidamente resistida por las autoridades policiales, como lo muestra el caso del archivo "evanescente" de la División Investigaciones. Los archivos policiales, entonces, devienen públicos en contextos muy diferentes de los previstos en los diseños burocráticos de su destino en tanto que documentos estatales. Muy por el contrario, son el fruto de iniciativas erráticas, diversas e incluso opuestas en su espíritu.

Independientemente de sus propósitos originales o de la vía por la que adquieren estatus "público", comprobamos en los casos analizados que los usos inicialmente previstos no son estables sino que están sujetos a sucesivas reconversiones y reapropiaciones. Esto parece confirmar la noción de que, más allá de su propósito de origen, el archivo policial devenido público adquiere los significados que le otorgan los actores que, sucesiva o simultáneamente, son capaces de acceder a él. Y a partir de ahí, de re-definir sus sentidos.

Bibliografía

Aspell, Marcela. "Expulsión de extranjeros. La ley 4144 'de Residencia' y la jurisprudencia de la Suprema Corte de Justicia de la Nación". *Revista de Historia del Derecho* 15 (1987), 9-100.

Barreneche, Osvaldo. "Paro de y represión a policías... Reclamos salariales, protestas y huelga en la policía bonaerense (1955-1973)". *Desarrollo Económico* 51, no. 202-203 (2011): 53-88.

Bautier, Robert-Henri. "La phase cruciale de l'histoire des archives: la constitution des dépôts d' archives et la naissance de l'archivistique (XVI-début du XIX siècle)". *Archivum*, no. 18 (1968): 139-49.

Berrotarán, Patricia. *Del plan a la planificación. El estado en la época peronista*. Buenos Aires: Imago Mundi, 2003.

Cruz Mundet, José Ramón. *Manual de archivística*. Madrid: Fundación Germán Sánchez Ruipérez, 2003.

Da Silva Catela, Ludmila. "El mundo de los archivos". En *Los archivos de la represión: documentos, memoria y verdad*, compilado por Ludmila Da Silva Catela y Elizabeth Jelin, 195-219. Madrid: Siglo Veintiuno de España editores, 2002., 195-219.

Duchein, Michel. "El respeto de los fondos en archivística: principios teóricos y problemas prácticos". *Revista del Archivo General de la Nación* 5 (1976): 7-31.

Galeano, Diego. *Escritores, detectives y archivistas, La cultura policial en Buenos Aires, 1821-1910*. Buenos Aires: Ediciones Biblioteca Nacional, 2010.

Gayol, Sandra. *Sociabilidad en Buenos Aires: Hombres, honor y cafés, 1862-1910*. Buenos Aires: Ediciones del Signo, 2000.

González Quintana, Antonio. *Políticas archivísticas para la protección de los Derechos Humanos. Actualización y ampliación del informe elaborado para UNESCO y Consejo Internacional de Archivos (1995) sobre gestión de los archivos de los Servicios de Seguridad del Estado de los desaparecidos regímenes represivos*. París: Consejo Internacional de Archivos, 2008.

Kahan, Emmanuel. "Unos pocos peligros sensatos. La Dirección de Inteligencia de la Policía de la Provincia de Buenos Aires frente a las instituciones judías de la ciudad de La Plata". Tesis doctoral, Universidad Nacional de La Plata, La Plata, 2007.

Kahan, Emmanuel. "Qué represión, qué memoria? El 'archivo de la represión' de la DIPBA: problemas y perspectivas". *Question. Revista especializada en periodismo y comunicación* 16 (2007).

Kalmanowiecki, Laura. *Military Power and Policing in Argentina*. Tesis doctoral. Nueva York: New School for Social Research, 1996.

Marengo, María Eugenia. "Los mecanismos del control social: el caso de la ex DIPBA". *Revista Derecho y Ciencias Sociales* 4 (2011), 147-162.

Monjardet, Dominique. *Lo que hace la policía. Sociología de la fuerza pública*. Buenos Aires: Prometeo, 2010.

Moya, José. *Cousins and Strangers. Spanish Immigrants in Buenos Aires, 1850-1930*. Berkeley: University of California Press, 1998.

Nazar, Mariana. "Información, archivos y acceso: Sistemas de gestión de la información implementados en América Latina". En *Todo lo que siempre quisimos saber sobre archivos (y nunca nos animamos a preguntarle al acceso a la información)*, compilado por Natalia Torres, http://www.palermo.edu/cele/acceso-a-la-informacion/investigaciones.html.

Nazar, Mariana y Andrés Pak Linares. "El hilo de Ariadna". *Políticas de la Memoria*, no. 6/7 (2007): 212-218.

Nazar, Mariana. "El acceso a documentación relacionada con violaciones a los derechos humanos del último régimen militar en Argentina". En *Archivos y derechos humanos. Los casos de Argentina, Brasil y Uruguay*, compilado por Vania Markarian e Isabel Wschebor, 21-34. Montevideo: Universidad de la República, 2009.

Otero, Hernán. *Estadística y nación. Una historia conceptual del pensamiento censal en la Argentina moderna, 1869-1914*. Buenos Aires: Prometeo, 2007.

Plotkin, Mariano y Eduardo Zimmermann, eds. *Los saberes del estado*. Buenos Aires: Edhasa, 2012.

Rodríguez, Adolfo. *Historia de la Policía Federal Argentina*. Tomos 6 y 7. Buenos Aires: Editorial Policial, 1975.

Rodríguez, Adolfo. *Cuatrocientos años de policía en Buenos Aires*. Buenos Aires: Editorial Policial, 1981.

Rodríguez, Adolfo et al. *Historia de la Policía Federal Argentina a las puertas del tercer milenio. Génesis y desarrollo desde 1590 hasta la actualidad*. Buenos Aires: Editorial Policial, 1999.

Romay, Francisco, *Historia de la Policía Federal Argentina*. (Tomos 1 al 5). Buenos Aires: Editorial Policial, 1965-1972.

La reconstrucción de un universo:
los archivos sobre el sistema de desaparición forzada de
personas en la Argentina[1]

Emilio Crenzel

CONICET / Universidad de Buenos Aires

Introducción

El 24 de marzo de 1976 una Junta militar perpetró un golpe de Estado en la Argentina. Los golpes militares y la violencia política no eran nuevos en el país. Por el contrario, tenían una larga e intensa historia desde 1930, cuando el gobierno constitucional del radical Hipólito Yrigoyen fue derrocado.

Sin embargo, la dictadura militar inauguró una nueva era en el ejercicio de la violencia. A diferencia de la represión estatal previa contra militantes políticos o sindicales, instituyó de manera sistemática una forma inédita de crimen político, la desaparición forzada de personas, la cual condensaba una decisión estatal de exterminio clandestino. El carácter sistemático y la magnitud que alcanzaron las desapariciones distinguieron a la dictadura argentina del resto de las instauradas en los años setenta del siglo XX en el Cono Sur de América Latina. En Chile las desapariciones representaron un tercio de las 3,200 personas asesinadas tras el golpe de Estado

---

[1] Agradezco los comentarios y sugerencias de Carlos Aguirre y Javier Villa-Flores a una versión preliminar de este artículo.

de 1973; en Brasil y Bolivia el número de desaparecidos alcanzó el centenar de casos y en Uruguay predominó como modalidad represiva la prisión política prolongada.[2]

Las desapariciones combinaban fases públicas y clandestinas. Consistían en la detención o secuestro de personas, efectuado por personal militar, policial o de las fuerzas de seguridad, uniformados o vestidos de civil, hechos que se producían mayoritariamente ante testigos, en la vía pública, los domicilios, o lugares de trabajo o estudio de las víctimas. Las personas secuestradas eran conducidas a lugares ilegales de cautiverio, los Centros Clandestinos de Detención, localizados mayoritariamente en dependencias militares o policiales, donde eran torturadas y, en su mayoría, asesinadas. Sus cuerpos eran enterrados en tumbas anónimas, incinerados o arrojados al mar, y sus bienes saqueados.

A diferencia de los crímenes de masas en los que las víctimas son eliminadas por su pertenencia a una comunidad étnica basada en lazos de sangre, es decir, una condición ineludible, que las trasciende, en Argentina la persecución estuvo dirigida contra militantes políticos y sociales cuyas ideas podían modificarse. Por ello, las personas cautivas en condición de desaparecidas podían ser "recuperadas" si abdicaban de sus ideas "subversivas". De hecho, la mayoría de los desaparecidos sobrevivientes fueron liberados por sus captores durante la dictadura y los hijos de los desaparecidos no fueron asesinados, sino apropiados por los militares para que fuesen criados por familias con los valores del orden establecido, alejándolos así de la influencia "subversiva" de sus familias de origen.[3]

Mediante la categoría de "subversión", las Fuerzas Armadas caracterizaban a un amplio abanico de fuerzas políticas

---

2   Véase Comisión Nacional de Verdad y Reconciliación, *Informe de la Comisión Nacional de Verdad y Reconciliación* (Santiago de Chile: LOM, 1991); Arquidiócesis de San Pablo, *Brasil: Nunca Mais*. (Petrópolis: Vozes, 1985); Servicio de Paz y Justicia, *Uruguay Nunca Más* (Montevideo: SERPAJ, 1989); y Federico Aguiló, *Nunca Más para Bolivia* (Cochabamba: Universidad Mayor de San Simón, 1993). Sobre el legado de las violaciones a los derechos humanos en la región, véase Luis Roniger y Mario Sznajder, *The Legacy of Human Rights Violations in the Southern Cone: Argentina, Chile, and Uruguay* (Oxford: Oxford University Press, 1999).
3   Para una perspectiva similar, véase Hugo Vezzetti, *Pasado y presente. Guerra, dictadura y sociedad en la Argentina* (Buenos Aires: Siglo XXI, 2002), 157-164.

y movimientos sociales que, desde el derrocamiento en 1955 del peronismo y de la victoria en 1959 de la Revolución Cubana —cuya influencia se reflejó en las ideas de la nueva izquierda marxista y peronista— protagonizaban diversas formas de protesta social y cuestionaban el orden establecido. El fortalecimiento en el movimiento obrero de las corrientes sindicales clasistas, la radicalización del movimiento estudiantil, el crecimiento de las corrientes insurreccionales y la emergencia de organizaciones guerrilleras, eran sus principales indicadores visibles y a los cuales las Fuerzas Armadas caracterizaban como el enemigo a eliminar.

Diversas organizaciones reclamaron por las violaciones a los derechos humanos: La Liga Argentina por los Derechos del Hombre, el Servicio de Paz y Justicia, la Asamblea Permanente por los Derechos Humanos (APDH), todas ellas existentes antes del golpe, y las Madres de Plaza de Mayo, Familiares de Detenidos y Desaparecidos por Razones Políticas, las Abuelas de Plaza de Mayo, el Movimiento Ecuménico por los Derechos Humanos y el Centro de Estudios Legales y Sociales (CELS), que fueron creadas tras él. La dictadura inicialmente negó toda responsabilidad en las desapariciones y luego relativizó el número de desaparecidos, a quienes identificó con la guerrilla y la subversión, justificando su destino debido a la "guerra" que, postulaba, se libraba en el país.[4]

En este artículo examinaré el proceso de elaboración y reconstrucción de archivos sobre el sistema de desaparición en la Argentina desde la dictadura militar a la actualidad. En primer lugar, presentaré el proceso mediante el cual los denunciantes de las desapariciones crearon durante la dictadura archivos dentro y fuera de la Argentina que obraron como herramientas de la elaboración de conocimiento y denuncia sobre las características, dimensiones, naturaleza y responsables de este crimen. Se propone que la heterogeneidad en el contenido de estos acervos obedeció a las fracturas y desafíos que, en el plano del conocimiento, propusieron las desapariciones, y a la diversidad del universo de quienes fueron sus denunciantes. Asimismo, se postula que la lógica de recolección, registro y clasificación de la información de estos archivos fue

---

4 Para la historia de los organismos de derechos humanos véase, entre otros, Raúl Veiga, *Las organizaciones de derechos humanos* (Buenos Aires: Centro Editor de América Latina, 1985).

vertebrada por la cultura de los derechos humanos, en expansión en la década de 1970 a escala internacional, la cual confrontó la teoría de la guerra contrainsurgente que guió la persecución dictatorial.

En segundo lugar se examinará la constitución del archivo de la Comisión Nacional sobre la Desaparición de Personas (CONADEP), creada en 1983 al recuperarse la democracia por el presidente constitucional Raúl Alfonsín para investigar el destino de los miles de desaparecidos causados por la represión estatal. Se propone que el éxito en la constitución de su archivo, el primero de carácter oficial sobre las desapariciones y que logró reunir un *corpus* inédito sobre este crimen, fue fruto de la conjunción de la iniciativa estatal y de las organizaciones de derechos humanos locales e internacionales, de los familiares de desaparecidos y de los sobrevivientes de las desapariciones.

En tercer lugar se analizará cómo entre 1985 y 2003 se ampliaron y diversificaron los fondos sobre las desapariciones. Ello fue fruto, principalmente, de la iniciativa de las organizaciones locales y trasnacionales de derechos humanos que, además de crear sus propios acervos, pusieron al descubierto archivos existentes sobre los desaparecidos y la represión, elaborados por las fuerzas represivas o por actores con poder en la escena internacional. Esta información sirvió de herramienta en las causas judiciales por violaciones a los derechos humanos, pero su estrategia de recolección y su interpretación fueron intervenidas por una nueva perspectiva sobre el pasado de violencia y por la meta de transmitir la memoria social sobre estos hechos a las nuevas generaciones.

Finalmente, se estudiará la constitución del Archivo Nacional de la Memoria en 2003, el cual reúne, bajo la órbita del Estado, los archivos disponibles de y sobre la represión. Se analizan las tensiones entre, por un lado, algunos postulados de creación del Archivo, el impulso de la investigación académica y una pedagogía del pasado que busca evitar la reiteración de los abusos contra los derechos humanos y, por otro, las determinaciones políticas que, sobre la información pertinente establecen sus responsables y cómo ellas se traducen en criterios discrecionales de acceso a la información que impiden responder preguntas claves sobre los desaparecidos y las desapariciones. Así, el artículo examina la reconstrucción de un universo inicialmente negado, el de la desaparición forzada, mediante la historia de sus archivos. Esta historia muestra cómo la elaboración del conocimiento sobre las desapariciones, su expresión en la constitución de los archivos, así como las variaciones en las estrategias de recolección e interpretación de estos fondos fueron modeladas por la lucha política, la cual explica, también, la existencia de preguntas claves sobre las desapariciones y los desaparecidos que aguardan, como desafíos, ser investigadas.

Archivos sobre un crimen negado

Las desapariciones implicaron un quiebre respecto a la concepción tradicional de la muerte en Argentina, propia de la cultura occidental. Su condición fronteriza entre la vida y la muerte quebró, entre las relaciones sociales de los desaparecidos, los marcos sociales básicos para la evocación: el tiempo, el espacio y el lenguaje, al desafiar la diferenciación subjetiva entre el pasado y presente y promover ciclos de angustias y expectativas una y otra vez renovados.[5] Aunque sus allegados presumieran que los desaparecidos estaban cautivos, ignoraban donde se localizaba su cautiverio careciendo de toda representación espacial sobre él. En la mayoría de los casos, la inexistencia de cuerpos y tumbas borró la distinción que supone el cementerio entre el mundo de los vivos y el de los muertos e impidió la práctica de ritos, como el velatorio y el funeral, que ayudan a elaborar la pérdida. El terror aisló a los familiares y allegados de los desaparecidos, limitó lo decible a otros, cuando los había, sobre la ausencia, el ausente, y el no lugar de su presencia. Como señala Steiner, las experiencias concentracionarias parecen, por su condición límite, situarse por fuera de los marcos del lenguaje.[6]

Las desapariciones produjeron quiebres similares en los marcos sociales para la evocación entre quienes las sufrieron. Los desaparecidos fueron sometidos a una privación sensorial y motriz

---

5 Sobre la concepción de la muerte en Occidente, véase Philippe Ariés, *Western Attitudes Toward Death: from the Middle Ages to the Present* (Baltimore: Johns Hopkins University Press, 1974). Para las relaciones entre espacio, tiempo, lenguaje y memoria, véase Maurice Halbwachs, *La memoria colectiva* (Zaragoza: Prensas Universitarias de Zaragoza, 2004b).
6 George Steiner, *Language and Silence. Essays on Language, Literature and the Inhuman* (New York: Atheneum, 1967).

generalizada; tenían sus manos atadas, sus ojos vendados, prohibida el habla, limitados sus movimientos, y no tenían contacto con el mundo exterior, cuya realidad ignoraban. En general, desconocían la localización y características del lugar de cautiverio y perdían la noción del tiempo como consecuencia de la privación sensorial y motriz y las torturas a que se les sometía.

Las desapariciones, además, implicaron un quiebre en la historia de la violencia política en Argentina y propusieron un desafío inédito al ejercicio de la memoria al desplazar la presencia pública y con responsables de la muerte política por su ejercicio clandestino y anónimo. Antes del golpe, los asesinatos políticos eran asumidos por sus autores, los cadáveres aparecían en la vía pública y los hechos eran difundidos por la prensa. Ahora, el terror no se basaba, de manera privilegiada, en la presencia espectacular de la muerte sino en su discurrir oculto y en la indeterminación de su autoría. En síntesis, las desapariciones crearon una desigualdad inédita en el plano del conocimiento entre sus perpetradores y quienes las padecieron.

Aunque son relativamente escasos los documentos disponibles sobre la organización del entramado clandestino, éste suponía una estructura jerárquica, una cadena de mandos de la cual emanaban órdenes, los subordinados reportaban mediante informes periódicos a sus jefes el cuadro de situación en materia represiva, y circulaban entre estos estamentos listas con los nombres de las personas cautivas y a ser secuestradas, basadas en las tareas que, por décadas, venían realizando las diversas agencias de inteligencia del Estado, las policías nacionales y provinciales y cada una de las Fuerzas Armadas.[7] En el plano operativo, las declaraciones de los secuestrados obtenidas mediante la tortura oficiaban como prolegómeno de nuevos secuestros y operaciones clandestinas y orientaban a la comunidad de inteligencia sobre el curso a seguir en la "lucha antisubversiva". Asimismo, en base a la información documental y fotográfica obrante en archivos y legajos de dependencias públicas, fueron secuestrados o despedidos funcionarios, empleados y docentes de todos los niveles de enseñanza,

---

7 Sobre el origen de la foto de identificación y su uso policial, véase Mercedes García Ferrari, *Ladrones conocidos / Sospechosos reservados. Identificación policial en Buenos Aires, 1880-1905* (Buenos Aires: Prometeo, 2010).

depuración ideológica que prolongó, con mayor intensidad, la que llevaron adelante los gobiernos constitucionales peronistas entre 1974 y 1976.[8] La represión estatal se tradujo, además, en la destrucción o sustracción de diversos acervos personales —la obra inédita del escritor y militante montonero Rodolfo Walsh es sólo el ejemplo más conocido— y de las organizaciones revolucionarias.

Sin embargo, el aparato estatal no funcionó de manera monolítica. A pesar de la fuerte regulación de los actos administrativos durante la dictadura, ciertas áreas prolongaron su propia lógica burocrática, autónoma con respecto a la voluntad de encubrimiento de los crímenes. En el registro civil, obran registros de fallecimiento que consignaban características notorias: "no haber sido identificados, haber muerto en grupos, en horas nocturnas, por causas violentas".[9]

El entramado de represión clandestina no fue, sin embargo, exclusivamente estatal. Diversas empresas privadas pusieron a disposición de las autoridades militares sus archivos de personal identificando, a partir de esa información, a los militantes sindicales sospechosos de subversión, tarea en la cual habían colaborado activamente las direcciones sindicales peronistas antes del golpe de Estado.[10] La Iglesia Católica, por su parte, reemplazó o relegó de sus funciones a sacerdotes y laicos comprometidos con las corrientes tercermundistas.[11]

Entre quienes denunciaron las desapariciones, el conocimiento y la información sobre sus atributos, naturaleza y responsables fue sumamente heterogéneo, debido a la fragmentación entre las fases represivas públicas (los secuestros y las detenciones) y clandestinas (el cautiverio de los desaparecidos, su tortura y su mayoritario asesinato), a la incredulidad que suscitan

---

8   Véase Marina Franco, *Un enemigo para la nación. Orden interno, violencia y "subversión", 1973-1976* (Buenos Aires: Fondo de Cultura Económica, 2012).
9   Carlos Somigliana, "Apuntes sobre la importancia de la actuación del Estado burocrático durante el período de desaparición forzada de personas en la Argentina", *Taller* 5, no. 14 (2000): 9-19.
10 Victoria Basualdo, *Complicidad patronal-militar en la última dictadura argentina: Los casos de Acindar, Astarsa, Dálmine Siderca, Ford, Ledesma y Mercedes Benz* (Buenos Aires: CTA-FETIA, 1996).
11 Para la actitud de la Iglesia Católica tras el golpe, véase Martín Obregón, *Entre la cruz y la espada: La Iglesia católica durante los primeros años del "Proceso"* (Quilmes: Universidad Nacional de Quilmes, 2005).

las experiencias de violencia extrema, a la dificultad de asumir la autoría exclusiva del Estado —y no de grupos parapoliciales fuera de su control— así como a la magnitud cuantitativa de la masacre.

Los familiares de desaparecidos recurrieron a múltiples instancias en el país y en el exterior. Fueron innumerables las denuncias que efectuaron ante autoridades policiales, y decenas de miles los *habeas corpus* elevados a la Justicia procurando establecer el paradero de los desaparecidos. Estos reclamos se extendieron a las instituciones militares, las organizaciones defensoras de los derechos humanos locales, como la Asamblea Permanente por los Derechos Humanos y, también de la mano de los núcleos de exiliados políticos, a las redes trasnacionales de derechos humanos, la Comisión Interamericana de Derechos Humanos de la OEA, la Cruz Roja Internacional, la División de Derechos Humanos de Naciones Unidas, Amnistía Internacional y los órganos de diversas confesiones. Los familiares comenzaron a interpelar al Estado exigiendo que cumpliera su deber de protección y mediación. Estos reclamos revelaban la persistencia en el imaginario nacional de una representación construida a lo largo de décadas de fuerte intervención estatal en la vida pública. Pese a ello, la pluralidad de entidades locales y extranjeras interpeladas evidenciaba la crisis misma de esa idea. El Estado, sus burocracias, sus uniformados, y su sistema de justicia, conformaban una red que negaba todo dato y responsabilidad sobre los desaparecidos. A partir de la multiplicación de las instancias a las que se dirigieron los reclamos se conformaron diversos archivos y acervos en el país y en el exterior.

El archivo de la APDH, entidad creada en diciembre de 1975, meses antes del golpe de Estado, y de la cual participaban dirigentes políticos, religiosos y personalidades del mundo de la cultura, reunió cerca de 5.500 testimonios sobre desapariciones forzadas con vistas a presentar recursos de *habeas corpus* en la justicia, constituyéndose durante la dictadura militar en el principal acervo documental existente en el país sobre las desapariciones. Fue a partir de las denuncias reunidas en este acervo que se publicó, en octubre de 1977, la primera solicitada pública reclamando por los desaparecidos, titulada "Madres y esposas de desaparecidos solo pedimos la verdad". Señalaba que "La verdad que pedimos es saber si nuestros DESAPARECIDOS ESTÁN VIVOS O MUERTOS Y DÓNDE ESTÁN" y estuvo dirigida al Presidente de la Nación, a los altos mandos de las Fuerzas Armadas, a la Junta militar, a las autoridades eclesiásticas y a la Corte Suprema de Justicia.[12]

Tanto el formulario de denuncias utilizado por la APDH como la clasificación posterior de la información que realizaba la entidad se basaron a su vez en los modelos de formularios elaborados para recabar denuncias por la Comisión Interamericana de Derechos Humanos (CIDH) y las redes trasnacionales de derechos humanos, como Amnesty International, estandarizados como modelos de denuncia tras el golpe militar del 11 de septiembre de 1973 en Chile.[13]

En estos formularios se priorizaba, como en una presentación judicial, la descripción detallada de las circunstancias de los secuestros, de las torturas padecidas y, en los casos con información, de las características de los lugares de cautiverio y la presentación de los nombres de las víctimas y de los responsables de las violaciones. Estos formularios omitían toda referencia a las militancias políticas de los reclamados. Privilegiaban, en cambio, el registro de sus datos identitarios básicos, como sus edades y sexos, nacionalidades, creencias religiosas, ocupaciones y profesiones. Todas estas categorías restituían la humanidad negada a los desaparecidos y resaltaban el carácter amplio e indiscriminado de la violencia de Estado. De este modo, este registro y clasificación de los datos, y la consecuente difusión pública de la información basada en ellos, confrontaba con el discurso de las dictaduras que identificaba a los reclamados con la subversión. Simultáneamente, proponía una clasificación y presentación de los desaparecidos mediante variables ocupacionales, demográficas, nacionalistas o religiosas ajenas a la matriz política en que se basó la represión, asumiendo tácitamente las fronteras que establecía la dictadura y que excluían a los "culpables", por sus compromisos políticos subversivos, de la condición de sujetos de derecho.

De hecho, el informe de la CIDH, que incluía la cifra de 5,580 desaparecidos en base a los registros del archivo de la APDH, información basada en entrevistas propias mantenidas con dirigentes sociales, políticos y religiosos y las autoridades

---

12 *La Prensa*, 5 de octubre de 1977, 9 (la mayúscula es del original).
13 Véase Keck Margaret y Sikkink Kathryn, *Activists Beyond Borders: Advocacy Networks in International Politics* (Ithaca: Cornell University Press, 1998) y Vania Markarian, *Left in Transformation: Uruguayan Exiles and the Latin American Human Rights Networks, 1967-1984* (New York: Routledge, 2005).

militares, clasificó con estas claves la información que recopiló en su inspección *in situ* en la Argentina en septiembre de 1979. Ese mismo año, Amnistía Internacional publicó otra lista con 2,673 casos de personas desaparecidas incluyendo, en los casos con información, sus nombres y apellidos, documentos de identidad, nacionalidad, edad, si tenían hijos y cuántos, la fecha y el lugar de desaparición y sus profesiones u ocupaciones.[14]

La constitución del archivo de la APDH fue paralela a la conformación de archivos similares en otros países de la región que fueron impulsados, a diferencia de la Argentina, por la Iglesia Católica.[15] Desde el golpe de 1973, la Vicaría de la Solidaridad en Chile constituyó un archivo en el cual reunió información sobre las víctimas de la dictadura, el cual llegó a constar de 85,000 documentos que incluyen copias de expedientes judiciales, denuncias, relatos de torturas y desapariciones forzadas.[16] Por su parte, a partir de la llegada de exiliados y refugiados políticos de la Argentina, la Arquidiócesis de San Pablo, Brasil, constituyó el Comitê de Defesa dos Direitos Humanos para os Países do Cone Sul. Su boletín, *Clamor*, publicó su primer número en 1978 dedicado a denunciar la represión en la Argentina para aprovechar la presencia en el país de los medios de comunicación por la realización del Campeonato Mundial de Fútbol. *Clamor*, sin "ningún tipo de clasificación o técnica de archivo" reunió entre 1978 y 1991 "miles de fotografías, acompañadas de notas, cartas, manuscritos con pedidos desesperados de ayuda" enviados por familiares de desaparecidos desde la Argentina, material que fue utilizado en las denuncias publicadas en su boletín.[17]

---

14   Amnesty International, *The Disappeared of Argentina: List of Cases to Amnesty International. March 1976–February 1979* (New York: Amnesty International, 1979).
15   Para un panorama regional de estos archivos, véase Ludmila Catela da Silva y Elizabeth Jelin, comps., *Los archivos de la represión: Documentos, memoria y verdad* (Madrid: Siglo XXI, 2002) y Vania Markarian e Isabel Wschebor Pellegrino, eds., *Archivos y derechos humanos. Los casos de Argentina, Brasil y Uruguay* (Montevideo: Archivo General de la Universidad de la República, 2009).
16   Sobre el archivo de la Vicaría de la Solidaridad, véase María Angélica Cruz, "Silencios, contingencias y desafíos: el archivo de la Vicaría de la Solidaridad en Chile", en Ludmila Catela da Silva y Elizabeth Jelin, comps., *Los archivos de la represión: Documentos, memoria y verdad* (Madrid: Siglo XXI, 2002), 137-178.
17   Posteriormente el archivo se desmembró. Mientras su sección principal es de

A la información provista básicamente por los familiares de los desaparecidos, focalizada principalmente en describir los secuestros precisando detalles sobre sus circunstancias, y concentrada en los diversos acervos de los organismos de derechos humanos locales, y de las redes trasnacionales de derechos humanos, se añadió la que suministraron los desaparecidos que comenzaron a ser liberados. Ellos, en su mayoría, habían colaborado bajo presión de sus captores y, por sus mejores condiciones relativas de encierro, podían restituir la materialidad de las fases clandestinas, el cautiverio, la tortura y el asesinato, que comportaba el sistema de desaparición forzada.

En la Asamblea Nacional Francesa, el 12 de octubre de 1979, Ana Marti, María Milla de Pirles y Sara Solarz de Osatinsky, sobrevivientes de la Escuela de Mecánica de la Armada (ESMA), dieron testimonio sobre su cautiverio clandestino.[18] Sus relatos confirmaban los primeros testimonios vertidos en 1978 por los militantes montoneros Maggio y Dri, fugados de sus captores, quienes precisaron las características edilicias de la ESMA, de la cual presentaron croquis, y los nombres y apodos de los miembros del "Grupo de Tareas" que operaba allí. Sin embargo, las tres mujeres fueron quienes, por primera vez, dieron cuenta "desde adentro" de la existencia de archivos de la represión en la ESMA a los que tuvieron acceso durante su cautiverio. En ellos constaban los nombres de los secuestrados, el lugar del operativo de secuestro, el personal interviniente, los antecedentes del secuestrado y su condición "L" (en libertad) o "T" (traslado), eufemismo que ocultaba su asesinato. El archivo de la ESMA ilustraba el exterminio de los desaparecidos. Según sus datos, por la ESMA habían pasado 4,726 personas y sólo quedaban vivas menos de cien.[19]

También el informe de Amnistía Internacional de 1980

"uso reservado y acceso restringido", el archivo secundario, con materiales de menor interés, corrió serios riesgos de ser "tirado a la basura" pero fue, finalmente, rescatado y preservado. Véase Samarone Lima, "Clamor: la colcha de retazos de la memoria", en Ludmila Catela da Silva y Elizabeth Jelin, comps., *Los archivos de la represión: Documentos, memoria y verdad* (Madrid: Siglo XXI, 2002), 120-121.

18 Para su testimonio, véase Comisión Argentina para la Defensa de los Derechos Humanos (CADHU), *Testimonios de los sobrevivientes del genocidio en la Argentina* (Barcelona: CADHU, 1979).

19 Idem, 30-54.

se basó en los testimonios de dos desaparecidos liberados, Oscar González y Horacio Cid de la Paz, quienes estuvieron cautivos en varios Centros Clandestinos donde vieron a cerca de 800 desaparecidos, recordando los nombres, apellidos o apodos de 330, que el informe incluye, y mencionan la existencia de registros de los "grupos de tareas" que los secuestraron, y la fecha y el lugar en el cual estuvieron en cautiverio. Dado el derrotero de González y Cid de la Paz por varios centros clandestinos, sus testimonios presentaron por primera vez la composición de varios grupos de tareas, los croquis de los centros clandestinos "Club Atlético", "El Banco", "Omega", "El Olimpo" y denunciaban, sobre la base de testimonios que escucharon de otros cautivos, la existencia de otros centros similares en las ciudades de Buenos Aires, Mar del Plata y Córdoba. Asimismo, estos dos ex desaparecidos reconstruyeron las planillas usadas por los represores en los operativos de secuestros o de "requerimiento de blanco" y las usadas en los interrogatorios, las cuales clasificaban a los desaparecidos por su "grado de peligrosidad" y posibilidades de "readaptación social" e indicaban la "resolución final de cada caso" consignando si la persona estaba aún cautiva o si ya había sido asesinada.[20] Finalmente, al igual que las sobrevivientes de la ESMA, afirmaban haber sido testigos en "El Olimpo", en un lapso de quince meses, de una docena de "traslados" de treinta a cincuenta personas cada uno, eufemismo que, aclaraban, aludía al asesinato de los cautivos.[21]

Por un lado, estos testimonios develaban y confirmaban una cuestión presentada, la existencia de archivos de la represión elaborados por los perpetradores. Ellos evidenciaban la continuidad de clasificaciones previas, como las basadas en los "grados de peligrosidad" y posibilidades de "readaptación social" de los detenidos constituidas por el sistema carcelario argentino.[22] Sin embargo, revelaban una novedad: la mayoría de los cautivos eran luego asesinados. En este sentido, la recurrencia de los criterios clasificatorios utilizados en los diversos centros clandestinos,

---

20 Amnesty International, *Testimonios sobre los campos secretos de detención en Argentina* (Barcelona: Amnesty International, 1980), 17, 30 y 31.
21 Idem, 23-25.
22 Lila Caimari *Apenas un delincuente. Crimen, castigo y cultura en la Argentina 1880-1955* (Buenos Aires: Siglo XXI, 2002), 146-147.

como el eufemismo de los "traslados" utilizado para encubrir los asesinatos, develaba que los registros y archivos se ordenaban con criterios sistemáticos.

Esta afirmación abrió un profundo y fuerte debate al interior del universo de los denunciantes de la dictadura. Los testimonios de los sobrevivientes produjeron el rechazo de núcleos significativos de familiares de desaparecidos en el país y de exiliados políticos en el exterior, quienes desconfiaron de la veracidad de sus testimonios y los acusaron de ser colaboradores de la dictadura. Quienes rechazaban los testimonios se preguntaban: ¿Cómo podían explicar los sobrevivientes su liberación, si el exterminio era el destino de los desaparecidos? ¿Cuál había sido la actitud de los sobrevivientes ante sus captores y sus compañeros de cautiverio? En igual sentido, Hebe de Bonafini, de Madres de Plaza de Mayo, relativizó los testimonios afirmando que ninguno de los sobrevivientes había visto morir a los desaparecidos y que basaban sus conclusiones en "lo que decían los militares".[23] Así, en este período, las "batallas por la memoria" enfrentaron a la dictadura y a sus denunciantes pero también dividieron a estos últimos en confrontaciones de interpretación sobre las evidencias y los testimonios.

Más allá de estas divergencias, este heterogéneo conjunto de actores fue constituyendo trabajosamente durante la dictadura militar diferentes acervos documentales y testimoniales sobre un crimen negado y sin responsables cuyas huellas habían sido borradas y los cuerpos del delito ocultados. Estos archivos, pese a su diversidad, comenzaron a almacenar la información recabada y a clasificarla bajo la misma lógica, la de la cultura de los derechos humanos, la cual había cobrado en ese período una renovada potencia a escala global bajo el impulso de redes trasnacionales. La

---

23 Para el rechazo del testimonio de los sobrevivientes por grupos de exiliados, véase Inés Rojkind, "La revista Controversia: reflexión y polémica entre los argentinos exiliados en México", en Pablo Yankelevich, ed., *Represión y destierro. Itinerarios del exilio argentino* (La Plata: Al Margen, 2004), 239-243. El rechazo de sus testimonios por los familiares de desaparecidos fue tratado en la entrevista del autor con Graciela Fernández Meijide, integrante de la Asamblea Permanente por los Derechos Humanos y secretaria de la CONADEP, Buenos Aires, 26 de agosto de 2004 y la entrevista del autor con Adriana Calvo, integrante de la Asociación de ex detenidos-desaparecidos, Buenos Aires, 18 de mayo de 2005. Para las declaraciones de Bonafini, véase *Testimonio Latinoamericano*, no. 17 (Noviembre 1982/Febrero 1983), 11.

multiplicidad y diversidad de fuentes que estos archivos guardaban contribuyó a uniformizar el conocimiento que este variado universo de actores tenía sobre los atributos y los responsables de las desapariciones. Sin embargo, el conocimiento no se tradujo en el reconocimiento generalizado de la naturaleza del crimen, ilustrando la recurrente capacidad de las experiencias de violencia extrema de suscitar la incredulidad aún entre quienes son por ellas afectados.

El archivo de la CONADEP. El Estado investiga las desapariciones

Al asumir la presidencia de la Nación el 10 de diciembre de 1983, Raúl Alfonsín, de la Unión Cívica Radical, dispuso el enjuiciamiento de las cúpulas de las organizaciones guerrilleras y de las Juntas militares que gobernaron durante la dictadura. En sintonía con esa decisión de tramitar el pasado de violencia política, el 15 de diciembre dispuso la creación de la Comisión Nacional sobre la Desaparición de Personas (CONADEP). Esta comisión, integrada por personalidades reconocidas de la sociedad civil y tres diputados nacionales, fue presidida por el escritor Ernesto Sábato. La CONADEP tuvo como objetivos recibir denuncias y pruebas sobre las desapariciones y remitirlas a la Justicia, investigar el destino de las personas desaparecidas y la ubicación de los niños sustraídos, denunciar a la Justicia todo intento de ocultar o destruir pruebas sobre estos hechos y emitir un informe final.[24]

Por un lado, la CONADEP dirigió sus esfuerzos iniciales a recabar información sobre los desaparecidos entre las instituciones estatales y militares. Guiada por la expectativa de muchos familiares de desaparecidos y por la incredulidad que, pese a los diversos informes de las comisiones que visitaron el país y los testimonios de los sobrevivientes del sistema clandestino, suscitaba la idea de que miles de personas hayan sido asesinadas a manos del Estado, organizó viajes e inspecciones para dar con desaparecidos con vida. En enero de 1984, utilizando las fotos que les solicitaba a los familiares que denunciaban ante ella la desaparición de un pariente, recorrió

---

24 Poder Ejecutivo Nacional, decreto número 187, 15 de diciembre de 1983, publicado en *Boletín Oficial de la República Argentina* (19 de diciembre de 1983): 2.

diversos centros de salud y organismos públicos exhibiéndoselas al personal y comparándolas, mediante un reconocimiento visual, con la fisonomía de los internos e interrogó, sin éxito alguno, a enfermeras, médicos y pacientes, para comprobar si identificaban a los reclamados.

Las autoridades militares no entregaron a la CONADEP ninguna información sobre los desaparecidos. Incluso, ofrecieron resistencia a que la Comisión ingresara a inspeccionar ciertas dependencias castrenses —escuelas militares y cuarteles— denunciadas como centros clandestinos de detención, o a suministrarle datos básicos como planillas salariales o listas del personal que desempeño funciones en esos lugares. En todos los casos la CONADEP, que por el decreto que la creó carecía de facultades coercitivas, debía dirigirse al Ministerio de Defensa el cual presionaba a las Fuerzas Armadas para que permitieran las inspecciones o entregaran información básica. Pese a estas limitaciones, la CONADEP pudo recabar información que comprobó las denuncias de los organismos de derechos humanos y los familiares de los desaparecidos.

La CONADEP inspeccionó libros de altas y bajas y de entradas y salidas del servicio militar, y detectó incongruencias que rebatieron los argumentos castrenses sobre la fuga o deserción de los conscriptos denunciados como desaparecidos; identificó directivas secretas de la dictadura para enfrentar la protesta obrera y la censura de prensa; recuperó ciertas órdenes de procedimiento para los secuestros, legajos de detenidos en cárceles legales en los cuales figuraba como su lugar de procedencia centros clandestinos como "La Perla" y "La Rivera" ubicados en la provincia de Córdoba; consiguió datos en morgues y cementerios sobre inhumaciones dudosas de personas jóvenes muertas en circunstancias violentas y determinó la existencia de disposiciones oficiales para destruir "la documentación secreta relacionada con el accionar represivo". Si bien la CONADEP no pudo precisar si esas disposiciones se cumplieron, cuándo se destruyó esa documentación o en qué consistía, identificó una orden del Presidente de facto, el general Reynaldo Bignone, quien por decreto 2726/83 del 28 de abril de 1983, meses antes de las elecciones presidenciales y el retorno de la democracia, impartió directivas para que se "diera de baja", es decir se destruyera, la documentación obrante sobre las personas que hubieran estado detenidas a disposición del Poder Ejecutivo

Nacional.[25]

Por otro lado, la CONADEP concentró y centralizó los testimonios por desapariciones que se hallaban dispersos hasta entonces en el país y el exterior. Para ello solicitó la información sobre los desaparecidos reunida en los acervos de los organismos de derechos humanos locales, especialmente la APDH, y en las organizaciones transnacionales y regionales de derechos humanos, laicas y religiosas, como Amnesty International y *Clamor*, entre otras. Esto supuso depurar las denuncias para evitar su duplicación, ya que muchos reclamos habían sido elevados a diversas instancias. A modo de ejemplo, los familiares de Víctor Noé, dirigente universitario de la provincia de Tucumán desaparecido en Buenos Aires, denunciaron su desaparición ante más de quince instituciones: comisarías y cuarteles militares, juzgados, ministerios, organismos de derechos humanos locales como la APDH, e instancias internacionales como la CIDH y las Naciones Unidas, el Washington Office of Latin America y el Comité Judío Americano.[26]

Así, el archivo de la CONADEP se fue conformando como un reservorio estatal centralizado de las denuncias por desaparición. Un importante número de ellas, 5.580, le fueron entregadas a la Comisión por la APDH, que las había recogido durante la dictadura y entregado en 1979 a la CIDH. La mayoría provenían de familiares de desaparecidos residentes en el Área Metropolitana de Buenos Aires y en las grandes ciudades del interior, donde la entidad tenía presencia. Una proporción de estos testimonios aportaba datos sobre los secuestros, sus responsables, y sobre las gestiones hechas ante la justicia, las autoridades policiales y militares. En cambio, los organismos de derechos humanos poseían y entregaron a la Comisión sólo setenta testimonios de desaparecidos sobrevivientes. Esto limitaba las pruebas sobre el cautiverio clandestino, la tortura y la eliminación física de miles de desaparecidos y, por ende, la posibilidad de identificar a los responsables más allá de las Juntas militares y un puñado de perpetradores.[27]

---

[25] Comisión Nacional sobre la Desaparición de Personas (CONADEP), *Nunca Más. Informe de la Comisión Nacional sobre la Desaparición de Personas* (Buenos Aires: EUDEBA, 1984), 275–279, 322, 361, 365, 367 y 375.
[26] Legajo 2.339 en *Archivo de la Asamblea Permanente por los Derechos Humanos*, Buenos Aires.
[27] Graciela Fernández Meijide, entrevista con el autor, Buenos Aires, 26 de agos-

Para enfrentar esta situación, la CONADEP, con la ayuda de los organismos de derechos humanos, constituyó delegaciones locales, realizó visitas al interior del país para recolectar denuncias y organizó viajes al exterior para recibir testimonios, dado el rechazo de muchos exiliados de regresar al país a declarar o hacerlo en las embajadas argentinas por la presencia en ellas de funcionarios de la dictadura. Por último, en los casos que los familiares sólo conocían el lugar aproximado del secuestro de sus parientes, conformó "equipos de calle" que recorrían la zona, preguntando a vecinos, compañeros de trabajo o estudio si fueron testigos y proponiéndoles declarar.[28] Estas iniciativas posibilitaron una ampliación substantiva del acervo testimonial y, con ello, modificaron el perfil de clase de los denunciantes. Si bien la CONADEP recibió en su mayoría denuncias ya efectuadas durante la dictadura, recogió miles de nuevas denuncias nunca antes formuladas alcanzado la cifra de 8.960 casos denunciados de desaparición forzada de personas.

La Comisión les preguntaba a los familiares los datos identitarios básicos de los reclamados: sus nombres, edades, ocupaciones y nacionalidades y su descripción física, fotos para intentar su identificación, e información sobre la fecha y lugar del secuestro. Es decir, su formulario basado en el modelo de las redes trasnacionales de derechos humanos, replicaba la información sociodemográfica y socio-ocupacional solicitada a los denunciantes durante la dictadura. A partir de esta iniciativa, la CONADEP fue conformando su archivo documental, cuyo material era clasificado a partir de las variables mencionadas, propias del modelo de denuncia internacionalizado, desde principios de los años setenta, por las redes trasnacionales de derechos humanos. Por otra parte, constituyó un archivo con las fotos de los desaparecidos que alcanzó a reunir más de tres mil fotografías.[29]

---

to de 2004.
28 *Archivo de la CONADEP*, actas de la CONADEP número 7, 17 de enero de 1984, 20; número 19, 10 de abril de 1984, 74; "Convocatoria a la población", *Clarín*, 21 de enero de 1984, 3; "El rabino Meyer recibe denuncias en EE.UU", *Clarín*, 31 de enero de 1984, 8; y "Gestión en el exterior", *Clarín*, 23 de agosto de 1984, 10.
29 *Archivo de la CONADEP*, acta de la CONADEP número 5, 4 de enero de 1984, 13; *Archivo de la CONADEP*, acta de la CONADEP número. 33, 17 de julio de 1984, 134-135; y "La represión en computadoras. Como trabajó la CONADEP", *El Periodista de Buenos Aires*, 22-28 de septiembre de 1984, 8.

Los testimonios provenientes de las periferias de las grandes ciudades del país alumbraron la magnitud de las desapariciones entre los militantes sindicales de los cordones industriales y la existencia de desaparecidos en pequeñas localidades donde los afectados o sus familias habían carecido de instancias de reclamo o, por su pobreza o aislamiento, ignoraban la existencia misma de estas instancias. De hecho, el 64% de las nuevas denuncias recibidas por la CONADEP provinieron de los habitantes de estas localidades, mientras en las grandes ciudades en un 85% de los casos las denuncias habían sido presentadas tras los secuestros. Este hecho sorprendió a los comisionados quienes creían que la mayoría de los desaparecidos provenían de las clases medias.[30]

También las nuevas denuncias de los sobrevivientes de las desapariciones comportaron un cambio respecto de las existentes ya que la CONADEP logró reunir cerca de 1.200 de estos testimonios frente a los setenta con los que contaban los organismos de derechos humanos antes de la crearse la Comisión.[31] Los sobrevivientes habían atravesado experiencias de cautiverio diversas y, por ende, los datos que podían aportar eran disímiles. Había quienes estuvieron desaparecidos sólo días o semanas, otros habían pasado años en un mismo centro y otros transitaron varios de ellos. Hubo quienes colaboraron bajo presión de sus captores y, por sus mejores condiciones relativas de encierro, conocieron el lugar, mientras otros tenían recuerdos muy limitados. Para la mayoría, se trataba de la primera interpelación pública a sus recuerdos, y pocos eran conocidos y ya habían hecho su denuncia en el exterior como el periodista Jacobo Timerman o el dirigente de la APDH Alfredo Bravo, quienes fueron de los primeros en declarar. Unos podían en el exterior declarar libremente. Otros, en el país, eran amenazados por sus ex captores para que no testificaran o temían ser de

---

30 Sobre el perfil de clase de los denunciantes ante la CONADEP, véase "Sobre antihéroes y tumbas", *Somos*, 3 de mayo de 1985, 24-25; y la entrevista del autor con Gregorio Klimovsky, comisionado de la CONADEP, Buenos Aires, 6 de septiembre de 2004. Para la procedencia geográfica de las denuncias recibidas por la CONADEP, véase Inés Izaguirre, *Los desaparecidos, recuperación de una identidad expropiada* (Buenos Aires: Instituto de Investigaciones Gino Germani, Universidad de Buenos Aires, 1992), 41.
31 Graciela Fernández Meijide, entrevista con el autor, Buenos Aires, 26 de agosto de 2004, y elaboración propia en base a las actas de la CONADEP.

nuevo secuestrados si declaraban. Varios de quienes colaboraron bajo presión con sus captores, confirmaron en sus testimonios la existencia de archivos en los centros clandestinos conformados por fichas y expedientes mediante los cuales se identificaba y clasificaba a los secuestrados. Solo pocos de ellos pudieron entregar pruebas conseguidas durante su cautiverio a la CONADEP y a los organismos de derechos humanos, como Víctor Basterra quien desempeñó, bajo presión, diversas tareas en la ESMA. Basterra entregó a la CONADEP copias de fotos tomadas a desaparecidos cautivos en ese centro clandestino y otras de integrantes del "grupo de tareas" que operaba allí, y para quienes se fabricaban en la ESMA documentos falsos: pasaportes, cédulas de identificación, títulos de propiedad y registros de conductor, documentación que era utilizada en diversas operaciones clandestinas.[32]

La Comisión les preguntaba a los sobrevivientes si sabían dónde habían estado cautivos, si reconocerían el lugar y, en caso negativo, si recordaban algún dato para identificarlo. También, si podían precisar los nombres de otros cautivos, guardias, torturadores o jefes militares vistos por ellos durante su cautiverio. No les inquiría, al igual que a los familiares, por sus militancias políticas y ellos, en su gran mayoría, dado el inestable contexto político, la estigmatización de esos compromisos y las causas judiciales abiertas contra miembros de la insurgencia, las omitieron.[33] La CONADEP inspeccionó, junto a los sobrevivientes, los principales centros clandestinos para corroborar sus testimonios. A partir de ello, al archivo fotográfico de la Comisión conformado hasta entonces por fotos de identificación y fotos familiares entregadas por los familiares

---

32   Véase *Archivo de la CONADEP*, actas de la CONADEP número 7, 17 de enero de 1984, 19 y 20 y número 10, 7 de febrero de 1984, 29 y 30. Para el ofrecimiento público de su testimonio por un grupo de sobrevivientes, véase "A la opinión pública. Como testigos directos, ofrecemos nuestro testimonio y aporte", *La Voz*, 8 de noviembre de 1983, 7. Sobre las amenazas a sobrevivientes, véase *Archivo de la CONADEP*, acta de la CONADEP número 15, 13 de marzo de 1984, 53 y "La CODEP [CONADEP] recibió 5.340 testimonios", *Tiempo Argentino*, 15 de junio de 1984, 7. Sobre el temor de ciertos sobrevivientes a ser nuevamente secuestrados, véase Enrique Fernández Meijide, "Parar la amnistía", *Humor*, noviembre 1984, 35-37. Sobre las pruebas entregadas por Basterra a la CONADEP, véase Gerardo Yomal, "Reportaje a Víctor Melchor Basterra, un ex detenido-desaparecido", *Nueva Presencia*, 28 de septiembre de 1984, 10-12, y 17.

33   Adriana Calvo, entrevista con el autor, Buenos Aires, 18 de mayo de 2005.

de los desaparecidos, se añadieron 2.020 fotografías tomadas por Enrique Shore, fotógrafo de la CONADEP. Estas fotos, en blanco y negro, muestran los pasos significativos de ese recorrido, presentan los frentes y puertas de ingreso a estos espacios, sus dependencias y, en especial, sus celdas, paredes, mamposterías, escaleras y sótanos. En muchas de ellas es posible apreciar a los sobrevivientes indicando a los miembros de la Comisión rastros materiales que comprueban sus declaraciones. Otras pocas reflejan instantes de las conferencias de prensa que, tras los reconocimientos, la Comisión brindaba junto a los sobrevivientes para informar a la opinión pública sobre los resultados obtenidos. Sólo un par de fotografías de este *corpus* presentan imágenes de otro tipo y estilo. Se trata de aquellas fotos que muestran cráneos humanos, tomadas durante el procedimiento de la Comisión en el cementerio de Ezpeleta, en la provincia de Buenos Aires, en busca de cuerpos enterrados en tumbas sin identificación.[34]

Este cuerpo testimonial, por su carácter heterogéneo, tuvo una importancia decisiva para ampliar las pruebas existentes, reafirmar otras o generar nuevas. A los grandes centros clandestinos conocidos que concentraron a la mayoría de los desaparecidos como la ESMA ubicada en la Capital Federal, Campo de Mayo y El Vesubio localizados en la provincia de Buenos Aires y La Perla, en la provincia de Córdoba, se agregaron centenares de dependencias militares, policiales y civiles de casi todo el país y se amplió el conocimiento sobre centros clandestinos importantes, como el ubicado en la guarnición militar de Campo de Mayo, del cual había sólo un testimonio al formarse la CONADEP. Por último, permitieron detectar el tránsito de desaparecidos entre distintos centros probando su integración en un mismo sistema. Así la CONADEP pudo identificar 340 centros clandestinos, quintuplicando la cifra hasta allí conocida por los organismos de derechos humanos.

Al archivo de denuncias de la CONADEP se integraron, también, una decena de testimonios de responsables de las

---

34 El archivo fotográfico de la CONADEP obra en la Secretaría de Derechos Humanos de la Nación. Puede consultárselo, también, en el archivo fotográfico de Memoria Abierta. Para las fotos de las exhumaciones en el cementerio de Ezpeleta, véase Archivo Fotográfico de la CONADEP, fotos 122-124 y, para las de las conferencia de prensa, véase Archivo Fotográfico de la CONADEP, fotos 664-668.

desapariciones. Se trataba de integrantes de los "grupos de tareas", que relataron su participación en los secuestros y en los robos cometidos en los hogares de los desaparecidos; certificaron las torturas aplicadas en los centros clandestinos; su funcionamiento y emplazamiento en diversos lugares del país; el paso por ellos de miles de desaparecidos; afirmaron la existencia de fusilamientos colectivos y la participación en ellos de jefes militares; el asesinato de gendarmes o policías que se negaron a participar de estas prácticas; el enterramiento anónimo o la destrucción de los cuerpos de los desaparecidos tras su asesinato y el intento por presentar ciertos asesinatos como fruto de enfrentamientos armados corroborando así las denuncias de los familiares de desaparecidos y de los sobrevivientes.[35] Otros, como el comisario inspector Carlos Rampoldi al mando del servicio de informaciones en la localidad de Villa Constitución, de la provincia de Santa Fe, afirmó la participación de los grupos paramilitares en la represión en la fábrica de acero ACINDAR y la complicidad de la empresa cuyo directorio integraba José Alfredo Martínez de Hoz, ministro de economía tras el golpe de Estado de 1976, revelando la articulación entre el poder económico y la represión.[36]

Sus testimonios tuvieron disímiles condiciones de producción. Algunos perpetradores concurrieron a declarar a la propia Comisión, como el cabo de la armada Vilarino, quien ya lo había hecho en público, mientras otros habían testificado ante comisiones de derechos humanos internacionales, como el policía Peregrino Fernández ante la Organización de las Naciones Unidas.[37]

---

35 Véase "Denuncia de militares sobre desaparecidos", *Clarín*, 14 de marzo de 1984, 6. Sobre el tratamiento de la CONADEP de los testimonios de los represores presos, véase *Archivo de la CONADEP*, actas de la CONADEP número 19, 10 de abril de 1984, 72-73; número 35, 31 de julio de 1984, 142 y 143; y Raúl Aragón, secretario de CONADEP, entrevista con el autor, Buenos Aires, 3 de diciembre de 2003.

36 CONADEP, *Nunca Más*, 132, 164-166, 175, 197-199, 202, 203, 214, 216-217, 228, 238 y 253-259. Para un análisis comparativo, a escala internacional, de los testimonios de perpetradores de crímenes de Estado, véase Leigh Payne, *Unsettling Accounts: Neither Truth nor Reconciliation in Confessions of State Violence* (Durham: Duke University Press, 2008).

37 Véase *La semana 7*, no. 370 (5 de enero de 1984), 20-53, y para su testimonio completo, Raúl Vilariño, *Yo secuestré, maté y ví torturar en la Escuela de Mecánica de la Armada* (Buenos Aires, Editorial Perfil, 1984). Para el testimonio

Por último, la Comisión recabó un conjunto novedoso de declaraciones provenientes de otros testigos: vecinos que vieron los secuestros, moradores de zonas próximas a los centros clandestinos que confirmaron la presencia militar o policial en ellos, médicos y enfermeras que asistieron a desaparecidas embarazadas, empleados de cementerios que corroboraron la existencia de tumbas sin nombre e inhumaciones secretas. Estos testimonios alumbraron, además, el abanico de relaciones que la sociedad civil estableció con las desapariciones y la dictadura, las cuales abarcaban la solidaridad para con los perseguidos, su denuncia a las autoridades, el desplazamiento del registro del horror o su normalización.

La CONADEP optó por clasificar este vasto material testimonial por Centro Clandestino de Detención. Estos actuaban "como un imán" atrayendo los testimonios de los sobrevivientes de las desapariciones que lograron determinar el lugar de su cautiverio y de los perpetradores que actuaron en ellos.[38] Este criterio clasificatorio se extendió a los niños desaparecidos, rastreados según el lugar de cautiverio de sus madres, y se tradujo en la forma que adoptó la presentación de las pruebas en los tribunales y en la posterior organización de las causas judiciales. Ello permitía responsabilizar a quienes actuaron en cada centro clandestino por conjuntos de casos y, a la vez, sintetizar las presentaciones. También sirvió para detectar especificidades de determinados centros, como "Automotores Orletti", donde fueron recluidos desaparecidos de países limítrofes, probando así la coordinación represiva entre las dictaduras del Cono Sur. Mediante esta decisión la CONADEP invirtió de raíz el carácter del espacio estratégico de la desaparición. Los centros clandestinos cuya existencia era negada por la dictadura y era desconocida para la mayoría de la población, se convirtieron en el eje para reconstruir la trama del sistema de desaparición.

A partir de los testimonios, la Comisión elaboró el perfil sociodemográfico (sexo, edad, nacionalidad) de los desaparecidos, precisó las circunstancias temporales y espaciales de sus secuestros y su cautiverio clandestino (fecha y lugar de desaparición y de

---

de Fernández, véase Rodolfo Peregrino Fernández, *Autocrítica policial* (Buenos Aires: El Cid Editor, 1983).
38   Graciela Fernández Meijide, entrevista con el autor, Buenos Aires, 26 de agosto de 2004.

cautiverio) y su perfil socioeconómico (ocupaciones y profesiones) en sintonía con las claves con las que la cultura de los derechos humanos los había clasificado durante la dictadura. Al igual que en las clasificaciones previas, las biografías y compromisos políticos de los desaparecidos no fueron incluidos como variables para retratar su perfil. Por último, si bien la CONADEP recogió testimonios de desapariciones ocurridas desde 1970, en su informe enfatizaría las sucedidas tras el golpe de Estado de 1976 (90% del total), en función de una periodización histórico-política que le adjudicaba exclusivamente a la dictadura militar las responsabilidades en la represión ilegal y postulaba a la vez a la democracia como horizonte de futuro a compartir y como barrera para evitar la reiteración del horror.

En síntesis, en nueve meses de investigación la CONADEP constituyó, con ayuda de los organismos de derechos humanos, un archivo que reunió el conjunto de denuncias disponibles hasta entonces por casos de desaparición forzada en base a las cuales elaboró listados de desaparecidos, de personas asesinadas, de desaparecidos liberados, localizados y vistos en Centros Clandestinos de Detención por otros cautivos ilegales y de los perpetradores mencionados en los testimonios además de las actas de las inspecciones oculares realizadas en los ex Centros Clandestinos de Detención. A este archivo se añadieron los 25 mil *habeas corpus* elevados a la justicia entre 1975 y 1983, y el archivo mencionado de fotografías de los desaparecidos y de los interiores y fachadas de los centros clandestinos que reunió la Comisión. Todo el archivo de la CONADEP fue microfilmado. El archivo original quedó, por decreto 3.090 del 20 de septiembre de 1984, en poder de la Subsecretaría de Derechos Humanos de la Nación, que sucedió a la CONADEP como encargada de recoger denuncias por desaparición. Una copia fue guardada en una caja de seguridad de un banco oficial y otra en el exterior del país.

La constitución del archivo de la CONADEP fue simultánea a la labor de investigación de la Comisión. Su conformación estuvo determinada por su carácter de instrumento para contribuir a elaborar la verdad sobre el sistema de desaparición y posibilitar la realización de justicia. En ese acto, se convirtió en una herramienta activa de producción de sentido sobre las violaciones a los derechos humanos, sustancial para derribar el monopolio de la interpretación en la esfera pública sobre las desapariciones detentado, hasta entonces, por las Fuerzas Armadas.[39]

El archivo de la CONADEP concentró y centralizó en manos del Estado los acervos dispersos hasta entonces en el país y en el exterior, provenientes de diferentes orígenes y producidos por distintos actores. En ese acto articuló los documentos y testimonios sobre las prácticas represivas públicas y clandestinas que involucraban las desapariciones, a partir de una estrategia de construcción de verdad y de conocimiento específica: la elaboración de la prueba jurídica que permitiría restituir la materialidad del crimen negado e identificar a sus responsables para someterlos a la justicia.

La multiplicación de los archivos (1985-2004)

La CONADEP publicó en noviembre de 1984 su informe *Nunca Más*, el cual tuvo efectos políticos y jurídicos de primer orden en el tratamiento de las violaciones a los derechos humanos. En primer lugar, se constituyó en un éxito editorial sin precedentes en el tema, alcanzando, hasta 2012, casi 600 mil ejemplares vendidos, y fue traducido al alemán, hebreo, inglés, italiano y portugués. En segundo lugar, el informe fue introducido en las aulas para transmitir un sentido sobre el pasado de dictadura y violencia política hacia las nuevas generaciones. En tercer lugar, junto con la CONADEP se transformó en un modelo, en el marco del proceso de democratización de América Latina, mediante el cual diversas comisiones de la verdad expusieron públicamente las violaciones a los derechos humanos sucedidas durante los procesos de violencia política, guerras civiles y dictaduras que atravesaron estas sociedades en los años setenta y dos mil. Por último, el *Nunca Más* y las pruebas reunidas por la CONADEP en su archivo jugaron un papel decisivo en el juicio a las Juntas militares.[40]

En el verano de 1985 la fiscalía de Estado seleccionó del archivo de la CONADEP y de las nuevas denuncias que recogía la Subsecretaría de Derechos Humanos, los casos que presentaría

---

39 Emilio Crenzel, *La historia política del Nunca Más. La memoria de las desapariciones en la Argentina* (Buenos Aires: Siglo XXI, 2008), 128-129.
40 Emilio Crenzel, *Memory of the Argentina Disappearances: The Political History of Nunca Más* (New York: Routledge, 2011).

como piezas acusatorias contra las Juntas militares. Así, durante el juicio, consumado entre abril y diciembre de 1985, el corpus probatorio reunido en el archivo de la CONADEP jugó un papel clave ya que en su capacidad probatoria se cifraba la posibilidad de condenar a los máximos responsables materiales del sistema de desaparición forzada. La centralidad del acervo de la CONADEP se verificó en la especial dedicación que tuvieron los abogados defensores de las Juntas para impugnar ese acervo, al calificar a los testimonios y a los documentos como parte de una "estrategia subversiva" y objetar el número de desaparecidos registrados por la CONADEP.[41]

El fallo que condenó a las Juntas militares consagró como verdad jurídica el *corpus* probatorio reunido en el archivo de la CONADEP.

Simultáneamente, se conformaron dos nuevos archivos derivados de la investigación de la CONADEP. Por un lado, durante su investigación en 1984, la CONADEP requirió la ayuda de la "Asociación Americana para el Avance de la Ciencia" para los casos en los que era necesario identificar mediante las técnicas de la antropología forense cadáveres hallados en diversos cementerios que probablemente correspondían a personas desaparecidas. Con la asesoría de esta asociación se creó, ese año, el "Equipo Argentino de Antropología Forense" (EAAF) que desde entonces se dedica a identificar restos de personas desaparecidas enterrados en tumbas anónimas, individuales y colectivas, o hallados en las costas de ríos y lagos, entre otros sitios. El EAAF ha creado su propio archivo, pero en sus investigaciones siguen siendo vitales los datos recabados en el archivo de la CONADEP, como el lugar de secuestro y cautiverio del desaparecido, su edad, su descripción física, o los datos sobre el centro clandestino en que estuvo cautivo. Por otra parte, en 1987 se creó el Banco Nacional de Datos Genéticos, el cual funciona en el Hospital Durand, un servicio de salud pública de la ciudad de Buenos Aires. Sus objetivos se focalizan en garantizar la obtención, almacenamiento y análisis de la información genética para el esclarecimiento de delitos de lesa humanidad y, específicamente, auxiliar a la justicia en la búsqueda e identificación de los hijos de personas desaparecidas y en la identificación de los restos de

---

41 Idem, 103-106.

personas víctimas de la desaparición forzada.[42]

A partir de 1986 las denuncias de los familiares de desaparecidos ante la Subsecretaría de Derechos Humanos de la Nación fueron menguando. Hay que buscar la explicación en el contexto de esa época, marcado por el dictado de varias leyes: la de Punto Final (diciembre de 1986), la cual establecía que, tras sesenta días, se extinguirían las causas de aquellos no citados hasta entonces a declarar; la de Obediencia Debida (Junio de 1987), que consideraba todo acto cometido en la lucha antisubversiva, excepto la sustitución del estado civil, la sustracción de menores y la violación y usurpación de propiedad, como ejecutados bajo estado de coerción y subordinación a las órdenes de la autoridad superior, iniciativas ambas impulsadas por el gobierno de Alfonsín; y la de los Indultos (diciembre de 1990), dictados por el presidente peronista Carlos Menem, quien había asumido el cargo en julio de 1989, que dejaron en libertad a los líderes de las Juntas militares de la dictadura. El nuevo contexto político, signado por la impunidad de los perpetradores de las violaciones desalentaba la presentación de denuncias ante el Estado de aquellos que, anteriormente, no habían presentado reclamos por la desaparición de un familiar por desconfiar de la CONADEP o por temor a una posible regresión autoritaria en el inestable contexto de los primeros años de democracia.

Sin embargo, esta situación cambiaría. Tras el Indulto, los organismos de derechos humanos dirigieron su reclamo a la Corte Interamericana de Derechos Humanos y otros tribunales internacionales quienes declararon las leyes de Punto Final y Obediencia Debida y los Indultos contrarios al derecho americano y universal y recomendaron reparar a las víctimas. Presionado por estas disposiciones de la Corte Interamericana, el gobierno del presidente Menem sancionó en 1994 la ley 24.321 de "Ausencia por Desaparición forzada de personas" y en 1995 la ley 24.411 "de beneficio a las personas ausentes por desaparición forzada y a las fallecidas por el accionar de las Fuerzas Armadas", que estableció un resarcimiento económico para los familiares de desaparecidos.

---

42 Ministerio de Ciencia y Tecnología [Documento en linea]. URL http://www.mincyt.gov.ar/ministerio/estructura/org_dependientes/bndg/index.php [Consultado el 8 de abril de 2013]

Ambas leyes aceptaron las denuncias almacenadas en el archivo de la CONADEP como prueba, efectuándose 3.151 presentaciones por casos de personas asesinadas y 8.950 por desapariciones forzadas.[43]

Estas medidas impulsaron la creación del "Área CONADEP" dentro de la entonces Subsecretaría de Derechos Humanos de la Nación, para procesar los pedidos de los familiares de desaparecidos. En ese marco, por un lado, el archivo de la CONADEP fue trascendiendo al *corpus* reunido por la Comisión durante su investigación, convirtiéndose paulatinamente en el acervo de toda la documentación reunida en el país sobre las violaciones a los derechos humanos y, también, de las iniciativas que, al restaurarse la democracia, se impulsaron para tramitarlas. Así, se depositaron en él las actas del juicio a las Juntas militares, historias clínicas de los presos políticos recluidos en la cárcel de Villa Devoto, en la ciudad de Buenos Aires, y la documentación reunida por las comisiones parlamentarias bicamerales de las provincias del Chaco y de Tucumán que investigaron las desapariciones ocurridas en ambas provincias, las cuales habían sido creadas por iniciativa del peronismo que rechazó la creación de la CONADEP por parte del presidente Alfonsín.[44]

Por otra parte, la sanción de las leyes de reparación otorgó un impulso renovado a la tarea de corregir las bases de datos con los listados de desaparecidos elaborados por la CONADEP. Debido a la vertiginosidad con que asumió la investigación esta Comisión en sus escasos nueve meses de mandato, la lista de víctimas incluía nombres duplicados —por ejemplo, casos de mujeres inscriptas con sus apellidos de soltera y de casada—, casos de desaparecidos denunciados pero que luego fueron liberados y no comunicaron esa nueva situación a los organismos de derechos humanos o al Estado, niños desaparecidos, apropiados por familias de militares, cuya identidad fue restituida y fueron regresados a sus familias biológicas, y casos con apellidos y nombres mal escritos.[45]

---

[43] Sobre las políticas de reparación en Argentina, véase María José Guembe, "Economic Reparations for Grave Human Rights Violations: The Argentinean Experience", en Pablo De Greiff, ed., *The Handbook of Reparations* (Oxford: Oxford University Press, 2006), 21-54.
[44] María Cristina Scacheri, coordinadora del Área CONADEP, entrevista con el autor, Buenos Aires, 3 de marzo de 2004.
[45] Ibídem.

En síntesis, diez años después de constituido, el archivo de la CONADEP había jugado un papel substantivo en el escenario judicial penal, específicamente en el juicio a las Juntas militares, en las investigaciones forenses y en las pesquisas por apropiación de niños. De la mano del proceso de emblematización de la CONADEP y de su informe *Nunca Más,* el archivo de la CONADEP se fue constituyendo en el reservorio de los documentos que acreditaban y habían servido para procesar las violaciones a los derechos humanos y, tras el contexto abierto por las leyes de impunidad, tuvo un papel clave para reparar a las víctimas y a sus allegados al constituirse las denuncias almacenadas en él en prueba suficiente para acceder a estos beneficios.

Hacia mediados de los años noventa, los usos, apropiaciones y luchas en torno a los archivos existentes sobre la represión cobraron una nueva dirección, a la vez que se multiplicaron las iniciativas por crear nuevos acervos. Por un lado, el tema de las violaciones a los derechos humanos regresó al primer plano del debate público fruto de las declaraciones del capitán Adolfo Scilingo quien, en febrero de 1995, narró en la prensa gráfica y en la televisión su participación en operativos en los cuales, desde aviones de la Marina, arrojó desaparecidos con vida al mar.[46]

Por otra parte, ante la obstrucción que en aquellos momentos se visualizaba como irreversible del camino de la justicia penal tras el dictado de los Indultos y ante el reconocimiento del proceso de tránsito generacional, la memoria adquirió un *status* específico, independiente de la meta punitiva. Ello se verificó en la multiplicación de "comisiones por la memoria" en universidades, sindicatos, barrios y colegios; en diversas iniciativas para crear museos, monumentos y lugares de memoria, y en el surgimiento de nuevas organizaciones como "Hijos contra la impunidad, por la justicia, contra el olvido y el silencio" (H.I.J.O.S.), organización que agrupó a los descendientes de los desaparecidos y que, desde su constitución, puso en primer plano la militancia política de sus padres obliterada por el discurso humanitario y suprimida en los testimonios vertidos ante la CONADEP y el juicio a las Juntas. Esta nueva lectura del pasado se manifestó en el acto del vigésimo

---

[46] Para las declaraciones de Scilingo, véase Horacio Verbitsky, *El vuelo* (Buenos Aires: Planeta, 1995).

aniversario del golpe de Estado, en marzo de 1996, en el cual la apelación a la memoria ocupó un papel central: en los discursos se enfatizó la militancia revolucionaria de los desaparecidos y se asoció a la dictadura con la imposición de un modelo económico regresivo y neoliberal.

Estos procesos tuvieron su expresión en el campo de los archivos sobre los desaparecidos. En 1998, las Abuelas de Plaza de Mayo crearon el Archivo Biográfico Familiar con el objetivo de reconstruir la historia de vida de los desaparecidos cuyos hijos, nacidos en cautiverio o secuestrados junto con sus padres, fueron apropiados durante la última dictadura militar. Este archivo recoge relatos de familiares, amigos, compañeros de militancia y de cautiverio de los padres y madres desaparecidos o asesinados, para garantizar el derecho de cada nieto/a a conocer su origen y su historia en caso de que pueda ser localizado y restituida su identidad familiar.[47]

Así, la reconstrucción biográfica de los desaparecidos comenzó a trascender la presentación de sus datos identitarios básicos y el relato factual de las circunstancias materiales en las que tuvieron lugar las violaciones a los que fueron sometidos, para integrar su compromiso político a la reconstrucción de sus historias vitales. Como parte de este mismo proceso, en 1999 diversas organizaciones de derechos humanos —el Servicio Paz y Justicia, el Centro de Estudios Legales y Sociales, Familiares de Detenidos y Desaparecidos por Razones Políticas, la Asamblea Permanente por los Derechos Humanos, Madres de Plaza de Mayo línea Fundadora y la Fundación Memoria Histórica y Social— formaron la asociación civil Memoria Abierta con el apoyo de distintas organizaciones trasnacionales de derechos humanos, fundaciones estadounidenses y europeas y Estados de ese último continente.

La creación de Memoria Abierta supuso un cambio importante en la política de los organismos humanitarios, cuya renuencia a poner a libre disposición pública sus documentos tenía sus raíces en años de persecución y hostigamiento de parte de las fuerzas represivas. Memoria Abierta constituyó diversos archivos. Por un lado, coordinó la catalogación del conjunto de los

---

[47] Abuelas de Plaza de Mayo, "Archivo Biográfico Familiar", consultado el 8 de abril de 2013, http://www.abuelas.org.ar/archivo.htm.

documentos almacenados en los acervos y centros de documentación de los organismos de derechos humanos que integran la asociación. Los 27.366 documentos catalogados fueron puestos a la consulta pública en una base de datos en línea, lo cual agilizó y facilitó las posibilidades de búsqueda e identificación de los documentos por parte de los investigadores, sus usuarios mayoritarios.

Por otra parte, Memoria Abierta creó varios archivos propios. Un archivo oral, que recoge más de 700 entrevistas a familiares de desaparecidos, militantes de la izquierda revolucionaria de los años sesenta y setenta, miembros de los organismos de derechos humanos y sobrevivientes de los centros clandestinos. A diferencia de la estrategia que guió la toma de la palabra de estos actores por parte de la CONADEP y en el juicio a las Juntas, las entrevistas de Memoria Abierta buscan reponer, de manera amplia, las trayectorias vitales de los actores, los climas familiares en los que fueron socializados, sus relaciones sociales posteriores, sus valores culturales y morales y sus vínculos y compromisos con el mundo de la política. Por otra parte, Memoria Abierta creó un archivo documental, el cual incluye diversos archivos personales de dirigentes del movimiento de derechos humanos pero también de organizaciones sociales, y un archivo fotográfico que incluye una copia del archivo fotográfico de la CONADEP, fotos tomadas durante movilizaciones, marchas y actos del movimiento de derechos humanos durante la dictadura militar y tras el regreso de la democracia y otras provenientes de archivos personales, en general de militantes de los organismos humanitarios. El conjunto de este material es de consulta libre para los usuarios, mediante la concertación de una cita previa. Por último, creó una sección denominada "topografía de la memoria" en la que se producen registros documentales de los edificios que oficiaron como "centros clandestinos de detención" mediante dibujos, representaciones volumétricas, maquetas y animaciones, material que es utilizado en los juicios penales por violaciones a los derechos humanos.

La creación de los archivos de Memoria Abierta supuso la profesionalización de la labor archivística mediante el almacenamiento de los documentos y testimonios en condiciones de temperatura, humedad y seguridad adecuadas, parámetros ausentes en los archivos de los organismos de derechos humanos. Asimismo, supuso una articulación institucional de carácter internacional que redundará en la gestión de sus archivos ya que

Memoria Abierta integra la "Coalición Internacional de Sitios de Conciencia", organización trasnacional que interviene activamente en los debates sobre las políticas de memoria ante las violaciones masivas a los derechos humanos.

En definitiva, el archivo biográfico de abuelas y el de Memoria Abierta se inscribieron en metas políticas diferentes a las que guiaron la creación de los acervos de los organismos humanitarios durante la dictadura y los archivos estatales tras la recuperación de la democracia en 1983. Si bien son instrumentos que son utilizados en causas judiciales por desaparición, apropiación de menores y otros abusos, se inscriben en la búsqueda por transmitir a las nuevas generaciones un sentido del pasado, procuran historizar la vida de los desaparecidos, más allá de la reconstrucción factual de las violencias que padecieron, incorporando la dimensión de sus compromisos políticos hasta allí ausentes en las reconstrucciones previas. De este modo, los nuevos archivos procuran reconstruir un mundo perdido: el de la militancia política radicalizada de los años sesenta y setenta y con ello trascienden la periodización trazada en los testimonios obrantes en los archivos de la CONADEP y recabados en el juicio a las Juntas.

Este proceso de creación de nuevos archivos tuvo su complemento en el descubrimiento de una serie de archivos producidos por las fuerzas represivas del Cono Sur y en la desclasificación de archivos oficiales del gobierno de los Estados Unidos sobre la Argentina. El 22 de diciembre de 1992, a instancias de Martín Almada, ex preso político y militante de derechos humanos, fueron descubiertos en Paraguay los "archivos del terror", que contenían documentos de inteligencia producidos por la dictadura de Alfredo Stroessner para perseguir a la oposición política y entre los cuales se hallaban documentos que probaban la existencia del denominado "Plan Cóndor", el cual comprometía el intercambio de información y de prisioneros en el marco de la coordinación represiva entre las dictaduras del Cono Sur.[48] Por otro lado, el 10 de junio de 1999, ante la disolución, producto de

---

48 Véase Miriam González, "Los archivos del terror del Paraguay. La historia oculta de la represión", en Ludmila Catela da Silva y Elizabeth Jelin, comps. *Los archivos de la represión: Documentos, memoria y verdad* (Madrid: Siglo XXI, 2002), 85-114.

una reforma de la policía provincial, de la Dirección de Inteligencia de la Policía de la Provincia de Buenos Aires (DIPBA), y tras la intervinieron de los organismos de derechos humanos, la Cámara Federal de Apelaciones de La Plata dictó una medida de no innovar sobre el archivo de la DIPBA al considerar que los documentos allí existentes podrían aportar pruebas sobre los crímenes de lesa humanidad.[49] De hecho, la DIPBA, creada en 1956, acumuló desde entonces 410.000 legajos organizados por "factores" (político, sindical, estudiantil, comunismo, religioso, "delincuente subversivo") con un total de 4 millones de folios, 750 casetes de video, 160 horas de audio, 217,000 fichas personales, 2.500 fichas sobre agrupaciones y partidos políticos y 2,500 fichas más sobre agrupaciones sociales, barriales, estudiantiles y religiosas. Es decir, la DIPBA concentraba un pormenorizado registro de espionaje político–ideológico de casi medio siglo en la provincia de Buenos Aires, la provincia más importante en términos económicos y políticos del país.[50] En diciembre del año 2000, el gobierno provincial transfirió, mediante la ley 12.642, el archivo de la DIPBA a la Comisión Provincial por la Memoria de la provincia de Buenos Aires, integrada por organismos y personalidades defensoras de los derechos humanos, para que conformara un "Centro de información con acceso público tanto para los afectados directos como para todo interesado en desarrollar tareas de investigación y difusión". Sin embargo, y pese a haber transcurrido más de diez años, la documentación del período dictatorial (1976-1983) sigue "secuestrada" por la Cámara Federal de Apelaciones de La Plata y sólo está disponible para ser consultada por jueces y abogados que intervienen en las causas penales por crímenes de lesa humanidad, excepto que dicha Cámara autorice la entrega de la información

---

49 En ocasiones se utiliza las siglas DIPPBA para referirse a esta institución. Ambas versiones son aceptadas. Véase también el ensayo de Lila Caimari en esta colección.
50 Ludmila Catela da Silva, "Etnografía de los archivos de la represión en la Argentina", en Marina Franco y Florencia Levín, comps. *Historia Reciente. Perspectivas y desafíos para un campo en construcción* (Buenos Aires: Paidós, 2007), 191. Sobre el archivo de la DIPBA, véase Patricia Funes, "Medio siglo de represión. El archivo de Inteligencia de la Policía de la Provincia de Buenos Aires", *Puentes*, no. 11 (2004): 34-43.

a los investigadores o particulares que la requirieran.[51] Tanto en este caso, como frente a requerimientos de información que no corresponde al período dictatorial, los investigadores no realizan directamente las búsquedas, tarea de la cual se encarga el personal del archivo, decisión justificada en el "carácter altamente sensible de los documentos" que este atesora. Ello dificulta las posibilidades del investigador de decidir qué documentos son significativos para su investigación y obstruye el diálogo entre sus preguntas iniciales y la construcción de las interpretaciones siempre mediadas por la interacción con las fuentes.

Archivos similares al de la DIPBA se constituyeron en la Comisión Provincial de la Memoria de la Provincia de Córdoba, con documentación de las comisarías y del Archivo general de la policía provincial del período 1970-1984, del servicio penitenciario provincial y de los archivos de la casa de gobierno y del arzobispado local y en la Comisión Provincial de la Memoria de la Provincia de Santa Fe, que reunió documentación producida entre 1966 y 1984 por la Dirección General de Informaciones (DGI) lo cual permitió la reconstrucción de la metodología y las lógicas de búsqueda, registro y análisis del espionaje político en esas provincias.[52] Asimismo, entre 1999 y 2006 se halló documentación de la Jefatura de policía de Rosario, de la provincia de Santa Fe, del Departamento de Inteligencia de la policía de la provincia de Mendoza, de la policía de la provincia de La Rioja, y de la cárcel de máxima seguridad de Rawson, en la patagónica provincia de Chubut, las cuales aportaron más documentos sobre el seguimiento y la persecución política en el país.[53]

Por otra parte, tras el fin de la "Guerra Fría" y tras presiones de las redes transnacionales de derechos humanos, el primer gobierno

---

51 Véase Centro de documentación y archivo, "Atención a investigadores", consultado el 28 de julio de 2013, http://www.comisionporlamemoria.org/archivo/?page_id=31.

52 Para el archivo cordobés, véase Archivo provincial de la memoria, consultado el 28 de julio de 2013, http://www.apm.gov.ar/content/%C3%A1reas-de-trabajo-documentaci%C3%B3n-y-conservaci%C3%B3n. Para el archivo de la provincia de Santa Fe, véase Gobierno de Santa Fe, Archivo Provincial de la Memoria, consultado el 28 de julio de 2013, http://www.santafe.gov.ar/index.php/web/content/view/full/121979/(subtema)/.

53 Sobre estos archivos, véase Catela da Silva, "Etnografía de los archivos de la represión en la Argentina", 191-195.

del presidente de los Estados Unidos, Bill Clinton, comenzó a hacer públicos documentos relativos a la intervención norteamericana en América Latina. En ese contexto, en agosto de 2002, el National Security Archive desclasificó documentos elaborados por diversas agencias y organismos del gobierno de los Estados Unidos sobre la Argentina correspondientes al período 1975-1984.[54]

En función de esa información, el 20 de agosto de 2002, el Departamento de Estado publicó bajo el título de *Argentina Declassification Project*, 4,677 documentos sobre las relaciones bilaterales con la Argentina entre 1975 y 1984, que incluían más de 2 mil telegramas entre la embajada estadounidense en Buenos Aires y el Departamento de Estado, 400 *memcons* entre funcionarios del gobierno y militantes, abogados, políticos y hombres de negocios, más de 200 pedidos al Congreso norteamericano realizados por familiares de las víctimas, más de 500 cartas entre familiares de víctimas argentinas y organismos no gubernamentales norteamericanos, decenas de informes y evaluaciones de las oficinas de Derechos Humanos, y otros provenientes directamente de la Casa Blanca.[55]

La difusión pública de los documentos producidos por las diversas dependencias del gobierno de los Estados Unidos se inscribió en el nuevo contexto interpretativo mencionado, abierto en la conmemoración del vigésimo aniversario del golpe de Estado de 1976, al evidenciar los intereses económicos y políticos locales e internacionales que confluyeron en el golpe de Estado; las relaciones entabladas por diversos actores de poder con el plan represivo de la dictadura y, específicamente, con el sistema clandestino; el papel jugado en ese plano por las diversas administraciones norteamericanas y, en contrapartida, los esfuerzos de quienes

---

54 Para un análisis del proceso de desclasificación de los archivos del gobierno estadounidense sobre América Latina, véase Benedetta Calandra, "'This is a part of our history we are not particularly proud of': Los proyectos de desclasificación estadounidenses (1993-2002)", en Eugenia Allier y Emilio Crenzel, eds. *Las luchas por la memoria en América Latina. Historia reciente y violencia política* (México: Universidad Nacional Autónoma de México, en prensa).

55 Véase Department of State, Office of the Spokesman, Press Statement, *Argentina: Declassification of Documents Related to Human Rights Abuses Occurring Between 1975-1984*, 2002, consultado el 25 de mayo de 2011, http://2001-2009.state.gov/r/pa/prs/ps/2002/12863.htm. También Benedetta Calandra, "'This is a Part of our History we are not particularly proud of'", 10.

denunciaban las desapariciones y buscaban detener los crímenes de Estado.

De este modo, el descubrimiento de nuevos archivos, como el de la Dirección de Inteligencia de la Provincia de Buenos Aires, la desclasificación de los archivos del gobierno de los Estados Unidos sobre Argentina y la estrategia de recolección de testimonios y documentos que guió la conformación de nuevos archivos, como el de las Abuelas de Plaza de Mayo o el de *Memoria Abierta*, permitieron situar el caso argentino de "ascenso a los extremos", las desapariciones y los crímenes de Estado, en una trayectoria histórica más amplia que permitía visualizar continuidades y rupturas en las dinámicas represivas previas, enmarcarlas en luchas políticas y relaciones de fuerza, más allá de los límites de la periodización, trazada por el informe *Nunca Más* y el juicio a las Juntas militares, que proponía al 24 de marzo de 1976, fecha del golpe, como el inicio de las violaciones a los derechos humanos.

Tanto en el descubrimiento y la desclasificación de archivos existentes sobre la represión que contienen información sobre los desaparecidos como en la constitución de archivos nuevos sobre los desaparecidos, tuvieron un papel decisivo los organismos de derechos humanos. Este actor asumió en sus manos la búsqueda por ampliar la verdad sobre este pasado y sus protagonistas, en un contexto en el cual el Estado argentino había abandonado, tras el dictado de los Indultos por el presidente Menem en 1990, su interés por investigar las violaciones a los derechos humanos, administrar justicia, transmitir la memoria de los crímenes de Estado, y recolectar y poner a disposición pública los documentos relativos a los desaparecidos y la represión.

Los archivos que vieron la luz en el período permitieron confirmar la amplia acepción que, en el contexto de la Guerra Fría, comprendía el concepto de subversión para las Fuerzas Armadas, y enmarcar a las desapariciones y al plan represivo como producto de determinaciones que excedieron al poder militar e involucraron a diversos actores de las clases dominantes y de la sociedad política y civil local, así como el apoyo de los Estados Unidos —que impulsaba la implantación de dictaduras militares para enfrentar la agudización de los conflictos políticos y sociales en el Cono Sur— y de diversas empresas trasnacionales. Por su parte, los nuevos archivos, conformados por iniciativa del movimiento de derechos humanos, se inscribieron en el proceso de repolitización de la identidad de los desaparecidos y, también, desafiaron la periodización de la violencia propuesta en la democracia temprana al proponer reconstrucciones biográficas y documentales que trascendían a la dictadura militar y que incorporaban los años previos, de intensa lucha política. De esta manera, los archivos hallados y los creados fueron restituyendo, por diversos caminos, a la política como clave explicativa de las violaciones a los derechos humanos y permitieron empezar a reconstruir un escenario, de actores y de intereses, cuya complejidad quedaba opacada bajo el prisma anterior con el cual se había acumulado y procesado la información sobre el pasado de violencia.

El Archivo Nacional de la Memoria

Desde 2003, con la llegada a la presidencia del peronista Néstor Kirchner, se abrió un nuevo contexto político en el tratamiento de las violaciones a los derechos humanos. Ello se manifestó cuando el Congreso de la Nación anuló las leyes de Punto Final y Obediencia Debida. Esta medida permitió reanudar los juicios penales por violaciones a los derechos humanos, clausurados desde los Indultos dictados por el presidente Menem en 1990.[56] En ese marco, el gobierno del presidente Kirchner estableció una fuerte alianza con la mayoría del movimiento de derechos humanos, que vio satisfechas varias de sus demandas: la reanudación de los juicios penales, el impuso oficial a la constitución de espacios de memoria, el apoyo a la lucha de las Abuelas de Plaza de Mayo para restituir la identidad de sus nietos apropiados por las fuerzas represivas, y los aportes oficiales de fondos. Varios de sus militantes y cuadros se integraron, con cargos, al gobierno. Por su parte, el gobierno fue legitimado, una y otra vez, por el apoyo de las figuras emblemáticas del movimiento humanitario a las políticas oficiales.

---

56 Hasta marzo de 2012, 244 personas, en su mayoría militares y policías, fueron condenadas, entre ellas los generales Jorge Videla, Antonio Bussi y Luciano Benjamín Menéndez y los marinos Jorge Acosta y Alfredo Astiz, represores emblemáticos en las provincias de Tucumán, Córdoba y la Escuela de Mecánica de la Armada. Véase Centro de Estudios Legales y Sociales, Terrorismo de Estado, a 34 años del golpe, consultado el 23 de octubre de 2012, http://www.cels.org.ar/comunicacion/?info=detalleDoc&ids=4&lang=es&ss=46&idc=1246.

Al reiniciarse los juicios penales se reunió nueva evidencia en el país y, también, la justicia argentina accedió a acervos que hasta entonces no había podido consultar, como el archivo constituido por la Comisión Interamericana de Derechos Humanos tras su visita de inspección a la Argentina, durante la dictadura, en septiembre de 1979. La Comisión Interamericana decidió en 2010, a fin de colaborar con los procesos judiciales reabiertos en el país, desclasificar 65 cajas con testimonios y denuncias de familiares de desaparecidos, entrevistas realizadas a dirigentes políticos y autoridades militares, minutas de sus visitas a dependencias militares denunciadas como centros clandestinos como la ESMA y otros materiales que recolectó durante su inspección. Para ello comenzó a elaborar un protocolo ya que la desclasificación de documentos del caso argentino supuso abandonar el principio de absoluta confidencialidad que la guiaba respecto de los documentos por ella recabados. La iniciativa de la justicia argentina creó un antecedente que abrió el camino para solicitudes similares de los poderes judiciales de los países del continente a los que la Comisión Interamericana de Derechos Humanos había inspeccionado décadas atrás, en el contexto de las guerras civiles y las dictaduras de seguridad nacional que gobernaban en la región, tras recibir denuncias por violaciones a los derechos humanos.[57]

Por último, con la reapertura de los juicios penales los documentos y testimonios reunidos en el archivo de la CONADEP se constituyeron nuevamente en un *corpus* probatorio clave y de consulta obligada.[58]

El archivo de la CONADEP había comenzado a ser digitalizado en 2000, proceso denominado por la Subsecretaría de Derechos Humanos de entonces "CONADEP II", por la información novedosa que, se esperaba, podía surgir en función de la agilización de las búsquedas informáticas de datos y por la inclusión en el archivo de fondos documentales sobre la represión depositados, hasta allí, en otros acervos. El proceso de digitalización puso fin a un archivo artesanal, basado en las capacidades mnemotécnicas del

---

57 Véase Alejandra Dandan, "Lo que encontró la CIDH, 32 años después", *Página/12* (29 de noviembre de 2011).
58 María Cristina Scacheri, entrevista con el autor, Buenos Aires, 3 de marzo de 2004.

archivero, y agilizó las búsquedas de información en el contexto de reiniciación de los juicios. En paralelo, el archivo se adecuó a las normas internacionales de preservación de documentación.[59]

En diciembre de 2003, en el marco de la Secretaría de Derechos Humanos, fue creado por decreto 1259 del Poder Ejecutivo Nacional, el Archivo Nacional de la Memoria. El perfil de las autoridades del archivo puso en evidencia la integración del movimiento de derechos humanos a la estructura del Estado en función de su alianza con los gobiernos de Néstor y Cristina Kirchner. Por ello, su gestión debe ser pensada en función de ideas y criterios compartidos por este conglomerado de actores. La importancia de sus fondos radica en que reúne el archivo de la CONADEP y el resto de los archivos existentes sobre las violaciones a los derechos humanos y sobre su procesamiento desde el retorno de la democracia, como los documentos recabado en el juicio a las Juntas militares, material que fue declarado intangible, es decir que "deberá conservarse sin cambios que alteren las informaciones, testimonios y documentos custodiados", según el decreto de creación del archivo.

Este nuevo acervo de la represión tiene entre sus objetivos "contribuir a mantener viva la historia contemporánea de nuestro país y sus lecciones y legados en las generaciones presentes y futuras" (artículo 3, inciso a), "fomentar el estudio, la investigación y difusión de la lucha contra la impunidad y por los derechos humanos" (artículo 3, inciso c) y convertirse en un "poderoso instrumento pedagógico para efectivizar el Nunca Más" (artículo 3, inciso g).[60]

La creación del Archivo Nacional de la Memoria recibió críticas especializadas desde el campo de la archivística que advertían que sus facultades y funciones se superponían con las

---

59 "Informatizan archivos", *Clarín*, 18 de febrero de 2000, 25. Este proyecto ya había sido presentado en el Congreso por el diputado radical Carlos Becerra. Véase Cámara de Diputados de la Nación 2316-D-97; "El *Nunca Más* II: la memoria digital", *Clarín*, 16 de febrero 1997, Segunda Sección, 13; y "Para ampliar la memoria del horror", *Página/12*, 17 de octubre de 2000, 13.

60 Decreto 1259, publicado en el Boletín Oficial el 17 de diciembre de 2003. Un año después, el archivo fue declarado "bien de interés nacional" por decreto 848/2004 del Poder Ejecutivo Nacional del 8 de julio de 2004, publicado en el Boletín Oficial, 13 de julio de 2004.

del Archivo General de la Nación y que, por ello, "rompía con los principios de integralidad, orden original y, probablemente, procedencia" además de tener por objetivos metas que rebasan y/o son ajenas a las funciones de un archivo.[61] De hecho, los artículos 5 y 6 del decreto de creación del archivo le otorgaban facultades para tener acceso directo y requerir a los órganos y dependencias de la administración pública, incluyendo las Fuerzas Armadas, testimonios y documentos obrantes en sus archivos. Asimismo, en el archivo intermedio, dependiente del Archivo General de la Nación, se encuentra información sobre diversas medidas represivas del Estado y denuncias por desaparición, entre otros documentos, las cuales en virtud de las facultades del Archivo Nacional de la Memoria deberían depositarse en él. Por otro lado, la creación del Archivo consagró el aislamiento preexistente de los documentos y testimonios reunidos por el Estado en los archivos de y sobre la represión y los crímenes de Estado del resto de los documentos de la historia nacional. Así, entre ambos acervos e historias se establece, por un lado, una relación de subordinación de la historia nacional a la de las violaciones a los derechos humanos y de relativa autonomía entre ambas.

Más allá de ello, la creación del Archivo Nacional de la Memoria en 2003 parecía proponer una innovación radical en el acceso a los documentos sobre la represión en general y sobre los desaparecidos en particular. En el contexto de los años ochenta, cuando bajo el gobierno de Alfonsín se llevaban adelante juicios penales por casos de violaciones a los derechos humanos, el archivo de la CONADEP había sido declarado de carácter "reservado" por resolución 851 del 15 de agosto de 1985. Por ende, sólo podían acceder a él los abogados que llevaban las causas por violaciones a los derechos humanos. Durante el gobierno de Menem, en agosto de 1989, por disposición número 61 del entonces subsecretario de Derechos Humanos, Guillermo Frugoni Rey, el archivo fue habilitado para la consulta de quienes acreditasen un interés legítimo o tuviesen derechos subjetivos que defender. A partir de allí, comenzó a recibir pedidos de acceso de los familiares de los desaparecidos. Tras la sanción de la Ley de Hábeas Data, varios

---

61 Mariana Nazar, "Archivos, memoria y derechos: reflexiones en torno al caso Argentino", *Comma*, no. 2 (2010): 150.

perpetradores reclamaron acceder al archivo para rectificar o corregir datos referidos a ellos, siendo, en todos los casos, sus pedidos denegados.[62]

En este contexto, los fundamentos de la creación del Archivo Nacional de la Memoria presentaban criterios de accesibilidad inéditos al poner su acervo a disposición de quienes pudieran probar un "interés legítimo" para acceder al mismo o, como particulares, pudieran probar un "interés científico, de investigación, cultural, histórico o funcional, que tenga por fin estudiar lo ocurrido en el marco del accionar de la represión estatal y el Terrorismo de Estado así como las respuestas sociales e institucionales al mismo".[63]

De este modo, los fondos del archivo se pusieron a disposición de un universo que trascendió a los familiares de las víctimas y a los interesados en las causas penales que procuran información sobre los desaparecidos y la represión en general. Específicamente, el decreto de creación legitimaba el interés de los investigadores del pasado reciente y ponía en primer plano el estudio de la historia contemporánea y la transmisión inter-generacional de la memoria como objetivos a los cuales el acervo pretendía contribuir.

Otros procesos parecían converger en la ampliación de la accesibilidad a los fondos con documentos sobre los desaparecidos. Por un lado, el 20 de febrero de 2006 por resolución 173 el Ministerio de Defensa dispuso autorizar el acceso a la documentación en poder de las Fuerzas Armadas que pudiese resultar de interés para las investigaciones de los delitos de lesa humanidad, levantando a esos efectos el secreto militar, y en 2009 el archivo documental de la CONADEP y otros fondos contenidos en el Archivo Nacional de la Memoria fueron declarados "Memoria del Mundo" por la UNESCO, es decir patrimonializados como bienes de la humanidad.[64]

---

62 Alicia Pierini, *1989-1999: diez años de derechos humanos* (Buenos Aires: Ministerio del Interior, 1999), 89-91; "Yabrán, mano de obra ocupada", *Noticias,* 21 de diciembre de 1996, 34-37; "Niegan solicitud a un represor", *Clarín,* 7 de julio 1997, 10.
63 Véase Ministerio de Justicia y Derechos Humanos, "Protocolo para la consulta pública de los fondos documentales del archivo nacional de la memoria", consultado el 8 de abril de 2013, www.derhuman.jus.gov.ar.
64 Para un resumen de las disposiciones de una comisión especializada de la UNESCO relativas a los archivos de la represión, véase González Quintana, Antonio (1998) "Los archivos de la seguridad del Estado de los desaparecidos regíme-

Sin embargo, y pese a la reciente inclusión de protocolos, hasta entonces ausentes, para solicitar la consulta del fondo documental, los criterios concretos de accesibilidad al Archivo Nacional de la Memoria se encuentran mediados por determinaciones no escritas a partir de las cuales las autoridades, de manera discrecional, facilitan o niegan el acceso a los fondos documentales. A esto se añade la ausencia en el país de una normativa que clasifique las condiciones de accesibilidad de los archivos.[65]

Estas restricciones en el suministro de información son especialmente sensibles en el caso de los datos referidos al sistema de desaparición y a los desaparecidos, y se focalizan en dimensiones específicas, de carácter político, que atraviesan las luchas por los derechos humanos. Estas restricciones ponen en evidencia que la construcción social de conocimiento sobre este crimen no sólo obedece a la ausencia de información o al ocultamiento de los archivos producidos por los perpetradores y reafirma la dimensión política que atraviesa la constitución de estos archivos y la difusión de la información basada u obrante en ellos. Es decir, afirma el reconocimiento de los diversos actores de que los archivos constituyen "poderosas herramientas de producción de sentido político".[66]

Sintéticamente, el Archivo Nacional de la Memoria no provee de información periódica sobre la cifra oficial de desaparecidos registrados.[67] La última información pública disponible fue suministrada en una nota de prensa escrita por su director. En ella señalaba que, para 2009, el Estado contabilizaba 7,140 desaparecidos, 1,336 ejecutados sumariamente, y 2,793 sobrevivientes de los centros clandestinos; además, poseía 1,541

nes represivos", París, UNESCO, consultado el 8 de abril de 2013, http://www.unesco.org/webworld/ramp/secret_spanish.htm.
65 Mariana Nazar, "Dictadura, archivos y accesibilidad documental. A modo de agenda", en Centro de Estudios Legales y Sociales, *Derechos Humanos en Argentina. Informe 2007* (Buenos Aires, Siglo XXI, 2007), 421.
66 En el mismo sentido, véase Graciela Karababikian, "Archivos y Derechos Humanos en Argentina", *Boletín del Archivo General de la Nación* 32, no. 119 (2007): 619-648.
67 Abordo estos tópicos en Emilio Crenzel, "From Judicial Truth to Historical Knowledge: The Disappearance of Persons in Argentina", *African Yearbook of Rhetoric*, no. 3 (2012): 53-64.

denuncias que estaban en evaluación.[68]

La restricción en la puesta a disposición pública de cifras oficiales actualizadas se enmarca en la lucha política en torno a las dimensiones de los crímenes de Estado. La dictadura primero negó y luego relativizó la cifra de desaparecidos, mientras los organismos de derechos humanos enarbolaron como emblema la existencia de 30,000 víctimas de este crimen, afirmando que muchos familiares no denunciaron por miedo, desconocimiento u otras razones la desaparición de sus parientes. La CONADEP, por su parte, contabilizó 8,960 casos, los cuales tras las depuraciones de los listados alcanzaron una cifra más reducida. Como sostiene Brisk, la medición de la cifra de desaparecidos está condicionada por la propia naturaleza clandestina del crimen, la negativa de los perpetradores a dar a conocer los registros obrantes en su poder, el rol que ciertos actores juegan enarbolando sus propias cifras en la esfera pública y los contextos políticos que enmarcan las disputas por este dato.[69] En ese sentido, en función de su alianza con los organismos humanitarios, el Estado a través del Archivo ha inhibido su potestad de publicitar las cifras en su poder, excepto de manera informal como en la nota de prensa citada.

Tampoco el Archivo Nacional de la Memoria brinda la información que posee en sus bases de datos sobre el compromiso político de los desaparecidos. La CONADEP y los juicios penales restituyeron su condición humana y de sujetos de derecho pero obliteraron sus compromisos políticos. Así, la postulación de su "inocencia" no abandonó la díada jurídica establecida por la culpabilización dictatorial de los desaparecidos. Conocer los compromisos políticos de los desaparecidos permitiría establecer la lógica política del exterminio, determinar la proporción de militantes encuadrados que hubo entre ellos y a qué organizaciones pertenecían, relacionar esos datos con sus perfiles de clase, con el lugar y el período institucional —antes o después del golpe de 1976— en que desaparecieron. Ello permitiría poner en discusión los argumentos que descartan todo compromiso radicalizado de

---

68 Véase Ramón Torres Molina, "Veinticinco años del informe de la Conadep", *Página/12*, 15 de septiembre de 2009.
69 Véase Alison Brisk, "The Politics of Measurement. The Contested Count of the Disappeared in Argentina", *Human Rights Quarterly* 16, no. 4 (1994): 676-692.

los desaparecidos, especialmente el guerrillero, o que postulan la preponderancia, tras el golpe de Estado, de las desapariciones de militantes de movimientos sociales ajenos a la guerrilla. En ambos casos, las teorías de la "guerra antisubversiva" y aquella de los "dos demonios", que propuso al marco de enfrentamiento entre la guerrilla y el Estado como causa de la implementación del sistema de represión ilegal, podrían ser revisitadas con información rigurosa.

En este punto, podría ser discutida también la periodización institucional que estableció la CONADEP y el juicio a las Juntas militares, que limitaron al período dictatorial las responsabilidades en las desapariciones, evitando examinar la génesis histórica de este sistema y cómo su estructuración se inscribió en la escalada de la represión estatal durante los gobiernos constitucionales peronistas entre 1973 y 1976.

Precisamente, la verdad jurídica sobre el sistema de desaparición presentó a las Fuerzas Armadas y al Estado dictatorial como sus responsables exclusivos. Ello edificó una imagen vertical de este sistema, en la cual el Estado dirigió sus violencias contra un "nosotros", la sociedad civil y política, que se transformó en su víctima como conjunto. Así, las responsabilidades criminales, políticas y morales de las corporaciones económicas, religiosas y políticas fueron desatendidas y otro tanto ocurrió con las de los hombres y mujeres corrientes.

Las dificultades para acceder al conjunto de las denuncias por desaparición impide una tarea de suma importancia que el propio archivo no ha impulsado: la revisión del perfil social de los desaparecidos trazado por la CONADEP, comisión que los clasificó mediante alternativas no excluyentes que combinaban categorías ocupacionales como "obreros" y "empleados", ocupaciones concretas como "abogados", "periodistas" o "docentes" y calificaciones ocupacionales genéricas como "profesionales". Ello fue fruto, en muchos casos, de la insuficiente información que brindaron los familiares y allegados de los desaparecidos, la ignorancia de los miembros de la Comisión de criterios sociológicos básicos, el escaso tiempo de que dispuso para su investigación, y la reproducción por parte de la CONADEP de las clasificaciones sociocupacionales utilizadas por las redes trasnacionales de derechos humanos. Desde entonces, esta información no fue reexaminada, pese a contar el Estado con instrumentos estadísticos para ello o con la posibilidad de recolectar nuevamente este dato, alternativa amenazada por el proceso de tránsito generacional. Esta información contribuiría a precisar el perfil de clase de los desaparecidos, aspecto también central para comprender la lógica de su exterminio.

El importante porcentaje de sobrevivientes amerita, también, su examen. Por un lado, como remarca Vezzetti, representa un porcentaje del total de desaparecidos registrados que evidencia la selectividad del crimen de la desaparición forzada respecto de los procesos de genocidio, como el perpetrado por los nazis, con los cuales se la asimila acríticamente.[70]

Por otro lado, mientras la CONADEP y los tribunales buscaron en los testimonios de los sobrevivientes pruebas objetivas y los acervos testimoniales y la literatura biográfica han puesto crecientemente a disposición pública sus memorias, se carece de una aproximación analítica sobre su perfil de clase, sus adscripciones políticas, o la mera distribución de su universo por lugar de cautiverio y año de liberación, información que el Archivo Nacional de la Memoria posee pero no pone a disposición pública. Estos datos, que podrían compararse con los del universo de desaparecidos, permitirían indagar si algún sector de las Fuerzas Armadas implementó una política selectiva con los desaparecidos y bajo qué premisas lo hizo, así como precisar la/s coyuntura/s política/s en las cuales se produjeron las liberaciones.

En síntesis, la constitución del Archivo Nacional de la Memoria representa un nuevo esfuerzo estatal para concentrar y centralizar los archivos existentes sobre la represión. Dada la inclusión en este fondo del archivo CONADEP y del material recabado durante el juicio a las Juntas militares y otros procesos penales, concentra buena parte de la información disponible sobre los desaparecidos. Sus metas otorgan explícitamente una legitimidad inédita a los investigadores del período para explorarlo y construir conocimiento en base a la información existente. Sin embargo, el carácter político de esta información, sus posibles usos en la escena pública y en el marco de la lucha, jurídica y política, por dotar de sentido a este pasado condicionan fuertemente su accesibilidad y, con ello, la posibilidad de elaborar conocimiento

---

70   Hugo Vezzetti, "Uses and Limits of the Figure of Genocide", *African Yearbook of Rhetoric*, no. 3 (2012): 53-64.

sobre lo acontecido. Estos límites, presentes a lo largo del proceso de construcción de conocimiento sobre las desapariciones, se evidencian ahora en la gestión compartida entre el Estado y los organismos de la información sobre la represión. Ello evidencia los obstáculos que persisten en el país, pese a las medidas excepcionales adoptadas para tramitar los crímenes de Estado, para inscribir en la historia y en la política al crimen y a sus víctimas. Es decir, para que emerja una política de la memoria, que implique a la historia y a la memoria de la política.

Conclusiones

La historia de la recuperación de archivos producidos por los perpetradores del sistema de desaparición forzada de personas y la elaboración de archivos sobre los desaparecidos supuso un proceso de reconstrucción de un crimen negado, cuyas víctimas se buscó confinar al olvido mientras sus responsables se imaginaron para siempre impunes.

De cierta forma, los archivos analizados en estas páginas son "archivos de la destrucción" pues condensan documentos e información de un mundo político y cultural, corporizado en las vidas de los desaparecidos, aniquilado por la violencia de Estado y deben su existencia a la necesidad de documentar la represión y los actos de ocultamiento y de destrucción documental ejercidos por los perpetradores de las desapariciones.

Los archivos de las diversas agencias estatales de inteligencia y de la burocracia estatal pero también los de ciertas empresas privadas jugaron un papel esencial en la persecución política y en la implementación del sistema de desaparición. Éste implicó la apropiación de documentos y acervos de sus víctimas y la actualización y constitución de nuevos archivos cuyo diseño prolongaba la tradición archivística de las fuerzas represivas pero cuya novedad estribaba en el registro minucioso de las víctimas de un crimen cuya naturaleza última era el exterminio.

Durante la dictadura las organizaciones locales y transnacionales de derechos humanos fueron constituyendo conocimiento y pruebas sobre los atributos, las prácticas y los responsables de la desaparición forzada de personas, mediante la recolección de testimonios y documentos que fueron recomponiendo la materialidad del crimen ocultado y negado. Posteriormente, las denuncias de los desaparecidos liberados por sus captores o los pocos que lograron fugar del sistema ilegal de represión iluminaron las fases clandestinas de este crimen al relatar las condiciones del cautiverio clandestino, develaron la existencia de archivos minuciosos en poder de los responsables de las desapariciones e iluminaron la naturaleza última, el exterminio mayoritario de los desaparecidos.

Tras recuperarse la democracia política en 1983, la creación de la CONADEP supuso la concentración y centralización de los acervos sobre los desaparecidos, dispersos hasta entonces en el país y en el exterior, así como la recolección de nuevas denuncias provenientes de una diversidad mayor de actores: familiares de desaparecidos del interior del país o de los conurbanos de las grandes ciudades, sobrevivientes de los centros clandestinos, vecinos y otros testigos y unos pocos perpetradores. Asimismo, la Comisión constituyó un archivo fotográfico inédito que reunió fotografías de los desaparecidos, de algunos represores y de los centros clandestinos.

El *corpus* documental del archivo de la CONADEP jugó un rol sustantivo en el plano de la justicia penal, territorio central en el tratamiento de las violaciones a los derechos humanos en la Argentina. Fue utilizado en el juicio a las Juntas militares, cuya sentencia confirmó su validez y calidad probatoria, y a él recurrieron el Equipo Argentino de Antropología Forense y el Banco Nacional de Datos Genéticos, constituidos para identificar restos de desaparecidos y para identificar y restituir la identidad de los hijos de los desaparecidos apropiados por sus captores.

Tras la clausura del tratamiento judicial de las violaciones a los derechos humanos que los indultos dictados por el presidente Menem en 1990 parecieron imponer, se fueron multiplicando los archivos sobre la represión y sobre los desaparecidos. Este proceso fue fruto de hechos azarosos, como el descubrimiento de determinados fondos documentales, pero en los casos más importantes fue el resultado de las luchas de las organizaciones locales y transnacionales de derechos humanos, como el hallazgo de los "Archivos del Terror" en Paraguay, la desclasificación de los archivos del gobierno de los Estados Unidos, o los archivos de la Dirección de Inteligencia de la Policía de la provincia de Buenos Aires, los cuales alumbraron acervos cuya existencia se presentía. En otros casos, como el Archivo Biográfico Familiar de Abuelas de

Plaza de Mayo o el archivo de Memoria Abierta, su constitución fue fruto de una estrategia deliberada de las organizaciones de derechos humanos.

Todos estos archivos y acervos sirvieron a las causas judiciales por violaciones a los derechos humanos. Sin embargo, la estrategia de recolección, almacenamiento y uso de sus documentos y testimonios fue trascendiendo los marcos de los tribunales. Específicamente, estos archivos fueron diseñados con la intención de contribuir a la memoria social de ese pasado; su documentación escrita y oral fue leída bajo una nueva interpretación de las desapariciones y los desaparecidos que trascendió la reconstrucción de los abusos que sufrieron al reponer sus biografías políticas; fueron más allá de la periodización utilizada a partir del archivo de la CONADEP para juzgar y condenar a las Juntas militares, al incluir la historia del proceso de violencia y represión previo a la dictadura; y comenzaron a alumbrar el abanico de intereses y relaciones que, más allá de las Fuerzas Armadas, tuvieron responsabilidad en las desapariciones y los crímenes de Estado.

La constitución del Archivo Nacional de la Memoria bajo la presidencia de Néstor Kirchner en 2003, se enmarcó en un nuevo contexto político signado por la reapertura de los procesos penales por violaciones a los derechos humanos y por una fuerte alianza entre el movimiento de derechos humanos y el gobierno. Mientras los enunciados que constituyeron el Archivo reconocen la condición histórica de los documentos y testimonios reunidos en su fondo legitimando la intervención académica, su uso por parte de los investigadores continua regulado por las determinaciones de sus autoridades. Como consecuencia de ello, la producción de conocimiento se ve mediada por la existencia de datos sensibles cuya manipulación y difusión pública, se imagina, intervendrían en el curso de la lucha política en torno al sentido de este pasado.

De algún modo, algunas de esas prevenciones como la no difusión del número de desaparecidos registrados o la obliteración de los compromisos políticos de los desaparecidos, muestran también la vigencia del discurso dictatorial que hizo de la relativización del número de víctimas un argumento para menguar sus responsabilidades, como si la cifra del crimen evitaría su condena, y de la estigmatización y culpabilización de los desaparecidos, por sus adscripciones militantes, la justificación de su destino. Ello nos habla de las limitaciones que, pese a los avances reseñados, persisten en el país para la asunción de la condición universal de los derechos humanos.

Seguramente se descubrirán o saldrán a la luz pública otros archivos que permitirán agudizar las interpretaciones actuales sobre las desapariciones, los desaparecidos y los tiempos de violencia: Archivos estatales, de las fuerzas represivas, de empresas privadas, de la Iglesia Católica argentina, archivos de Estados relevantes en las pujas políticas de entonces, como Cuba o el Vaticano, que seguramente almacenan información y documentos valiosos sobre el conocimiento que circulaba en la izquierda revolucionaria y en la Iglesia Católica contemporáneamente sobre el funcionamiento del sistema de desaparición.

Lejos de la ilusión positivista de encontrar en estos archivos "la verdad", estos acervos seguramente permitirán comprender mejor este crimen singular. Pero esta posibilidad, como se remarcó, no está sólo vinculada a la búsqueda y hallazgo de uno o varios documentos claves. Está atravesada por la dimensión política de los archivos, de sus documentos, de sus testimonios, y por la vigencia de la lucha política sobre el sentido de este pasado y sus protagonistas. Prueba de ello es la cantidad de preguntas sobre las desapariciones y los desaparecidos que todavía no tienen respuesta pese a que la posibilidad de contestarlas está, hoy, al alcance de la mano en los archivos disponibles.

Bibliografía

Aguiló, Federico. *Nunca Más para Bolivia*. Cochabamba: Universidad Mayor de San Simón, 1993.

Amnesty International. *Testimonios sobre los campos secretos de detención en Argentina*. Barcelona: Amnesty International, 1980.

Amnesty International. *The Disappeared of Argentina: list of cases to Amnesty International. March 1976–February 1979*. Nueva York: Amnesty International, 1979.

Ariés, Philippe. *Western Attitudes Toward Death: From the Middle Ages to the Present*. Baltimore: Johns Hopkins University Press, 1974.

Arquidiócesis de San Pablo. *Brasil: Nunca Mais*. Petrópolis: Vozes, 1985.

Basualdo, Victoria. *Complicidad patronal-militar en la última dictadura argentina: Los casos de Acindar, Astarsa, Dálmine Siderca, Ford, Ledesma y Mercedes Benz*. Buenos Aires: CTA–FETIA, 1996.

Brisk, Alison. "The Politics of Measurement. The Contested Count of the Disappeared in Argentina". *Human Rights Quarterly* 16 (1994), 676–692.

Caimari, Lila. *Apenas un delincuente. Crimen, castigo y cultura en la Argentina 1880-1955*. Buenos Aires: Siglo XXI, 2004.

Calandra, Benedetta. "This is a part of our history we are not particularly proud of: Los proyectos de desclasificación estadounidenses (1993-2002)". En *Las luchas por la memoria en América Latina. Historia reciente y violencia política*, editado por Eugenia Allier y Emilio Crenzel. México: Universidad Nacional Autónoma de México (en prensa).

Catela da Silva, Ludmila y Elizabeth Jelin, comps. *Los archivos de la represión: Documentos, memoria y verdad*. Madrid: Siglo XXI, 2002.

Catela da Silva, Ludmila. "Etnografía de los archivos de la represión en la Argentina". En *Historia Reciente. Perspectivas y desafíos para un campo en construcción*, compilado por Marina Franco y Florencia Levín, 183-220. Buenos Aires: Paidós, 2007.

Comisión Argentina para la Defensa de los Derechos Humanos (CADHU). *Testimonios de los sobrevivientes del genocidio en la Argentina*. Barcelona: CADHU, 1979.

Comisión Nacional de Verdad y Reconciliación. *Informe de la Comisión Nacional de Verdad y Reconciliación*. Santiago de Chile: LOM, 1991.

Comisión Nacional sobre la Desaparición de Personas (CONADEP). *Nunca Más. Informe de la Comisión Nacional sobre la Desaparición de Personas*. Buenos Aires: EUDEBA, 1984.

Crenzel, Emilio *La historia política del Nunca Más. La memoria de las desapariciones en la Argentina*. Buenos Aires: Siglo XXI, 2008.

Crenzel, Emilio. "From Judicial Truth to Historical Knowledge: The Disappearance of Persons in Argentina". *African Yearbook of Rhetoric*, no. 3 (2012): 53-64.

Crenzel, Emilio. *Memory of the Argentina Disappearances: The Political History of Nunca Más*. Nueva York: Routledge, 2011.

Cruz, María Angélica. "Silencios, contingencias y desafíos: el archivo de la Vicaría de la Solidaridad en Chile". En *Los archivos de la represión: Documentos, memoria y verdad*, compilado por Ludmila Catela da Silva y Elizabeth Jelin, 137-178. Madrid: Siglo XXI, 2002.

Fernández, Rodolfo Peregrino. *Autocrítica policial*. Buenos Aires: El Cid Editor, 1983.

Franco, Marina. *Un enemigo para la nación. Orden interno, violencia y "subversión", 1973-1976*, Buenos Aires: Fondo de Cultura Económica, 2012.

Funes, Patricia. "Medio siglo de represión. El archivo de Inteligencia de la Policía de la Provincia de Buenos Aires". *Puentes* 11 (2004), 34-43.

García Ferrari, Mercedes. *Ladrones conocidos / Sospechosos reservados. Identificación policial en Buenos Aires, 1880-1905*. Buenos Aires: Prometeo, 2010.

González Quintana, Antonio, *Los archivos de la seguridad del Estado de los desaparecidos regímenes represivos*, 1998. http://www.unesco.org/webworld/ramp/secret_spanish.htm.

González, Miriam. "Los archivos del terror del Paraguay. La historia oculta de la represión". En *Los archivos de la represión: Documentos, memoria y verdad*, compilado por Ludmila Catela da Silva y Elizabeth Jelin, 85-114. Madrid: Siglo XXI, 2002.

Guembe, María. "Economic Reparations for Grave Human Rights Violations: The Argentinean Experience". En *The Handbook of Reparations*, edited by Pablo De Greiff, 21-54. Oxford: Oxford University Press, 2006.

Halbwachs, Maurice. *La memoria colectiva*. Zaragoza: Prensas Universitarias de Zaragoza, 2004 [1950].

Izaguirre, Inés. *Los desaparecidos, recuperación de una identidad expropiada*. Buenos Aires: Instituto de Investigaciones Gino Germani, Universidad de Buenos Aires, 1992,

Karababikian, Graciela. "Archivos y Derechos Humanos en Argentina". *Boletín del Archivo General de la Nación* 32, no. 119 (2007), 619-648.

Keck, Margaret y Sikkink Kathryn. *Activists Beyond Borders: Advocacy Networks in International Politics*. Ithaca: Cornell University Press, 1998.

Lima, Samarone. "Clamor: la colcha de retazos de la memoria". En *Los archivos de la represión: Documentos, memoria y verdad*, compilado por Ludmila Catela da Silva y Elizabeth Jelin, 115-136. Madrid: Siglo XXI, 2002.

Markarian, Vania e Isabel Weschebor Pellegrino, eds. *Archivos y derechos humanos. Los casos de Argentina, Brasil y Uruguay*. Montevideo: Archivo General de la Universidad de la República, 2009.

Markarian, Vania. *Left in Transformation: Uruguayan Exiles and the Latin American Human Rights Networks, 1967-1984*. New York: Routledge, 2005.

Nazar, Mariana. "Dictadura, archivos y accesibilidad documental. A modo de agenda". En Centro de Estudios Legales y Sociales, *Derechos Humanos en la Argentina. Informe 2007*, 414-424. Buenos Aires: Siglo XXI, 2007.

Nazar, Mariana. "Archivos, memoria y derechos: reflexiones en torno al caso Argentino". *Comma*, no. 2 (2010): 145-158.

Obregón, Martín. *Entre la cruz y la espada: La Iglesia católica durante los primeros años del "Proceso"*. Quilmes: Universidad Nacional de Quilmes, 2005.

Payne, Leigh. *Unsettling Accounts: Neither Truth nor Reconciliation in Confessions of State Violence*. Durham: Duke University Press, 2008.

Pierini, Alicia. *1989-1999: diez años de derechos humanos*. Buenos Aires: Ministerio del Interior, 1999.

Rojkind, Inés. "La revista Controversia: reflexión y polémica entre los argentinos exiliados en México". En *Represión y des-*

tierro. *Itinerarios del exilio argentino*, editado por Pablo Yankelevich, 239-243. La Plata: Al Margen, 2004.

Roniger, Luis y Sznajder, Mario. *The Legacy of Human Rights Violations in the Southern Cone: Argentina, Chile, and Uruguay*. Oxford: Oxford University Press, 1999.

Servicio de Paz y Justicia. *Uruguay Nunca Más*. Montevideo: SERPAJ, 1989.

Somigliana, Carlos. "Apuntes sobre la importancia de la actuación del Estado burocrático durante el período de desaparición forzada de personas en la Argentina". *Taller. Revista de sociedad, cultura y política* 5, no. 14 (2000), 9-19.

Steiner, George. *Language and Silence. Essays on Language, Literature, and the Inhuman*. New York: Atheneum, 1967.

Veiga, Raúl. *Las organizaciones de Derechos Humanos*. Buenos Aires: Centro Editor de América Latina, 1985.

Verbitsky, Horacio. *El vuelo*. Buenos Aires: Planeta, 1995.

Vezzetti, Hugo. "Uses and Limits of the Figure of Genocide". *African Yearbook of Rhetoric* 3 (2012), 53-64.

Vezzetti, Hugo. *Pasado y presente. Guerra, dictadura y sociedad en la Argentina*. Buenos Aires: Siglo XXI, 2002.

Vilariño, Raúl. *Yo secuestré, maté y ví torturar en la Escuela de Mecánica de la Armada*. Buenos Aires: Editorial Perfil, 1984.

Plotting a Fire: The Burning of Mexico's *Cineteca Nacional* and the Idea of a Self-Destructing Archive[1]

Javier Villa-Flores

University of Illinois at Chicago

The destruction by fire in 1982 of the *Cineteca nacional*, the largest repository of art film in Mexico, constituted the lowest point of an era characterized by censorship, lack of funding, and the virtual dismantling of the state cinema apparatus.[2] More than 6,500 films —of which about 3,000 were Mexican features and historical footage— went up in flames along with a still unspecified number of human bodies. Also lost were the *cineteca*'s library, which included close to 9,000 specialized books and rare journals, more than 2,000 film scripts, and precious documentation on the history of film production, distribution and censorship in Mexico.[3]

---

1 Research for this paper was supported by a Dean's Award for Faculty Research in the Humanities, College of Liberal Arts and Sciences, University of Illinois at Chicago. Many thanks to Salomé Aguilera-Skvirsky, Carlos Aguirre, Claudio Lomnitz, and Alejandro L.Madrid for their comments and criticism.
2 Joanne Hershfield, "Mexico," in *The International Movie Industry*, ed. Gorham Anders Kindem (De Kalb: Southern Illinois University, 2000), 283.
3 A conservative estimate by reporter Armando Mora included: "1,476 expedientes (...): 119 expedientes de peliculas nacionales, no existentes en el acervo; 113 de filmes extranjeros, en iguales circumstancias, 6,176 fotografias de filmes mexicanos catalogados por títulos y elencos; 29,748 fotografías catalogadas únicamente por el título (...); 11,750 fotos de personalidades nacionales y extranjeras; 14,000 fotomontajes de películas en español; 3,480 carteles; 3,200 carpetas publicitarias, etc." Armando Mora, "Reharían la cineteca," *Esto*, March 28, 1982.

Besides almost destroying the entire film production of Juan Orol, the fire consumed, among other things, rare hand-painted prints, drawings by Sergei Eisenstein, artwork by Diego Rivera, historical footage of the Mexican Revolution and the Cristero War, murals, and historic cinematographic equipment.[4]

The fire occurred on March 24, 1982 during an evening screening of Andrzej Wajda's *The Promised Land* in the theater "Fernando de Fuentes" of the *cineteca*. Shortly before 7 p.m., two fire stations close to the archive received emergency calls about a possible fire. While authorities started to evacuate people from the theatres and the other facilities inside the archive building, the firemen identified the four vaults as the source of heat. There were explosions heard within a radius of three kilometers, creating a sense of panic in the upper middle class neighborhood of Colonia Country Club.[5] Across the *cineteca*, employees of a baby day-care center worked hard to evacuate 160 children. Five helicopters flew over the site all night long, while more than 25 ambulances tried to beat the ensuing traffic jam to carry the injured. The available water was rapidly used up, and the fear of new explosions forced firemen to watch hopelessly as the flames claimed several human lives, including that of the Chief Fireman, who had been trapped in Vault 1.[6] The fire lasted 14 hours, bringing about flames 50 meters high, and reaching a temperature of more than 3,600 Fahrenheit which easily melted the building's iron beams.

News of the disaster brought about a complex palette of emotions ranging from anger and indignation to profound depression among actors, directors, and film producers. Journalists and political commentators did not hesitate to describe the destruction of the *cineteca* as "the most terrible cultural loss in

---

4   Fernanda Sánchez Arévalo, "La cineteca nacional. Arte y Cultura en movimiento: reportaje" (Tesis de licenciatura en comunicación. Universidad del Valle de México. México, 1996). Among the equipment consumed by the fire was the camera used by photographer Gabriel Figueroa to film *María Candelaria*.
5   Anonymous, "Al arder la *cineteca* se perdió el archivo fílmico de México," *El Heraldo de México*, March 26, 1982. The *cineteca* was located at the corner of Río Churubusco and Tlalpan Avenue, a heavily transited intersection.
6   Manuel Olivares and Enrique Valencia, "160 niños de la casa de cuna estuvieron en grave peligro," *El Sol de Mexico*, mediodía, March 25, 1982. According to other accounts, the number of children was 300. See Anonymous, "El cine mexicano, sin historia," *Esto*, March 25, 1982, 31-32.

modern Mexican history."⁷ Massive media coverage offered multiple explanations for the fire: a grease fire in a nearby restaurant, an electrical short circuit, and even sabotage. Discarding the possibility of foul play, authorities attributed the cause of fire to an act of "spontaneous combustion," thus transforming the National Film Archive into a cellulose nitrate self-destroying machine. More than thirty years later, the cause of the fire, the exact number of the dead, and the materials lost are still a matter of debate.⁸ Based on newspapers and official reports of the time, this chapter analyzes the complicated process of explaining and mourning the loss of an archive. It focuses in particular on the analysis of the production, circulation, and consumption of competing narratives to explain the tragic demise of the archive. Following Charles Tilly, I am less interested in evaluating the plausibility and coherence of the reasons offered, than in understanding their "appropriateness" in light of the changing relationship between citizens and the Mexican state. Regardless of their content, reasons are generally judged according to their appropriateness to the equality, inequality, intimacy or distance of the relationship between reason givers and receivers.⁹ In depicting the nation's film repository as an archive that could not help but to destroy itself, authorities were not only naturalizing the risk entailed in archiving; they were also making a statement about the authoritarian nature of their relationship with Mexican citizens. The trouble was that the character of such relationship was being redefined when the archive exploded.

Why to Archive Film? Cinema as "Cultural Heritage"

As in the case of other film archives, the foundation of the *Cineteca nacional* responded both to a renewed concern with

---

7   Patrick Robertson, *The Guiness Book of Movie Facts and Feats* (New York: Abbeville Press, 1991),13.
8   See, for instance, the wide media coverage of the recent release of *Los rollos perdidos* (2012) by Gibrán Bazán, which includes valuable interviews with film critics, employees, and witnesses to the fire.
9   Charles Tilly, *Why? What Happens When We Give Reasons... and Why* (Princeton: Princeton University Press, 2006), 45.

film as "cultural heritage" and new international ideas about film preservation. The early generations of film archivists justified their work by making fervent appeals to consider film not only as entertainment, but also as a form of art and history.[10] After the creation of the International Federation of Film Archives (FIAF) in 1938, collecting, preserving, and conserving film became increasingly associated with national pride, identity, and authenticity. However, in contrast to other cultural institutions such as libraries and museums, film archives set themselves apart by their emphasis on preservation as their main reason for existence. Much of their collections are on deteriorating nitrate or acetate stock, a fact that endowed the preservation imperative with a sense of urgency.[11]

Until the 1950s, film was made of cellulose nitrate, a famously unstable and highly flammable compound that demanded careful regulations of transportation, use, and storage to prevent its decay. Cellulose nitrate base film can "self-ignite" at temperatures only slightly above 38°C (100°F). Such "spontaneous" combustion requires, however, advanced states of film decomposition, as fire is rarely caused by cellulose nitrate in good condition. While decomposing, nitrate film gives off nitric oxide, nitrogen dioxide, and other gases that may cause eye and respiratory irritation, rashes, vertigo, nausea, and headaches. According to a Kodak manual for storing and handling nitrate film, cellulose nitrate must never be stored in airtight containers, for gas buildup "makes a kind of pressure cooker of the film can in which it rests."[12] Once ignited, nitrate fire is almost impossible to put out. Nitrate film burns 20 times as fast as wood, and contains sufficient oxygen to continue burning underwater. In the 1960s, film archivists coined the phrase "nitrate won't wait" to draw attention to the film's extreme flammability and self-decomposing nature and to raise funds to

---

10 Caroline Frick, *Saving Cinema: The Politics of Preservation* (Oxford: Oxford University Press, 2011), 5; Karen F. Gracy, *Film Preservation: Competing Definitions of Value, Use, and Practice* (Chicago: Society of American Archivists, 2007), 20 and 87.
11 Gracy, *Film Preservation*, 18-19.
12 Kodak Company, "Storage and Handling of Processed Nitrate Film." Kodak Company, accessed 2 August 2013, http://motion.kodak.com/motion/Support/Technical_Information/Storage/storage_nitrate.htm.

preserve the world's film heritage in archives.[13]

In Latin America, organizations functioning as archives embraced the urgent call promoted by FIAF to preserve moving images, but also emphasized the need to exhibit their film collections as vehicles to promote national cinema and fend off cultural imperialism. Throughout the 1970s and 1980s, representatives of Latin America in FIAF congresses repeatedly questioned the necessity of devoting all archiving energies to preservation. In their eyes, films were not "museum rarities" to be put away, but vehicles of nationalism and propaganda that demanded dissemination to defend national culture against foreign influence.[14] In Peru, Argentina, Guatemala, Venezuela, Paraguay and Chile, film archival institutions preferred to call themselves *cinetecas*, *filmotecas*, or *cinematecas* to emphasize their dual emphasis on exhibition as well as collection and preservation.[15] National film screening became a political imperative as important as conservation and safeguarding.[16]

Film Archiving in Mexico

In the case of Mexico, the tasks of archiving and exhibiting films were closely connected to the post-revolutionary state's never-ending pursuit of national prestige and modernity, and to the

---

13 Anthony Slide, *Nitrate Won't Wait: Film Preservation in the United States* (Jefferson, North Carolina: McFarland and Company, 1992), 1-3; Jean-Louis Bigourdan, "From the Nitrate Experience to New Film Preservation Strategies," in *This Film is Dangerous: A Celebration of Nitrate Film*, eds. Roger Smither and Catherine A. Surowiec (Brussels: FIAF, 2002), 52-73.
14 Frick, *Saving Cinema*, 114, 165.
15 Gracy, *Film Preservation*, 18.
16 On March 23, 1965, in Mar de la Plata, Argentina, representatives of several film archives in Latin America created the Unión de Cinematecas de América Latina (UCAL) with the purpose of promoting a policy of regional integration and growth of these institutions. Among the signers were representatives of the following institutions: Cinemateca Argentina, Instituto Nacional de Cinematografía de Argentina, Cinemateca Brasileña de Sao Paulo, Cinemateca Universitaria de Chile, Departamento de Cinematografia de la Universidad Nacional Autónoma de México, Cinemateca de la Universidad del Perú, and Cinemateca Uruguaya. Anonymous, "Los archivos de filmes," *Cineteca Nacional* (Mexico City: Dirección de Cinematografía-Secretaría de Gobernación, 1974), 14.

promotion of official ideology and propaganda. In 1936, President Lázaro Cárdenas founded the first National Film Archive as part of a larger program of state intervention in motion picture promotion and protection. His successor, Manuel Ávila Camacho, helped establish the world's first film-financing cinema bank in 1942, a state-run institution originally included in earlier Cardenista plans.[17] In 1949, a Film Industry Law decreed the establishment of a film archive under the jurisdiction of the Bureau of Cinematography of the Ministry of the Interior, and required producers to donate to the yet-to-be-created archive a print of films seeking a commercial exhibition permit.[18] This legal mechanism was known as "legal deposit," but it was only enforced until 1964, ten years before the *Cineteca* saw the light of day. Clearly, the first archiving efforts in cinema were related not only to the lofty ideals of preserving the nation's patrimony, but also to the mundane task of film censorship by the state.[19] In 1960, the UNAM (Mexico's National University) created its own film archive, the *Filmoteca*, and entrusted it with the task of locating, acquiring, restoring, and exhibiting Mexican films. A few years later, in 1967, the Instituto Nacional de Antropología e Historia (INAH) created a *Cinemateca* to hold films produced by this institution, as well as to exhibit new cinema.[20]

The *Cineteca Nacional* was inaugurated on January 17, 1974, following the conversion of two old sound stages of the Churubusco Studios. The facilities of the film archive included three

---

17 Carl Mora, "Motion Pictures: 1930-1960," in *Concise Encyclopedia of Mexico*, ed. Michael S. Werner (New York: Routledge, 2001), 505.
18 See *Ley y Reglamento de la Industria Cinematográfica* (Mexico City: Secretaría de Gobernación, 1962); Virgilio Aunduiza, *Legislación cinematográfica mexicana* (Mexico City: Filmoteca de la Universidad Nacional Autónoma de México, 1984).
19 Magdalena Acosta, "Legal Deposit in Mexico," *Journal of Film Preservation* 23 (2007), 57.
20 Anonymous, "Los archivos de film en México," 17. The *Cinemateca* of the INAH should not be confused with the institution of the same name created by Carmen Toscano. In 1963, the daughter of the famous filmmaker Salvador Toscano organized a short-lived *Cinemateca* funded by private contributions. Located in the old palace of Communications, the young institution never had the approval of President Díaz Ordaz, and it was forced to vacate its premises upon his inauguration in December 1964. See Carl J. Mora, *Mexican Cinema: Reflections of a Society, 1896-1988*, rev. ed. (Los Angeles: University of California Press, 1989), 41.

film theaters, a library with 5,500 books on film and television, office space, a gallery, four vaults, a laboratory for film repair and conservation, a specialized bookshop, and a coffee shop.[21] The Bureau of Cinematography was located on the second floor, as well as the public records office. The *Cineteca* had two theaters open to the public, the "Fernando de Fuentes" and the "Salón Rojo," which together were able to seat more than 714 people per screening. A third room, the "Salvador Toscano," was available for staff and researchers, while three other small rooms were reserved for private use. The *Cineteca*'s holdings consisted of only 1,476 films at the time of its inauguration. However, this figure had quintupled by 1978 through the enforcement of "legal deposit," donations, and direct acquisitions. Over 120 people worked in the archive.[22]

Heralded by Luis Echeverría's regime as "the culmination of [national] revolutionary art,"[23] the *Cineteca* was a crucial ingredient of his project to nationalize cinema in an effort to restore confidence in the state, co-opt intellectuals, and legitimize his so-called "democratic aperture" following the Tlatelolco massacre of 1968. In 1971, under the guidance of the actor Rodolfo Landa (the president's brother and director of the Banco Cinematografico), a plan had been introduced to nationalize the industry and encourage

---

21 "Discurso del director general de cinematografía licenciado Hiram García Borja," *Cineteca Nacional*, 9.
22 "Envía Doña Margarita López Portillo Condolencias a los Deudos de las Víctimas. Y algo de historia sobre la ex Cineteca ," *La Prensa*, March 26, 1982. The estimate of the number of films held in the *Cineteca* is based on the official reports of activities issued by this institution in 1974 and 1978. Starting in 1979, the *Cineteca* stopped publishing such reports, making it impossible to know the exact number and titles of the films held in storage at the time of the fire.
23 It is worth quoting in extenso this section of the inaugural speech delivered in 1974 by the president's brother, Rodolfo Echeverría (a.k.a. Rodolfo Landa), as it captures nicely the populist grandiloquence of the time: "La Cineteca es una culminación del arte revolucionario. Su fundación obedece a un largo proceso histórico donde los trabajadores, los artistas y el Gobierno han desplegado esfuerzos conjuntos para crear las condiciones indispensables al florecimiento del arte: hoy, varias décadas después de que se iniciara la primera filmación mexicana, el cine de nuestro país dispone de un instrumento precioso para desarrollar una vasta tentativa artística capaz de armonizar, en intensidad y consistencia, con el ritmo histórico que caracteriza el régimen actual." "Discurso del C. Director del Banco Nacional de Cinematografía Rodolfo Echeverría Álvarez," *Memoria de la Cineteca Nacional* (Mexico City, 1974), 5-6.

Figure 1: Cineteca Nacional. Source: Memoria de la Cineteca Nacional (Mexico City: Dirección de Cinematografía-Secretaría de Gobernación, 1974), 31.

the production of films addressing social and political themes.[24] The State's project in cinema also included the establishment of three production companies with extensive financial resources,[25] the purchase of movie studios such as Churubusco and Estudios América, and the creation of a filmmaking school (the Centro de Capacitación Cinematográfica). The new policies also improved the advertising and promotion of films at home and abroad and

---

[24] The need for a socially committed cinema was emphasized by Rodolfo Echeverría in unequivocal terms: "La gratuidad estética ha dejado de ser un pecado venial para convertirse en un desafuero histórico. Para su bien o para su mal el cineasta no tiene más opción que juzgar su realidad." "Discurso del C. Director," Cineteca Nacional, 4. For a detailed discussion of Mexican cinema during the Echeverría period, see Alberto Ruy Sanchez, *Mitología de un cine en crisis* (Mexico City: Premia editora, 1981); Gustavo García, "Enemigos de las promesas. Decadencia y caída del cine mexicano," *Intolerancia* 1 (January-February, 1986): 28-30.

[25] Corporación Nacional de Cinematografía (CONACINE), Corporación Cinematográfica de Trabajadores y Estado (CONACITE I), and Corporación Nacional Cinematográfica de Trabajadores y Estado II (CONACITE II).

the distribution and screening of Mexican movies.[26] With state support, a new generation of critical filmmakers broke new ground thematically and artistically in bold revisionist movies such as *El Apando, Canoa, Las poquianchis, Actas de Marusia, La casta divina,* and *Reed: México insurgente.*[27] These films demonstrated "to the surprise of many critics, that the state could make serious and critical movies that avoided intellectual esotericism and in many cases became box-office hits."[28] As a crowning achievement of the state's new nationalist policies, the creation of the *cineteca* made real a long deferred dream of filmmakers and film critics. Tellingly, authorities selected a nationalist film, *El compadre Mendoza* (1933) by Fernando de Fuentes —which film critics credited as the best Mexican film ever made—, to be shown on the opening of the film archive.

The *Cineteca* was only three years old when newly elected president José López Portillo made the fateful decision of appointing his sister, Margarita, as head of a new government agency, the Directorate of Radio, Television and Cinema (RTC), which oversaw all state-owned media. Under the leadership of "La Macartita" —as she was known for her McCarthy style purges of film and television industries—, the new administration reversed Echeverría's policies, leaving the production, exhibition, and distribution of films in the hands of the private sector.[29] In a very short period, she began the dismantlement of the Banco Cinematográfico, imprisoned film functionaries Bosco Arochi, Carlos Velo, and Fernando Macotela (of

---

26 According to David R. Maciel, 80 percent of screen time was allotted to foreign films —mainly North American cinema— in 1970. Four years later, 50 percent of the exhibitions in Mexico City were now domestic productions. See David R. Maciel, "Cinema and the State in Contemporary Mexico, 1970-1999," in *Mexico's Cinema: A Century of Film and Filmmakers*, eds. Joanne Hershfield and David R. Maciel (Delaware: Scholarly Resources, 1999), 202.
27 The *nouvelle vague* ("new wave") included a host of important directors such as Jaime Humberto Hermosillo, Jorge Fons, Arturo Ripstein, Marcela Fernández Violante, Felipe Casals and Alberto Isaac.
28 Alan Riding, *Distant Neighbors: A Portrait of the Mexicans* (New York: Alfred A. Knopf, 1984), 310. However, not all topics were open to critical exploration in cinema. According to David R. Maciel, religion and the military remained off limits. See David R. Maciel, "Cinema," 203.
29 John Mraz, "Mexican Cinema of Churros and Charros," *Jump Cut: A Review of Contemporary Media*, no. 24 (1984): 23-24.

Figure 2: Theater Fernando de Fuentes. Source: *Memoria de la Cineteca Nacional* (Mexico City: Dirección de Cinematografía-Secretaría de Gobernación, 1974), 41.

Churubusco studios), Jorge Hernández Campos (of CONACINE), and seven other bureaucrats on false fraud accusations, closed down Conacite I and Conacite II, and even considered dissolving the filmmaking school.[30] Film quality decreased as censorship[31] and private investment dictated the production of low budget, lucrative, and formulaic comedies, soft porn, and drug-traffic films.[32] According to Joanne Hershfield, "the state financed only

---

[30] Marcela Fernández Violante, "Lágrimas y risas: la Ley Federal de Cinematografía de 1992," in *Conservación y legislación. Cuadernos de Estudios Cinematográficos*, ed. Armando Casas (Mexico City: Universidad Nacional Autónoma de México, 2007), 87; Carl J. Mora, "Mexican Cinema: Decline, Renovation, and the Return of Commercialism, 1960-1980," in *New Latin American Cinema*, ed. Michael T. Martin (Detroit: Wayne University Press, 1997), 62. The functionaries were accused of pilfering 4,500 million pesos (the amount was later "reduced" to 50 million) and spent some time in jail. In the end, the charges against the functionaries were dropped; Margarita never acknowledged that they had been unjustly imprisoned.

[31] "I detest the word censorship," Margarita quipped famously, "why not say 'supervision'." Carl J. Mora, "Mexican Cinema," 63.

[32] The decline of film quality was not immediate. Several important films were completed in the first two years of Margarita López Portillo's administration, including *Cadena perpetua*, *El lugar sin límites*, *Retrato de una mujer casada*,

seven films in 1982, while private investors funded fifty-seven."³³ The state withdrawal from the film industry was only aggravated when inflation, devaluation of the peso and the collapse of the price of oil brought about a drastic decrease of public expenditure of momentous consequences for the nation's film archive.

Conventions: A Self-Destructing Archive

Interviewed the night of the fire, Margarita declared to have known for a long time that the *cineteca* was sitting on "a time bomb" because of the nitrate film held in its basement. She attributed the fire to the *cineteca*'s poor design and claimed to have asked two years before for a special budget of 25 million pesos to build new vaults. According to Margarita, the government rebuffed her —even though México was still riding the petroleum wave prompted by the discovery of new deposits in 1977. By 1982 the cost of building new facilities had tripled and Margarita López Portillo blamed the "economic crisis" for the lack of appropriate vaults.³⁴

Margarita's statements had no pretense of providing an adequate causal account of the fire. Rather, she resorted to accepted formulas that demanded little to no technical knowledge from the audience. Charles Tilly has called this kind of reasoning of "stylized simplicity" *conventions*, which he characterizes as following rules of "appropriateness rather than of causal adequacy."³⁵ The acceptance of conventions depends less on their explanatory value, and more on their appropriateness to the relationship at stake. Generally, hierarchical etiquette dictates that a superior "need give no more than perfunctory reasons for actions that damage or threaten the inferior."³⁶ This is not the case, however, in times of political change, when the relationship between private citizens and the

---

Llovizna, En la trampa, Amor Libre, La Guerra Santa, and *Los indolentes.* All of these films were in production before Margarita took power. See David R. Maciel, "Cinema and the State," 208.
33 Joanne Hershfield, "Mexico," in Kindem, *The International Movie Industry,* 283.
34 Anonymous, "El cine mexicano, sin historia."
35 Charles Tilly, *Why,* 40.
36 Ibídem, 46.

Figure 3: "It was Built Upon a Time Bomb". Source: *unomásuno* March 25, 1982.

government is contested, and conventions might become not only "inappropriate" but downright patronizing.

In ascribing the fire to the archive's poor design under Echeverría, López Portillo merely followed a well-established script for the allocation of responsibility that rarely required further discussion. Indeed, since the 1940s, "changes in government had been accompanied by a [ritual] distantiation from the previous administration and promises of a fresh start"[37]. More problematic was her invocation of the term *crisis* to explain the *cineteca*'s storing deficiencies. According to Claudio Lomnitz, the use of this noun became widespread after 1982, when the Mexican government could

---

[37] Hanspeter Stamm, "Mexico's Unsolved Crisis," in *Conflicts and New Departures in World Society*, eds. Volker Bornschier and Peter Lengyel (New Brunswick, NJ: Transaction Publishers, 1994), 253; see also, Ernesto Isunza Vera, *Las tramas del alba: una visión de las luchas por el reconocimiento en el México Contemporáneo, 1968-1993* (Mexico City: CIESAS, 2001), 133.

not meet its debt payments and the country experienced its worst economic debacle since 1929. To be sure, journalists and intellectuals had long used this term to discuss situations or moments of political and economic change. However, after 1982, *la crisis* not only denoted a *time of crisis*, an era of hyperinflation, salary depreciation, and declining job security; it also implied a *crisis of time* itself, as uncertainty and general impoverishment turned futile hoping for a better future.[38] Indeed, treated to a constant barrage of bad news including tax hikes, reduction of state subsidies, swings in prices, and factory closings, people experienced a sense of suspension of time that Lomnitz calls "present saturation." By invoking *la crisis* as an explanation, Margarita unwittingly inscribed the disaster into a dark and disheartening period characterized by the calamitous discredit of the Mexican State and its economic policies.[39]

Was the *cineteca* poorly designed? Margarita's critics begged to differ.[40] The *cineteca* was designed in 1973 by architects Luis Martínez del Campo and Antonio Balmori Cinta, in association with Japanese architect Osami. The original design reserved an adjacent area for archival purposes, but space constraints forced the contractors (*constructores directos*) to build the vaults below the movie theaters. However, this did not imply that the screening rooms had been "built upon an arsenal," as López Portillo claimed. According to several reporters, nitrate films were originally kept in a special vault in Churubusco Film Studios.[41] Around 1978,

---

38 Claudio Lomnitz, "Times of Crisis: Historicity, Sacrifice, and the Spectacle of Debacle in Mexico City," *Public Culture* 15, no. 1 (2003): 131, 145.
39 Lomnitz, "Times of Crisis," 134.
40 According to architect Héctor Marcovich, "la *concepción* misma del edificio parece... no estar tan involucrada ... La Cineteca Nacional no tenía, estructuralmente, objeciones visibles." Héctor Marcovich, "Arquitectura. La Cineteca Nacional," *unomásuno*, April 3, 1982.
41 According to a reporter, "en los Churubusco escuchamos la versión insistente de que durante muchos años, y especialmente en la administración anterior, los filmes de nitrato se mantuvieron aislados en una bodega instalada en el terreno trasero de los Estudios —atrás de las oficinas administrativas— con avisos muy visibles sobre el peligro que constituían, no sabiéndose aún cuándo ni cómo fueron trasladados a la instalación de la Cineteca." Luis Ceja, "Hasta el martes, peritaje oficial," *Esto*, March 25, 1982. A similar story was published the following day by another reporter: "gente bien enterada, nos comentaba ayer mismo que al iniciar sus labores la *cineteca* , nunca hubo material antiguo elaborado con nitrato, justamente por ser susceptible de incendiarse y explotar." Armando Mora, "La historia

the new Director of Cinematography, José María Sbert, made a priority of restoring and duplicating the nitrate film collections.[42] Unfortunately, lack of funding slowed down the crucial task of transferring the nitrate film collections to acetate, and so they started to accumulate "temporarily" in vault 2 of the *cineteca*.[43] As the country plunged into a severe inflation, Margarita decided to disburse instead close to 40 million pesos to produce Sergei Bondarchuk's *Campanas Rojas*, a poorly received Soviet-Mexican co-production about John Reed.[44] By 1982, about 2,000 300-meter cans sat in the *cineteca*'s basement, waiting to be copied onto the so-called "safety film."[45]

The capricious and arbitrary patterns of state funding had fatal consequences for the *cineteca*, as a lack of resources and staff changes made nearly impossible the essential tasks of maintenance of the vaults, and the air conditioning and refrigeration systems.[46] According to film historian Emilio García Riera, both the air conditioning and the refrigeration systems of the vaults were not

---

de la cineteca hace presumir que ciertas precauciones fueron abandonadas," *Esto*, March 26, 1982. See also, Carlos Marín, "La negligencia consumió la Cineteca Nacional," *Proceso*, March 29, 1982.

42 See *Memoria de la Cineteca Nacional* (Mexico City: Dirección General de Radio, Televisión y Cinematografía-Secretaría de Gobernación, 1978), 6-7.

43 Armando Mora, "Como se originó la creación de esta catedral del cine. En el principio no se aceptó nitrato," *Esto*, March 26, 1982.

44 Miguel Bueno, "Réquiem por la cineteca," *Excélsior*, March 26, 1982. On the reception of *Campanas rojas* by Mexican film critics, see Emilio García Riera, *México visto por el cine extranjero. Vol. 5 , 1970-1988* (Guadalajara, Jalisco: Ediciones Era/Universidad de Guadalajara, 1990), 80-81. The López Portillo regime also financed equally expensive co-productions with France (*La cabra*), Spain (Carlos Saura's *Antonieta*), and Brazil (Ruy Barbosa's *Eréndira*).

45 Fernando Osorio, "The Case of the *Cineteca Nacional* Fire: Notes and Facts in Perspective," in *This Film is Dangerous*, eds. Roger Smither and Catherine A. Surowiec, 142.

46 Emilio García Riera, "Lo que el fuego se llevó," *unomásuno*, March 30, 1982. See also Osorio, "The Case of the *Cineteca*," 142. During his brief tenure as head of the Bureau of Cinematography, Jorge Durán Chávez made the fateful decision of firing the maintenance personnel that installed the air conditioning system and carried out monthly inspections to make sure the temperature in the vaults never rose above 10 degrees centigrade and the levels of humidity were adequate. See Anonymous, "La negligencia consumió la Cineteca Nacional," *Proceso*, March 29, 1982, 44-45.

working at the time of the explosion.⁴⁷ This seems to be confirmed by the complaints of excessive heat in the premises by the *cineteca*'s personnel during the last three days before the fire.⁴⁸ In the eyes of the government's critics, it was only a matter of time before negligence met improvisation with deadly results.

Stories: Consider Sabotage

In an effort to quell public criticism, authorities appointed an expert commission to establish the origins of the fire and "find the culprits." The investigation was placed under the jurisdiction of the Federal Attorney General Police (Procuraduría Federal de la República), which immediately cordoned off the area. While investigators inspected the zone, neighbors and passersby were treated to a sad spectacle of broken blocks, twisted metal, and pulverized concrete. Parked on the street, bulldozers, excavators, and dump trucks awaited the moment to undertake the daunting task of knocking down, smashing apart, and hauling away the mountain range of debris left by the fire. In spite of a powerful stench emanating from the ruins,⁴⁹ the heavy lifting of rubble removal had barely begun six days after the blaze. It wasn't until October, just one month before the end of López Portillo's presidency, that the damaged structure was finally demolished.⁵⁰

While the official investigation was underway, a growing number of conspiracy theories explaining the fire gained media exposure. In spite of their implausibility, conspiracy stories mattered to people because they offered explanations in times of need. In contrast to the conventions offered by government

---

47 Emilio García Riera, "Lo que el fuego se llevó."
48 Ibid. See also Abida Ventura, "Un incendio de película," *El Universal*, March 24, 2012.
49 According to Alfredo Joskowicz, director at the film school (Centro de Capacitación Cinematográfica), "las ruinas de la cineteca empezaron a despedir olores de putrefacción, que eran atenuados mediante un polvo amarillo lanzado de vez en cuando desde un helicóptero." See Ericka Montaño Garfias, "Dos décadas del incendio de la Cineteca," *Proceso*, March 23, 2002.
50 Héctor A. González, "PGR: no se derrumbarán los restos de la cineteca para continuar las investigaciones," *uno más uno*, March 27, 1982; Ericka Montaño Garfias, "Dos décadas del incendio de la Cineteca."

officers, conspiracy stories aim at offering cause-effect accounts of the exceptional events. Unfortunately, they succeed in this endeavor through simplification of actors, actions, causes and effects. According to Charles Tilly, stories gain in clarity by limiting the number of factors involved, and condensing the complexity of events into intelligible plots. "As a consequence," he writes, "stories inevitably minimize or ignore the causal roles of errors, unanticipated consequences, and indirect effects."[51] In the case of the *cineteca*'s fire, however, the legitimacy of conspiratorial explanations did not only depend on their simplified content; it also responded to the lack of credibility of the official institutions entrusted with the task of informing society.[52] As Charles L. Briggs has recently pointed out, "stories that resist official versions often treat events as signs of hidden meanings."[53] By juxtaposing fact and fantasy in an attempt to uncover hidden causal connections, the conspiracy theories questioned effectively the validity of bureaucratic explanations of the fire.

Among the stories in circulation, those involving the possibility of arson became the most widely rehearsed. Because several detonations accompanied the fire, some reports attributed the fire to the use of explosive devices, possibly by the *cineteca*'s own employees.[54] While experts and public officers quickly dismissed this theory, Maximino Molina, leader of the short-lived Union of the Film Industry Workers (Sindicato de Trabajadores de la Industria Cinematográfica), found it implausible because "the film industry

---

51 Charles Tilly, *Why?*, 117.
52 As David Coady writes, "the extent to which it is rational to be skeptical of conspiracy theories partly depends on the extent to which it is rational to suppose that the official institutions responsible for gathering and disseminating information in one's society are trustworthy." See "An Introduction to the Philosophical Debate About Conspiracy Theories," in *Conspiracy Theories: The Philosophical Debate*, ed. David Coady (Burlington, VT: Ashgate Publishing, 2006), 10.
53 Charles L. Briggs with Clara Mantini-Briggs, *Stories in the Time of Cholera. Racial Profiling During a Medical Nightmare* (Los Angeles: University of California Press, 2003), 252.
54 According to a reporter, "los hechos y versiones de testigos presenciales indican que se trató de un bombazo." See Anonymous, "El cine mexicano, sin historia." The possibility of sabotage was also entertained by representatives of insurance companies La Nacional, Provincial, and Comercial.

does not have enemies of this kind."⁵⁵ And yet, the possibility of sabotage picked up some steam after a series of reports on the film archive's working conditions. It was no secret that Margarita López Portillo's administration and recent staff changes had left a good number of workers disgruntled. Most of the staff had worked in the *cineteca* since 1974, and had successfully weathered the bureaucratic changes at the top. However, the appointment of Jorge Durán Chávez as head of the Bureau of Cinematography —the fourth one in less than five years— brought about radical changes. In less than a year, Durán Chávez fired experienced subdirectors of the *cineteca*'s departments of registry, supervision, and cultural and administrative services. The staff changes at the film archive even reached down to key personnel such as secretaries, photographers, technicians, and archivists.⁵⁶

Durán Chávez had been in the job barely one year when he decided to resign his post to join the presidential campaign of Miguel de la Madrid. In a strange coincidence, Durán Chávez was expected to attend a farewell cocktail party in his honor in the building's lobby the night of the fire. He had just parked his car in the parking lot when he was informed that there was smoke coming from the vaults. After a quick inspection of the basement, he ordered an evacuation of the building. While he helped evacuate the Salvador Toscano theater, a powerful explosion brought down part of the ceiling, injuring the officer in the head.⁵⁷ He was buried in the debris but eventually managed to dig himself out. In the aftermath of the fire, Durán Chávez refused to make statements of any kind to the media, thus leaving the task of explaining the destruction of the nation's film archive to others. His "suspicious" vanishing from the limelight furthered fueled conspiracy theories of all sorts.⁵⁸

Margarita López Portillo herself was the subject of much

---

55 Eugenio Ortiz Carreño, Mario Peralta and Roberto Hernández, "El número oficial de lesionados es de 150," *Gráfico*, March 25, 1982, 1 and 8.
56 Rubén Torres, "Carlos de Landero, director de Relaciones Publicas de RTC, fue presentado ayer," *El Heraldo de México*, April 1, 1982.
57 "Anonymous,"*Alarma*, no. 988, March 27, 1982. See also Durán Chávez's later recollections of the conflagration in Raquel Peguero, "Incierto paradero del total de los dibujos mexicanos de Eisenstein," *La Jornada*, July 21, 1996.
58 "Aparecen más películas históricas, ¿pero dónde están los funcionarios?,"*Esto*, March 28, 1982.

speculation, as dissident groups had targeted her before. On August 11, 1976, Margarita survived a violent kidnapping attempt by the urban guerrilla *Liga 23 de septiembre* in Mexico City. In the intense shootout, her bodyguards killed the *Liga*'s leader, David Jiménez Sarmiento, and injured assailant Alicia Ríos Merino as she fled the scene. With the attack on her sister still fresh in his mind, José López Portillo intensified the crackdown against urban leftist groups as soon as he took office.[59] The night of the fire, Margarita was scheduled to inaugurate a painting exhibit by architect Irma de la Paz around 7:00 p.m. —i.e. minutes before the first explosions took place.[60] The possibility that the fire had been a form of retaliation loomed large in people's imagination.

Codes and Technical Accounts: The Commission's Report

The explosive experts of the federal police began work amidst an atmosphere of pervasive and overriding pessimism. "Why look for culprits?" wrote journalist Miguel Bueno, "in Mexico, no one is to blame for anything.[61] Similarly, political commentator Manú Dornbierer despaired about the possibility of ever knowing the true magnitude of the disaster, "as it usually happens in this country."[62]

By definition, commissions produce technical reports that concentrate their giving of reasons on cause-and-effect relationships. They back their conclusions on widely accepted professional procedures and the assumed expertise of the commission's members. As a form of reason-giving, technical accounts differ from conventions and stories: "they combine cause-effect explanations (rather than logics of appropriateness) with grounding in some systematic specialized discipline (rather than

---

59 See Jorge Luis Sierra, *El enemigo interno: contrainsurgencia y fuerzas armadas en México* (Mexico City: Plaza y Valdés, 2003), 83.
60 See Armando Mora, "¡Humo, explosiones, fuego y horror! Cómo fue destruida la cineteca nacional como se lo refirió a Armando Mora," *Esto*, April 4, 1982. That same day, a collective exhibition was to be inaugurated at 7:30 in the entrance hall of the Fernando de Fuentes theater. The fire consumed all of the artwork in the exhibit (30 pieces in total). "Destruídas 30 obras de Gráfica Mexicana," *unomásuno*, March 26, 1982.
61 Miguel Bueno, "Réquiem por la cineteca."
62 Manú Dornbierer, "La Cineteca," *Novedades*, March 29, 1982.

everyday knowledge)."⁶³ However, technical accounts often interact with *codes*, a form of reason-giving that often cites "specialized sets of categories, procedures of ordering evidence, and rules and interpretation."⁶⁴ While outsiders might find codes annoying, specialists rely on them to produce their accounts and authorize their findings.

Following professional procedures, the investigators were entrusted with the tasks of ascertaining the origin of the fire, identifying the fuel and ignition source, determining the cause, and establishing the responsibility for the incident. Attaining such goals demanded expert knowledge on the chemistry and behavior of fires in relation to their speed and rate of burn, fuel load, smoke and flame color, burn patterns, and so on. Professional regulations and codes required as well a careful physical examination of the fire scene, including exterior and interior examinations, rooms and points of origin, and a probing search for evidence of incendiarism or accidental causes.⁶⁵

The investigators had no problem establishing the origin of the explosion, as the area that suffered most of the damage was located in the vaults on the ground floor. Moreover, the contents of vault number 2 left no doubt about the source of the first detonation (see sketch 1). However, identifying the source of ignition was an entirely different matter. As discussed above, Margarita López Portillo had initially zeroed in on deteriorating nitrate spontaneously igniting as the culprit. Later, on March 25, explosives experts of Mexico City's police force attributed the conflagration to a grease fire in the "Wings" restaurant located in the premises.⁶⁶ The restaurant's manager denied this version forcefully by also pointing out that the damages to the eatery had been negligible.⁶⁷

The investigators concluded that the fire started in the first floor, somewhere between the theater Salvador Toscano and the

---

63   Charles Tilly, *Why?* 130.
64   Ibídem, 131.
65   On fire investigations, see John J. Lentini, *Scientific Protocols for Fire Investigation*, 2nd. ed. (Boca Raton, Florida: CRS Press, 2013), 125-162.
66   Anonymous, "Incendio infernal."
67   Anonymous, "Incendio infernal." See also, Conrado de la Torre, Salvador Castañeda, Juventino Chávez and Alfredo de León, "Aseguran que el material fílmico que guardaba la cineteca eran puras copias," *Novedades*, March 26, 1982.

cineteca's main office (see sketch 2). As the heat traveled to the vaults below, they speculated, nitrate film caught fire, releasing a powerful explosion that destroyed Toscano's theater and sent the *cineteca*'s marquee hundreds of feet away.[68] However, in a 2004 interview, former *cineteca* director Fernando Macotela claimed to have seen intact several reels of nitrate film among the vault's ruins.[69] The last attempt at offering a technical account of the fire was provided by the editors of the *cineteca*'s *Memoria* of 1982. Building upon the report, the editors attributed the cause of fire to the overheating of the electric wires that fed the projection system of the theater above. This was an unlikely scenario, for as stated in the report, the theater Salvador Toscano was not in operation the day of the fire.[70] In the end, the experts failed to determine the cause of the fire and to establish the responsibility for the incident, thus confirming the pessimistic prognosis of journalists and intellectuals.

(Almost) Nothing to Mourn

What was lost in the fire? Not much, according to Rubén Treviño Castillo, Director of Churubusco studios, and other film bureaucrats. In his eyes, there was "little to grieve about" for the *cineteca* was merely *an archive of film copies* and it was likely that the producers kept the negatives in their own archives.[71] Many films in the *cineteca*'s collection were safe because they were on loan to TV stations and foreign cultural institutions, or had been sent before the fire to laboratories for restoration.[72] Besides, a good

---

[68] *Memoria de la cineteca nacional* (Mexico City: Dirección General de Radio, Televisión y Cinematografía – Secretaría de Gobernación, 1982), 4-6.

[69] "A pesar de que, según la versión oficial, el desastre se produjo con la explosión del material de nitrato almacenado en el sótano del edificio, (Fernando) Macotela asegura que semanas después del siniestro pudo visitar los restos y vio que había material de nitrato en las bóvedas." See, Juan Solís, "Lo que el fuego se llevó," *El universal*, January 14, 2004.

[70] *Memoria de la cineteca nacional*, 1982, 4-6.

[71] See, "Sí a colaborar para crear una nueva *cineteca*," *El Sol de México*, March 27, 1982.

[72] Before the advent of television, film producers exploited films for about five years. Many were destroyed after this period because of the high costs of maintenance. Far from contributing to the decline of the film industry, television breathed

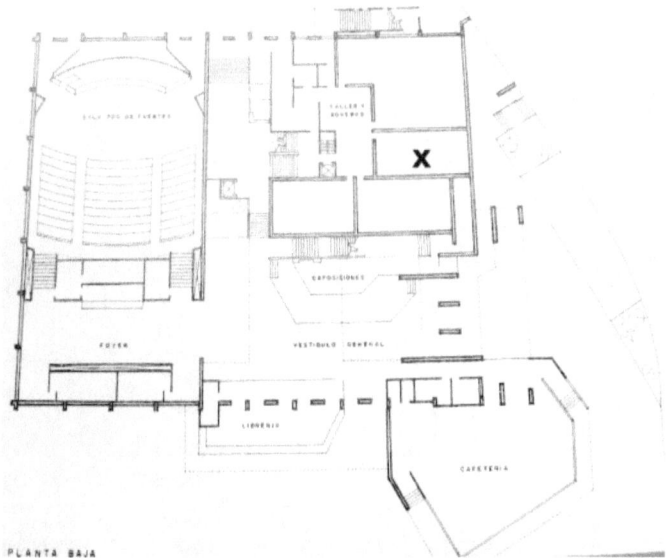

Figure 4: Sketch of the *cineteca*'s Ground Floor. Source: *Memoria de la Cineteca Nacional* (Mexico City: Dirección de Cinematografía – Secretaría de Gobernación, 1974). An 'X' identifies the site of explosion located by the Federal Attorney General Police.

number of copies of the lost films were held in the Filmoteca of the UNAM (Mexico's National Autonomous University), which became overnight the most important film archive of the nation.[73]

The film community of Mexico City received these baffling statements with renewed anger and indignation. Film directors pointed out that many of the old film companies had long disappeared, along with their film negatives. Moreover, it was not clear who would pay for the hefty costs of copying the films to acetate

---

new life into old films by putting them on the air. See, "La Cámara Nacional del Cine apoyará la reconstrucción de la cineteca," *El Heraldo de México*, March 27, 1982, 1D and 4D.

[73] As expected, Manuel González Casanova, director of the Filmoteca, assured the Mexican people that the film heritage of the nation had not been lost in the fire: "los medios informativos han exagerado al especular sobre el daño sufrido por el acervo histórico fílmico." "Sí a colaborar para crear una nueva *cineteca*," *El Sol de México*, March 27, 1982.

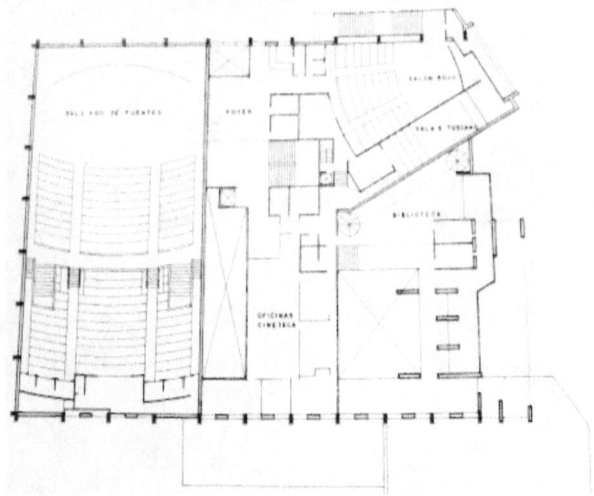

Figure 5: Sketch of the Cineteca's First Floor. Source: Memoria de la Cineteca Nacional, 1974

in the remote case that any lost originals were ever located.[74] Finally, actors and film critics took exception to the authorities' rhetoric of recovery, for the *cineteca* never made public its catalogues and it was thus impossible to know exactly what had been lost.[75] Filmmaker Marcela Violante did not hesitate to call this a *secreto de Estado* ("State secret"), thus implying that it was sensitive information which might endanger national security if disclosed.

Particularly disturbing of this rhetoric of recovery was the fact that authorities systematically refused to acknowledge the high

---

74 Filmmakers estimated that a black and white copy amounted to 15 to 20 thousand pesos, while color copies amounted to 60 to 70 thousand pesos. "Sí a colaborar"; Anonymous, "Que la industria vaya al rescate de la Cineteca Nacional: Eduardo Gazón; la Cámara Cinematográfica Apoya," *Novedades*, March 26, 1982.
75 "¿Usted sabe cuántos filmes había? Jamás se manejó una cifra... ¡era secreto de Estado!," stated angrily by filmmaker Marcela Fernández Violante. See, Anonymous, "Sí a colaborar para crear una nueva *cineteca*," *El Sol de México*, March 27, 1982. See also Emilio García Riera, "Lo que el fuego se llevó."

number of people killed —most of them students. Initial police reports limited the death toll to five or seven, and the number of injured to 51; more than twenty people went missing.[76] An expert in explosives estimated that at least 20 individuals had been trapped in the building,[77] while a witness claimed to have seen 15 corpses just in the coffee shop. Many were reduced to ashes.[78] The official toll was considered ridiculously low. "Only two persons died because of the cineteca's fire," claimed with sarcasm a political cartoon published in *Ovaciones*; "the rest had already died of fear (*muertas de miedo*)."[79] (see figure 5).

Many artists and intellectuals demanded an exhaustive investigation of the culprits for such "unforgivable tragedy"; others blamed squarely the erratic policies of film authorities of the last six years for the disaster. Film critic Emilio García Riera went as far as to demand the resignation of Margarita López Portillo.[80] In an angry statement, filmmaker Marcela Fernández Violante declared to reporters, "one could see this disaster coming from the beginning of this *sexenio*... I don't claim that [the destruction of the *cineteca*] was done intentionally, I am just saying that this was *a direct*

---

76 An early report indicated that the fire left at least 300 persons injured. See Conrado de la Torre, Salvador Castañeda, Juventino Chávez and Alfredo Muñoz de León, "Aseguran que el material fílmico".
77 This was the estimate of Mayor José Silva Estrada of the Government of the Federal District. See, "Se incendió la cineteca," *unomásuno*, March 25, 1982, 31-32. Three days later, a reporter indicated that 18 corpses had been recovered from the ruins. David García Salinas, "Ya van 18 cadáveres rescatados de la cineteca nacional," *La Prensa*, March 28, 1982, 26-27. "Son 16 ya los muertos de la cineteca," *Diario de México*, vespertino, March 29, 1982, 1.
78 "Un socorrista de la Cruz Roja [...] con voz entrecortada y tosiendo dijo: hay carbonizados," Anonymous, "Incendio infernal."
79 Anonymous, "Al arder la *cineteca*"; Anonymous "El cine mexicano, sin historia"; Manu Dornbierer, "La *cineteca*"; Anonymous, "Noche de horror, más muertos. Hablan de 15 sepultados en la cineteca," *El Sol de México*, mediodía, March 25, 1982; Anonymous, "Se incendió la cineteca, *unomásuno*, March 25, 1982, 31-32. Early reports claimed that 150 individuals had been injured; this number was reduced significantly the following day. Similarly, one week after the fire, the official death toll was reduced to only three: Venustiano González Nieto (fireman), Taide Gómez Cuevas (employee of the *Cineteca*), and José Mercedes Castillo Cervantes. See, Eugenio Ortiz Carreño, Mario Peralta, and Roberto Hernández, "El número oficial."
80 García Riera, "Lo que el fuego se llevó."

Figure 6: "Cowards." Source: *Ovaciones,* March 25, 1982.

consequence of the way our cinema has been administered."[81] A political cartoon published at the time clearly connected López Portillo´s film policies with the recent disaster by claiming that the Mexican Film industry, already anemic, had now become amnesiac (see figure 6). In the eyes of others, the fact that the destruction of the *cineteca* took place shortly before the end of Margarita's tenure, offered a fitting conclusion to a disastrous era for Mexican cinema's past and present. As playwright Emilio Carballido remarked the day after the archive burned down: "They had already done away with

---

81 My italics. A similar statement was made by film critic Jorge Ayala Blanco, "y había que buscar a los culpables pero ellos son la falta de interés total del estado.." See, Raquel García Peguero and Salomón Risk Fontes, "De lamentable, trágico y sin perdón calificaron los cineastas mexicanos el incendio de la *Cineteca*," *El Dia,* 26 de marzo de 1982.

our national cinema's present, and they just now finished doing away with our past."⁸²

Coda

From the advent of cinema, dramatic tales of nitrate-fueled infernos in laboratories and projection booths endowed the task of archiving with a sense of urgency. Putting together an archive is always a risky endeavor, as the very act of archiving something in a location makes possible the destruction of what was previously scattered in private, small, or local collections. As the *cineteca* fire made evident, the possibility of loss is never cancelled with the creation of an archive, as the risk of erasure and obliteration is always attached to the exteriority of the place. As Jacques Derrida has recently reminded us, "the very gesture which consists in keeping safe —in a safe, so to speak— is always, and from the beginning threatened with destruction."⁸³

This does not imply, however, that such risk should be reified. As Mary Douglas pointed out long ago, the acknowledgment of risk always entails a politics of vulnerability and blame allocation.⁸⁴ My goal in this chapter was to reconstruct such politics of vulnerability by analyzing the complex array of reasons offered at the time by actors, directors, film producers, intellectuals, and government officers to make sense of the loss of the archive. Beyond their specific content, "reasons make statements about relations between the people giving and receiving those reasons."⁸⁵ As we have seen, they are a crucial instrument to repair, challenge, or negotiate relations of power, authority, and hierarchy in society.⁸⁶ Besides destroying the *cineteca*, the fire put to test the relationship between

---

82 "'Nos han privado' de nuestra historia nacional fílmica: Emilio García Rivera," *unomásuno*, 26 March 1982, 19.
83 Jacques Derrida, "Archive Fever in South Africa," in *Refiguring the Archive*, ed. Carolyn Hamilton (Dordrecht/Boston/London: Kluwer Academic Publishers, 2002), 38-80; Jacques Derrida, *Archive Fever: A Freudian Impression*, trans. Eric Prenowitz (Chicago and London: Chicago University Press, 1996), 11.
84 Mary Douglas, *Risk and Blame* (London: Routledge, 1994), 3-21.
85 Charles Tilly, *Why?* 11.
86 Ibidem, 19-20.

Figure 7: "Without Words." Source: *Ovaciones*, March 26, 1982.

the Mexican government and its citizenship, moving to the fore crucial debates about the State's cultural and economic policies. "Film has a personality, and that personality is self-destructive," famously commented Orson Welles. "The job of the archivist, he added, is to anticipate what the film may do and prevent it."[87] In describing the film archive as a self-destructing machine, Margarita López Portillo not only deflected her responsibility for the disaster, but also naturalized the risk of obliteration. Her critics knew better. In the words of Orson Welles, she was in a position to anticipate the nitrate film's next move.

---

87   Tom McGreevey, "Orson Welles defines 'The Job of the Archivist'," in *This Film is Dangerous*, eds. Roger Smither and Catherine A. Surowiec, 27.

Bibliography

Acosta, Magdalena. "Legal Deposit in Mexico," *Journal of Film Preservation*, no. 23 (2007): 55-58.

Anonymous. "Discurso del director general de cinematografía licenciado Hiram García Borja." *Memoria de la Cineteca Nacional*. Mexico City: Dirección de Cinematografía-Secretaría de Gobernación, 1974, 7-13.

Anonymous. "Los archivos de filmes." *Cineteca Nacional*. Mexico City: Dirección de Cinematografía-Secretaría de Gobernación, 1974, 13-15.

Anonymous. "Los archivos de film en México," *Memoria de la Cineteca Nacional*. Mexico City: Dirección de Cinematografía-Secretaría de Gobernación, 1974, 16-17.

Aunduiza, Virgilio. *Legislación cinematográfica mexicana*. Mexico City: Filmoteca de la Universidad Nacional Autónoma de México, 1984.

Bigourdan, Jean-Louis. "From the Nitrate Experience to New Film Preservation Strategies." In *This Film is Dangerous: A Celebration of Nitrate Film*, edited by Roger Smither and Catherine A. Surowiec, 52-73. Brussels: Fédération International des Archives du Film (FIAF), 2002.

Briggs, Charles L. with Clara Mantini-Briggs. *Stories in the Time of Cholera. Racial Profiling During a Medical Nightmare.* Los Angeles: University of California Press, 2003.

Coady, David. "An Introduction to the Philosophical Debate About Conspiracy Theories." In *Conspiracy Theories: The Philosophical Debate*, edited by David Coady, 1-11. Burlington, VT: Ashgate Publishing, 2006.

Derrida, Jacques. "Archive Fever in South Africa." In *Refiguring the Archive*, edited by Carolyn Hamilton, 38-80. Dordrecht/Boston/London: Kluwer Academic Publishers, 2002.

Derrida, Jacques. *Archive Fever: A Freudian Impression*. Translated by Eric Prenowitz. Chicago and London: Chicago University Press, 1996.

Douglas, Mary. *Risk and Blame*. London: Routledge, 1994.

Fernández Violante, Marcela. "Lágrimas y risas: la Ley Federal de Cinematografía de 1992." In *Conservación y legislación. Cuadernos de Estudios Cinematográficos*, edited by Armando Casas, 73-90. Mexico City: Universidad Nacional Autónoma de México, 2007.

Frick, Caroline. *Saving Cinema: The Politics of Preservation*. Oxford: Oxford University Press, 2011.

García Riera, Emilio. *México visto por el cine extranjero. Vol. 5, 1970-1988*. Guadalajara, Jalisco: Ediciones Era/Universidad de Guadalajara, 1990.

Gracy, Karen F. *Film Preservation: Competing Definitions of Value, Use, and Practice*. Chicago: Society of American Archivists, 2007.

Hershfield, Joanne. "Mexico." In *The International Movie Industry*, edited by Gorham Anders Kindem, 273-291. De Kalb: Southern Illinois University, 2000.

Isunza Vera, Ernesto. *Las tramas del alba: una visión de las luchas por el reconocimiento en el México Contemporáneo, 1968-1993*. Mexico City: CIESAS, 2001.

Kodak Company, "Storage and Handling of Processed Nitrate Film." Kodak Company. Accessed 2 August 2013. http://motion.kodak.com/motion/Support/Technical_Information/Storage/storage_nitrate.htm.

Lentini, John J. *Scientific Protocols for Fire Investigation*, 2nd. ed. Boca Raton, Florida: CRS Press, 2013.

Ley y Reglamento de la Industria Cinematografica. Mexico City: Secretaría de Gobernación, 1962.

Lomnitz, Claudio. "Times of Crisis: Historicity, Sacrifice, and the Spectacle of Debacle in Mexico City." *Public Culture* 15, no. 1 (2003): 127-147.

Maciel, David R. "Cinema and the State in Contemporary Mexico, 1970-1999." In *Mexico's Cinema: A Century of Film and Filmmakers*, edited by Joanne Hershfield and David R. Maciel, 193-97. Delaware: Scholarly Resources, 1999.

McGreevey, Tom. "Orson Welles defines 'The Job of the Archivist.'" In *This Film is Dangerous: A Celebration of Nitrate Film*, edited by Roger Smither and Catherine A. Surowiec, 27. Brussels: Fédération International des Archives du Film (FIAF), 2002.

Memoria de la cineteca. Mexico City: Dirección de Cinematografía-Secretaría de Gobernación, 1974.

Memoria de la cineteca. Mexico City: Dirección General de Radio, Televisión y Cinematografía-Secretaría de Gobernación, 1978.

Memoria de la cineteca. Mexico City: Dirección de Radio, Televisión y Cinematografía Cinematografía-Secretaría de Gobernación, 1982.

Mora, Carl J. "Mexican Cinema: Decline, Renovation, and the Return of Commercialism, 1960-1980." In *New Latin American Cinema*, edited by Michael T. Martin, vol. 1, 37-75. Detroit, MI: Wayne University Press, 1997, 2 vols.

Mora, Carl J. *Mexican Cinema: Reflections of a Society, 1896-1988*. Rev. ed. Los Angeles: University of California Press, 1989.

Mora, Carl J. "Motion Pictures: 1930-1960." In *Concise Encyclopedia of Mexico*, edited by Michael S. Werner, 503-509. New York: Routledge, 2001.

Mraz, John. "Mexican Cinema of Churros and Charros." *Jump Cut: A Review of Contemporary Media*, 1984, 23-24.

Osorio, Fernando. "The Case of the *Cineteca Nacional* Fire: Notes and Facts in Perspective." In *This Film is Dangerous: A Celebration of Nitrate Film*, edited by Roger Smither and Catherine A. Surowiec, 140-143. Brussels: Fédération International des Archives du Film (FIAF), 2002.

Riding, Alan. *Distant Neighbors: A Portrait of the Mexicans*. New York: Alfred A. Knopf, 1984.

Robertson, Patrick. *The Guiness Book of Movie Facts and Feats*. New York: Abbeville Press, 1991.

Ruy Sanchez, Alberto. *Mitología de un cine en crisis*. Mexico City: Premia editora, 1981.

Sánchez Arevalo, Fernanda. "La cineteca nacional. Arte y Cultura en movimiento: reportaje." Tesis de licenciatura en comunicación. Mexico City: Universidad del Valle de México, 1996.

Sierra, Jorge Luis. *El enemigo interno: contrainsurgencia y fuerzas armadas en México.* Mexico City: Plaza y Valdés, 2003.

Slide, Anthony. *Nitrate Won't Wait: Film Preservation in the United States.* Jefferson, North Carolina: McFarland and Company, 1992.

Smither, Roger and Catherine A. Surowiec, eds. *This Film is Dangerous: A Celebration of Nitrate Film.* Brussels: Fédération International des Archives du Film (FIAF), 2002.

Stamm, Hanspeter. Mexico's Unsolved Crisis." In *Conflicts and New Departures in World Society,* edited by Volker Bornschier, Peter Lengyel, 245-262. New Brunswick, NJ: Transaction Publishers, 1994.

Tilly, Charles. *Why? What Happens When We Give Reasons... and Why.* Princeton: Princeton University Press, 2006.

WAGING GUATEMALA'S ARCHIVE WARS:
DOCUMENTATION, MOBILIZATION, JUSTICE

Kirsten Weld

Harvard University[1]

"While some of us debate what history is or was, others take it in their own hands."

Michel-Rolph Trouillot[2]

In the summer of 2005, Guatemala's largely hidden history literally exploded into view. One night that June, more than a ton of projectiles left over from the country's 36-year civil war, stored improperly on a Guatemala City military base, ignited.[3] The ensuing detonations, at a rate of thirty per minute over four hours, spurred mass evacuations from the surrounding neighborhoods, whose residents subsequently asked the Office of the Human Rights Ombudsman (Procuraduría de los Derechos Humanos, PDH) to investigate. The ensuing inquiry led a team of PDH investigators to a nearby National Civil Police (PNC) base, where they found not only a second cache of haphazardly warehoused war-era munitions, but vast amounts of papers —papers spilling forth from rusted file

---

[1] This essay draws from the author's *Paper Cadavers: The Archives of Dictatorship in Guatemala* (Durham, NC: Duke University Press, 2014).
[2] Michel-Rolph Trouillot, *Silencing the Past: Power and the Production of History* (Boston: Beacon Press, 1997).
[3] Nancy Arroyave, "Vuelve la calma tras explosión en brigada Mariscal Zavala," *Prensa Libre*, June 18, 2005.

cabinets, heaped on dirt floors, in trash bags and grain sacks, shoved into every conceivable nook and cranny, moldy and rotting after years of abandonment. The investigators, tasked with assessing the risk of a similar explosion to the first, noted this profusion of flammable material. But the team's leader, a historian by training, could not resist asking the on-duty officer what the documents were, and what they were doing there. Revealing the truly explosive news of that summer, she replied, "These are the archives of the National Police." They numbered some 80 million pages; it proved to be the largest discovery of secret state documents in Latin American history.[4]

The 1996 Peace Accords that formally ended Guatemala's long conflict (1960-1996) also eliminated the National Police (Policía Nacional, PN), an institution whose hands were deemed too bloodied to continue existing in peacetime. The PN had served as the front-line shock troops of an urban counterinsurgency that systematically targeted Guatemala City's student and labor movements, progressive politicians and clergy, and anyone else who dared to speak up against political repression, the army's massacres of highland Mayan Indian villages, or military rule.[5] As such, when

---

4 The archives contain an estimated 75-80 million pages, a figure arrived at by multiplying the number of catalogued bundles by the average number of folio sheets per bundle. See Proyecto de Recuperación del Archivo Histórico de la Policía Nacional. "Informe Archivo Histórico de la Policía Nacional – por el derecho a la verdad." Guatemala City: Procuraduría de los Derechos Humanos, December 2006.

5 On the war, see: Proyecto Interdiocesano de Recuperación de la Memoria Histórica (REMHI), *Guatemala: Nunca Más!* (Guatemala City: Oficina de Derechos Humanos del Arzobispado de Guatemala, 1998); Comisión de Esclarecimiento Histórico (CEH), *Guatemala: Memoria del silencio* (Guatemala: United Nations Office of Project Services, 1999); Héctor Rosada-Granados, *Soldados en el poder: Proyecto militar en Guatemala 1944-1980* (San José, C.R.: FUNPADEM, 1999); Carlota McAllister, *The Good Road: Conscience and Consciousness in a Postrevolutionary Guatemalan Village* (Durham: Duke University Press, forthcoming); Ricardo Falla, *Masacres en la selva: Ixcán, Guatemala, 1975-1982* (Guatemala City: Editorial Universitaria, 1992); Susanne Jonas, *The Battle for Guatemala: Rebels, Death Squads, and U.S. Power* (Boulder, CO: Westview Press, 1991); Jennifer Schirmer, *The Guatemalan Military Project: A Violence Called Democracy* (Philadelphia: University of Pennsylvania Press, 1999); Greg Grandin, *The Last Colonial Massacre: Latin America in the Cold War* (Chicago: University of Chicago Press, 2004); Beatriz Manz, *Refugees of a Hidden War: The Aftermath of the Counterinsurgency in Guatemala* (Albany: State University of New York

the United Nations-backed Historical Clarification Commission began its investigation of wartime human rights violations in the late 1990s, it naturally sought to examine the histories of both the military and the National Police, and in theory had the right to access these institutions' archives. But it did not have the subpoena power to demand that access, and the sitting government stonewalled the Commission at every turn by alternately claiming that the archives in question had been destroyed or lost, could not be opened for national security reasons, or had never existed in the first place.[6] (The commissioners were thus forced to base their report on eyewitness testimonies, forensic evidence, and declassified U.S. government documents.) Never had a single military or police officer stood trial for war crimes, nor did it seem likely that they ever would. The surprise reappearance of these "lost" records, therefore, was a political bombshell. More surprising still was that, in a context of such reigning impunity, human rights activists were in a few short years able to transform this degraded, semi-abandoned body of records into an internationally recognized, precedent-setting archival rescue project —one with stunning political and juridical ramifications.

The remarkable story of the National Police archives, and of how they have been put to use since 2005, illustrates the obvious connections between archival access, historical analysis, and transitional justice. It has become clichéd to say that a society that ignores its past cannot have a future, though the aphorism has not stopped governments around the world from trying. But often we do not scratch beyond the surface to consider *how* it is that, in the aftermath of massive crimes against humanity, people go about constructing "usable pasts," often in the face of considerable resistance. Like Germans, Spaniards, Greeks, Argentines, Lithuanians, Ukrainians, Cambodians, and Paraguayans before

---

Press, 1988); Betsy Konefal, *For Every Indio Who Falls: A History of Maya Activism in Guatemala, 1960-1990* (Albuquerque: University of New Mexico Press, 2010).

6 Christian Tomuschat, "Clarification Commission in Guatemala," *Human Rights Quarterly* 23, no. 2 (2001): 233-258. CEH investigators were allowed into the Center for Military Studies (CEM) to hand-transcribe four key military action plans, but that was the limit of their access. No access was provided to a single document produced by the National Police.

them, Guatemalans after 2005 would face the complicated task of trying to make those connections manifest —to illuminate the dark past using the records of fallen regimes which they had never previously been able to access. But their efforts to do so would lay bare the country's central postwar tensions, between reckoning and denial, accountability and impunity, history and memory, and speech and silence —all of which represented deeply contested processes of social struggle that had marked the Guatemalan landscape since before the signing of the Peace Accords. The archives were now in the hands of justice activists, but the path forward was uncertain, littered with daunting obstacles. By looking in depth at *how* the National Police archives were brought to bear upon this unsettled status quo by a coalition of domestic activists and international allies, we can move beyond the easy audit-culture shibboleths of "reconciliation" and "transparency" toward an understanding of the importance of historical imagination and citizen mobilization in connecting the dots between archival access, criminal justice, and memory politics.

This chapter contextualizes the discovery of the PN records and situates it within a longer continuum of political conflict surrounding the rights to truth, archival access, and legal redress for war crimes —what I refer to here and elsewhere as the "archive wars."[7] It then discusses the inner mechanics of the initiative to rescue and utilize the records, the Project for the Recovery of the National Police Historical Archives (referred to hereafter as "the Project"). It argues that real postbellum change comes about only by way of slow, on-the-ground, painstaking work by local stakeholders (here, with considerable support from the international community); what allowed the Project to survive and thrive was the tenacity and dedication of its workers, who labored under tremendous pressure to keep the archives alive despite logistical challenges and political opposition. Finally, this chapter reflects upon the relationship between archives, memory, history, and criminal justice in Guatemala, and hence in other settings in which the formal transition to electoral democracy is accompanied neither by a broad social consensus on how to deal with the past nor by a significant redistribution of power away from those sectors

---

7 Weld, *Paper Cadavers*, chap. 2.

of society implicated in past and present human rights violations. Naturally, it emphasizes the importance of citizen access to the archives of past regimes' security apparatuses in post-conflict settings; on this we can all agree. However, it also stresses that archival access for its own sake, or unto itself, means little. Rather, the Guatemalan case shows that securing archival access in the face of official intransigence requires the waging of real social struggle involving real political risk, and that such archival access is valuable in the work of transitional justice only to the extent that domestic reformers are able to mobilize around it, protect it, and think creatively about how to take the fullest advantage of it. Evidencing this very commitment, one member of the team working to rescue the police documents, a former guerrilla combatant, told me: "If they want to close down the archives" —a serious threat at various points during the Project's short existence— "then they'll have to drag us out of there themselves. And they will have to drag us out of there dead."[8]

Fighting the Archive Wars

Less well known than the Argentine and Chilean cases, Guatemala's experience of the Cold War was nevertheless the deadliest. The country's first ever democratic period, the 1944-1954 decade referred to as the "Revolutionary Spring," saw suffrage extended, political liberties opened, and the beginning of a sorely needed process to redistribute the wealth and land long jealously guarded by a tiny few.[9] It was truncated in 1954 when the CIA, working with right-wing exiles, toppled the democratically elected

---

8 PRAHPN022, interview by author, November 29, 2007. Interviews I did with Project workers were conducted confidentially, except in the cases of a handful of leaders who had already identified themselves to the national or international press; I assigned an internal code number to each such interview.

9 On the 1944 Revolution and the Revolutionary Spring, see Jim Handy, *Revolution in the Countryside: Rural Conflict and Agrarian Reform in Guatemala, 1944-1954* (Chapel Hill: University of North Carolina Press, 1994); Grandin, *The Last Colonial Massacre*; Luis Cardoza y Aragón, *La revolución guatemalteca* (Guatemala City: Editorial del Pensativo, 2004); Jorge Mario García Laguardia, *La revolución del 20 de octubre de 1944* (Guatemala City: Procuraduría de los Derechos Humanos, 1994).

president Jacobo Arbenz in a military coup.[10] The Revolutionary Spring raised Guatemalans' democratic expectations; the coup, and the military regimes that followed it, pushed those expectations underground, criminalizing and silencing them, but not eliminating them. In 1960, a group of reformist army officers rose up in insurrection, the first phase of several in which small groups of Guatemalans would resort to arms in order to force socioeconomic change.[11] State security forces, backed materially and politically by the United States, responded with disproportionate force not only against the armed opposition, but anyone it deemed, according to its Doctrine of National Security, an "internal enemy."[12] The resulting counterinsurgency cut a swath through the country. The Historical Clarification Commission (Comisión de Esclarecimiento Histórico, CEH) estimated that as many as 200,000 Guatemalans were killed, with 93 percent of those deaths attributable to state security or paramilitary forces and 3 percent to the insurgency. A large majority of the dead were Mayan Indians, who between 1981 and 1983 were the subjects of what the CEH ruled to be "acts of genocide," although non-Indians were killed as well (whether for their participation in insurgent groups or, more commonly, their real or perceived affiliation with popular movements or civil society groups calling for political opening). Moreover, the CEH found,

---

10   On the coup, see Nick Cullather, *Secret History: The CIA's Classified Account of its Operations in Guatemala, 1952-1954* (Stanford: Stanford University Press, 2006); Piero Gleijeses, *Shattered Hope: The Guatemalan Revolution and the United States* (Princeton: Princeton University Press, 1992); Richard Immerman, *The CIA in Guatemala: The Foreign Policy of Intervention* (Austin: University of Texas Press, 1983); Stephen Kinzer and Stephen E. Schlesinger, *Bitter Fruit: The Story of the American Coup in Guatemala* (Cambridge: Harvard University David Rockefeller Center for Latin American Studies, 1999).
11   Comisión de Esclarecimiento Histórico, "Orígenes del enfrentamiento armado, 1962-1970," in *Guatemala: Memoria del silencio*, vol. 1, 123-146.
12   See for example Paul Kobrak, *Organizing and Repression in the University of San Carlos, Guatemala, 1944 to 1996* (New York: American Association for the Advancement of Science, 1999); Deborah Levenson-Estrada, *Trade Unionists Against Terror: Guatemala City, 1954-1985* (Chapel Hill: University of North Carolina Press, 1994); Asociación de Investigación y Estudios Sociales en Guatemala (ASIES), *Más de cien años del movimiento obrero urbano en Guatemala. Tomo II: Reorganización, auge y desarticulación del movimiento sindical (1954-1982)* (Guatemala City: ASIES, 1991).

some 45,000 more were the victims of forced disappearance.¹³ By the time the Peace Accords were signed, the insurgent federation, the Guatemalan National Revolutionary Unity (Unidad Revolucionaria Nacional Guatemalteca, URNG), had been routed in combat, and the terms of the peace agreement reflected that power imbalance.¹⁴ Army and police officials enjoyed a self-declared amnesty from prosecution, kept democratic institutions like the judiciary purposefully weak, left socioeconomic disparities unaddressed, and ensured that the "official history" of the war —that the state had defended Guatemalans from the scourge of Communist subversion— won the narrative battle.¹⁵ Denying the CEH access to state security archives was a key component of that narrative struggle; another was the rejoinder, to denunciations of human rights abuses, that any such allegations were "not substantiated by documentary evidence."¹⁶ No archive holds all the truths, as archivists know well, but the National Police archives promised more than a few. The records dated back to 1881, the founding of the PN, and had been maintained by generations of *caudillos* seeking to keep a lid on social ferment. But just after the coup against Arbenz, U.S. consultants arrived to help the new military rulers stamp out

---

13 CEH, *Guatemala: Memoria del silencio;* REMHI, *Guatemala: Nunca Más!;* Carlos Figueroa Ibarra, *Los que siempre estarán en ninguna parte: La desaparición forzada en Guatemala* (Mexico City: CIIDH, 1999).
14 Juan Hernández Pico, *Terminar la guerra, traicionar la paz: Guatemala en las dos presidencias de la paz: Arzú y Portillo, 1996-2004* (Guatemala City: FLACSO, 2005); Jeremy Armon et al., *Guatemala 1983-1997: Hacia dónde va la transición?* (Guatemala City: FLACSO, 1997); Héctor Rosada-Granados, *El lado oculto de las negociaciones de paz: Transición de la guerra a la paz en Guatemala* (Guatemala City: Fundación Friedrich Ebert, 1998); Susanne Jonas, *Of Centaurs and Doves: Guatemala's Peace Process* (Boulder, CO: Westview Press, 2000); William Stanley and David Holiday, "Broad Participation, Diffuse Responsibility: Peace Implementation in Guatemala," in *Ending Civil Wars: The Implementation of Peace Agreements*, edited by Stephen John Steadman et al. (New York: Lynne Rienner Publishers, 2002), 421-462; Rachel Sieder, *Guatemala After the Peace Accords* (London: Institute of Latin American Studies, 1999).
15 Kirsten Weld, "Dignifying the Guerrillero, Not the Assassin: Rewriting a History of Criminal Subversion in Postwar Guatemala," *Radical History Review*, no. 113 (2012): 35-54.
16 Departamento de Información y Divulgación del Ejército, "El Ejército de Guatemala Remite al GAM ante la Opinión Pública," Guatemala City, September 17, 1986. Centro de Investigaciones Regionales de Mesoamérica, Antigua, Guatemala: Colección de Documentos, 2807.

any whispers of Communism, and they found both the Guatemalan security services and their archives to be woefully disorganized. In response, they implemented a nearly two decade-long, multi-pronged police assistance program to rationalize both the record-keeping and operational capacities of the National Police and the military. The U.S. trainers, under the auspices of what became USAID's Office of Public Safety, supplied the PN with filing cabinets, 3X5 file cards, and daily courses in records management, eager to impart the message that social control could only be effectively enforced using state-of-the-art techniques of archival surveillance. The Office of Public Safety's global police training program only lasted until the mid-1970s, when a Congress concerned about local allies' human rights violations shut it down, but in Guatemala it established the indispensable counterinsurgent uses of information management, and provided the guns, ammunition, vehicles, and communications networks required for state security forces to make use of that information.[17]

As such, reformers and activists' focus on obtaining access to army and police documents significantly predated 2005. "We've always been interested in getting access to all state archives," Mutual Support Group (Grupo de Apoyo Mutuo, GAM) director Mario Polanco told me.[18] GAM formed in 1984, the result of impromptu encounters between family members searching for disappeared loved ones at the Guatemala City morgue, and it quickly became a leading advocate for victims both in the courtroom and on the streets. Members of GAM were determined to discover what had happened to the country's *desaparecidos*, and made a point of filing countless writs of habeas corpus (*recursos de exhibición personal*) with authorities in order to ascertain the whereabouts of those illegally detained, even as the answer was always the same: *sin efecto*, without result. The researcher today pulling open any bundle of PN records from these years finds it rife with these requests. In 1985 alone, GAM filed over 700 such writs, recognizing that although the most disturbing acts committed by security forces were unlikely to have been documented on paper, police and army records could nonetheless provide important clues as to the detention or execution

---

17   Weld, *Paper Cadavers*, chap. 4.
18   Mario Polanco, interview by author, February 20, 2008.

of their family members. Petitions were roundly denied or else ignored altogether.[19] Only after the PN archives' reappearance three decades later did GAM's surviving members learn that senior police officials had, as of 1980, instructed agents never to share police detention logs with judges, thereby guaranteeing that no habeas corpus request would ever yield results.[20]

Throughout the late 1980s and 1990s, a number of additional battles over archival access —what I term the "archive wars"— punctuated human rights activists' efforts to seek accounting for the deaths and disappearances of their companions. In 1993, word circulated that the military had decided to destroy a large number of documents. In response, GAM worked with Nobel Peace Prize laureate Adolfo Pérez Esquivel, an Argentine activist who was jailed and tortured in both Brazil and Argentina during the 1970s, to bring a new kind of legal appeal to Guatemala: the writ of habeas data.[21] Habeas data holds that an individual has the right to access any information about herself or her family that is held by her government; it grants the individual access to, say, military files about the army's killing of her brother, in the same way that a writ of habeas corpus would give that same individual the right to ascertain if her brother was being held in army facilities.[22] The concept's genesis is Latin American; it was first implemented by Brazil, then by Colombia, then Paraguay, Peru, Argentina, and Ecuador, all countries that experienced internal conflict —and, importantly, forced disappearances— during the Cold War. In affirming the right to habeas data, the Argentine Supreme Court argued that the right to information necessarily touched upon "the rights to identity and to reconstruct one's own history, which are closely aligned with human dignity."[23] Taking a page from this initiative, GAM decided

---

19 Ibídem.
20 Archivo Histórico de la Policía Nacional, *Del silencio a la memoria: Revelaciones del Archivo Histórico de la Policía Nacional* (Guatemala City: AHPN, 2011), 18.
21 Andrés Guadamuz, "Habeas Data: The Latin-American Response to Data Protection," *The Journal of Information, Law, and Technology* 2 (2000).
22 Antonio González Quintana, "Archives of the Security Services of Former Repressive Regimes" (Paris: UNESCO, 1997). It was Brazil that first incorporated the idea of habeas data into its Constitution; Argentina, Brazil, Ecuador, Paraguay, and the Philippines followed suit. See Guadamuz, "Habeas Data."
23 Naomi Roht-Arriaza, *The Pinochet Effect: Transnational Justice in the Age*

to import habeas data, if unofficially, to Guatemala. Seeking to prevent the destruction of the military records, GAM presented its own writ of habeas data to the Supreme Court, the Constitutional Court, and the Human Rights Ombudsman's office "for symbolic value." Polanco noted that it was "more of a moral appeal than a legal appeal," particularly since the military eliminated the files anyway.[24] But the idea of archival access as a requisite component of post-conflict justice would endure.

As the 1990s wore on, the archive wars heated up. As mentioned previously, the Guatemalan state denied the CEH meaningful access to state security records, contravening the spirit of the Peace Accords. (After 2005, as activists labored in the PN records after their rediscovery, they found documents with "do not send to the CEH" scrawled at their top margins.[25]) "On the whole," wrote head truth commissioner Christian Tomuschat after the fact, "one may characterize the contribution made by the Government of Guatemala to the process of clarification as next to nothing.... The armed forces pursued a deliberate strategy of obstruction without admitting this," by dissembling or lying about the whereabouts and accessibility of police and military archives. Tomuschat concluded that the government's conduct toward the CEH was a "black stain" upon the Alvaro Arzú presidency.[26] Shortly after the release of the CEH report —which, despite the Commission's lack of access to state-generated archival material, was a groundbreaking piece of longue durée historical analysis— a high-impact dossier was smuggled out of the army's archives and given to human rights activists in the United States, who published it. Dubbed the "Diario Militar" or "Military Logbook," the thick file chronicled nearly two hundred forced disappearances and killings carried out between

of Human Rights (Philadelphia: University of Pennsylvania Press, 2005), 102. Of course, securing habeas data rights was more difficult in cases like that of the DINA in Chile, in which repressive security forces argued that they had destroyed their archives before the establishment of civilian government. See Andrzej Rzeplinski, "Habeas Data," copy in author's files.
24 Polanco, interview.
25 Christian Tomuschat et al. to Alvaro Arzú Irigoyen, February 19, 1998. Reprinted in CEH, *Guatemala: Memoria del silencio...*, vol. 12, anexo 3; Sergio Morales, interview by author, February 12, 2008.
26 All Tomuschat citations from Tomuschat, "Clarification Commission in Guatemala."

1983 and 1985 by the intelligence unit, auspiciously known as "El Archivo," of the Presidential Staff (Estado Mayor Presidencial, EMP).[27] It was a vivid, gruesome document, and in some cases it revealed victims' fates for the first time. The military vigorously disavowed ownership of the file, but despite these disavowals —or, perhaps, because of them— the case of the Diario represented the human rights community's first real victory in the archive wars. In the immediate wake of the Diario's release, family members of the 183 individuals named in the document called upon President Arzú in his role as commander-in-chief of the army to release even more files from the military archives.[28] (He refused.) The human rights ombudsman, Julio Arango, convened the Multi-Institutional Authority for Peace and Understanding, a group uniting some 65 human rights organizations with the objective of fighting for archival access as it pertained to justice.[29] The Diario galvanized human rights activists and bolstered the denunciations they had been making for years —the files they so desperately sought *did* exist.[30]

---

27 Four organizations co-published the document: the National Security Archive, Human Rights Watch, Washington Office on Latin America, and the American Association for the Advancement of Science. They obtained the document from unidentified individuals, who paid the smuggler two thousand dollars for it. See Kate Doyle, "Death Squad Diary: Looking Into the Secret Archives of Guatemala's Bureaucracy of Murder," *Harper's Magazine*, June 1999, 52-53 and Thomas Blanton, "Recovering the Memory of the Cold War: Forensic History and Latin America," in *In From the Cold: Latin America's New Encounter with the Cold War*, edited by Gilbert M. Joseph and Daniela Spenser (Durham: Duke University Press, 2009), 47-73.
28 Ramón Hernández S., "Se abre gran polémica: Diversos sectores piden al gobierno entregar archivos de desaparecidos durante la guerra," *Prensa Libre*, May 21, 1999; "Piden abrir expedientes secretos del Ejército," *El Periódico*, June 2, 1999; Pavel Arellano, "Sin golpes de Estado," *Prensa Libre*, July 20, 1999; Olga López Ovando, "Aumentan denuncias: Familiares de desaparecidos presentarán 50 nuevas solicitudes," *Prensa Libre*, June 20, 1999.
29 "Exigen esclarecer desapariciones," *El Periódico*, May 29, 1999.
30 The abundance of evidence contained in the Diario offered promising material for courtroom justice. In 2007, the Myrna Mack Foundation (FMM) and the Berkeley Human Rights Law Clinic filed a case before the Inter-American Commission on Human Rights on behalf of a group of thirty Diario victims' family members. In October 2008, the Commission held a hearing specifically regarding the right of victims' families to access state documents about their lost loved ones; more than 500 documents from the police archives containing information

And so, when the infamous Presidential Staff was disbanded in 2003, accompanied by rumors that its records would be destroyed, GAM and the Archbishop of Guatemala's Human Rights Office (Oficina de Derechos Humanos del Arzobispado de Guatemala, ODHAG) were ready to step in.[31] They jointly petitioned to have the EMP's archives saved, turned over to the PDH, and opened for consultation and analysis. This time, surprisingly, the petition was granted, and members of GAM, the ODHAG, and the group Security in Democracy (Seguridad en Democracia, SEDEM) spent nearly two years photographing nearly one million pages' worth of records as quickly as their scant resources allowed, figuring they could organize the records later.[32] "It was very...*artisanal*," explained one member of the photographing team.[33] Consequently, instructive errors were made. Because archivists were never included in the process, the EMP documents were photographed without regard to maintaining the original order, ascertaining the provenance, or preserving the chain of custody of the records. As such, in a court of law it would have been too easy to dismiss the images as fabrications.[34] At the end of the initiative, the PDH and the NGOs were left with more than 700 compact disks' worth of images, without any sense of the documents' order or the spatial relationships between different records, both important tools for their interpretation.[35] Divorced from their original contexts, the records would be much harder to analyze after the fact, especially since it was evident that the body

---

about those named in the Diario, compiled by the Project and the National Security Archive, were submitted as evidence. For details, see Kate Doyle, "Update: The Guatemalan Death Squad Diary and the Right to Truth," National Security Archive Electronic Briefing Book No. 378, May 3, 2012, available at www.nsarchive.org/guatemala.

31 On dissolving the EMP, see Edgar Gutiérrez, *Hacia un paradigma democrático del sistema de inteligencia en Guatemala* (Guatemala City: Fundación Myrna Mack, 1999); Rachel Garst, "Military Intelligence and Human Rights: The Archivo and the Case for Intelligence Reform" (Washington: Washington Office on Latin America, 1995); Iduvina Hernández, "A Long Road: Progress and Challenges in Guatemala's Intelligence Reform" (Washington: Washington Office on Latin America, 2005).

32 PRAHPN015, interview by author, November 2, 2007; PRAHPN023, interview by author, December 3, 2007.

33 PRAHPN023, interview.

34 Estuardo Galeano, interview by author, February 6, 2008.

35 Iduvina Hernández, interview by author, November 26, 2007.

of records had already been "cleansed" of controversial material by outgoing military officials.[36] GAM and SEDEM themselves were unable to fund an analysis of the images; the PDH kept the master disks because it had held the original legal jurisdiction to digitize the records, but it never made a serious attempt to put them to investigative purposes, nor did it open them to researchers from other organizations. In fact, the possibility of granting access to the images down the line was never even considered, which also affected how the images were gathered.

These pitfalls —the uninformed archival practice, the PDH's ambivalence, the improvised nature of the initiative— meant that the opportunity of having had access to the EMP records was never fully capitalized upon. However, warts and all, the experience with the EMP archives laid groundwork for what would follow on its heels: the discovery of the National Police archives. It conferred upon the PDH, GAM, and SEDEM a "certain level of moral authority regarding these types of archives," in the words of SEDEM's Iduvina Hernández —it established human rights organizations as "natural" stewards of documents pertaining to the armed conflict, even though the Guatemalan constitution (and professional archival prerogative) assigned that role to the Archivo General de Centroamérica (AGCA), the national archives.[37] And so, when the PN archives were discovered in 2005, the PDH convened the Human Rights Convergence, an umbrella group uniting many of Guatemala City's major human rights NGOs, to devise a strategy for grappling with the find. When the PDH asked Convergence members to lend employees of their own organizations as volunteers in the nascent police archival recovery effort —what soon became the Project— they had natural candidates to offer: those who had worked on the EMP initiative. The efforts to rescue the National Police archives therefore owed the dedication of their workers and leaders, as well as the solidarity and support of local and international allies, to some twenty years' worth of struggle over access to archives.

The PRAHPN (Proyecto para la Recuperación del Archivo Histórico de la Policía Nacional) was indisputably the beneficiary of the folk wisdom, steep learning curve, and precedents established

---

36   Ibídem.
37   Ibídem.

over the course of the archive wars. But it would also, in the ensuing years, confront far thornier challenges for which no precedents existed. Activists jumped at the opportunity to make use of the police archives —for writing new histories of the war, confirming events previously lacking documentary proof, and attempting to finally see courtroom justice done— but their efforts were bedeviled by major logistical headaches, the intensity of the rescue work's emotional and psychological demands, and the difficulties of institution-building amidst the perversities of Guatemala's postwar politics. The simple reappearance of the National Police archives raised more questions than it answered; any potential impact the archives would have on processes of truth-telling, history-writing, and justice-seeking would depend entirely on how they were put to use by Guatemalans.

Uncharted Territory

The records left behind by the Stasi, the intelligence service of the German Democratic Republic, were voluminous in quantity but, with the exception of a body of high-impact records that had been shredded by hand, exceedingly well organized and preserved, given that they were still in active use when East German dissidents stormed Stasi headquarters in 1989.[38] Conversely, the records composing Paraguay's "Archive of Terror," discovered in a police station in 1992, were comparatively few in number —less than one million documents— but disorganized, heaped in "an absolute mountain" in the back room of a run-down Asunción police station.[39] Guatemala's National Police archives, however, evinced the worst of both worlds when they were found: staggeringly numerous, and in an execrable state of preservation and organization. The initial PDH investigators perusing the half-finished edifice housing the records found crude bundles by the millions spotted with vermin feces and cockroach carcasses, coated in years of dust, with puddles of cloudy

---

38 For the best English-language account of a reunified Germany's handling of the Stasi archives, see A. James McAdams, *Judging the Past in Unified Germany* (Cambridge: Cambridge University Press, 2001).
39 R. Andrew Nickson, "Paraguay's Archivo del Terror," *Latin American Research Review* 30, no. 1 (1995): 125-129.

water seeping up into bookcases and piles of paper and rotting them slowly from within. They found valuable, but sodden computer disks stuffed into cracks in the walls in a misguided attempt to keep the rain out; mounds of documents eroded by years of sun and water exposure into hard papier-mâché crusts; and, in not a few cases, plant life sprouting up from piles of wet and moldy papers. No systematic research in the archives was possible at first. In order to find out what secrets the records might tell, all manner of work —in forms unforeseen by those who rolled up their sleeves in the earliest days— needed to be done. Grappling with the archives, a natural flashpoint for both interest and opposition, would ultimately require lobbying, funding, training, legal foundations, alliance-building, security, technology, staffing, supplies, expertise, perseverance, and hope. And though these varied types of work would eventually be performed by a team of over two hundred Guatemalans, using state-of-the-art methods and aided by an enthusiastic group of international allies and donors, what became the Project for the Recovery of the National Police Historical Archives began as a tiny handful of volunteers with little more than shovels, an abiding faith, and a deep sense of their own histories.[40]

First, the PDH secured an emergency judicial order allowing its investigators access to the documents. This did not confer ownership, and did not allow the PDH to move the records; those embarking on the patient work of sorting through the archival chaos would do so on an active police base, under surveillance. And they would do so conscious of the risks involved: María Ester Roldán, the judge who issued the judicial order, was approached by a police lawyer and offered her price to reverse the decision. When she refused, she received death threats, her home was machine-gunned, and her office was ransacked.[41] After the fledgling initiative selected Gustavo Meoño, a former guerrilla commander, to direct the Project, a group of generals from AVEMILGUA, the military veterans' association, visited the human rights ombudsman and not only demanded Meoño's firing, but also lodged written requests for

---

40 See also Kate Doyle, "The Atrocity Files: Deciphering the Archives of Guatemala's Dirty War," *Harper's Magazine*, December 2007, 52-64.
41 Coralia Orantes, "Juez denuncia intimidaciones: ordenó traslado de archivos de Policía a la PDH," *Prensa Libre*, May 11, 2006.

information about the other personnel hired on at the Project —a clear attempt at intimidation.[42] In the early years of the rescue, the Project's unarmed guards had to contend with multiple suspicious overnight fires, several set by Molotov cocktail, at the site.[43] And as time went on and the first legal cases based on documents from the PN archives went to court, Project workers were surveilled and photographed by the occupants of unmarked cars parked at the entrance to the site.[44] (The direst threat to the Project's survival, though, would come from within: the human rights ombudsman who had kicked off the rescue of the archives, Sergio Morales, would in 2009 try to shut down the Project's investigative work altogether, using the Project as a bargaining chip with conservatives in order to advance his personal political fortunes.)[45]

The juridical integrity of the initiative ensured, however flimsily, the Project then turned to the complex logistics required to even imagine a path forward. First, there was the matter of funding: given that the Guatemalan government would contribute no financial support, the PDH appealed to friendly nations' foreign development agencies, those of Spain and Switzerland and Germany and Sweden, among others, for help.[46] International funds allowed the Project to survive and thrive, but it also left the Project dependent upon the continued engagement of the international community, and required the Project's leaders to spend significant amounts of time filing reports on their activities and making sure

---

42 Carla Villagrán, interview by author, October 12, 2007.
43 Juan García, "Tratan de quemar archivos policiales; lanzan cocteles molotov y ardieron vehículos; PDH exige investigación del atentado," *La Hora*, May 11, 2006. By February 2008, there had been five fires of dubious origin at the archives site, along with two Molotov cocktail incidents. Leonardo Cereser, "Intentan quemar archivos de PN," *Prensa Libre*, February 9, 2008.
44 Leonardo Cereser, "PDH señala agresiones, amenazas, y persecuciones en caso García," *Prensa Libre*, March 20, 2009; Juan Manuel Castillo, "PDH denuncia amenazas contra su personal," *El Periódico*, March 20, 2009.
45 Weld, *Paper Cadavers*, chap. 8; Various organizations, "ONGs exigen protección de Archivo Histórico de la Policía Nacional – por el derecho a la memoria, la verdad, y la justicia," www.albedrio.org, June 29, 2009; "Presidente oficializa traslado de archivos de la PN al Ministerio de Cultura," *Prensa Libre*, June 30, 2009); Hernández, interview.
46 For a complete list of donors, see http://archivohistoricopn.org/pages/institucion/donantes.php.

no penny of international assistance was left unaccounted for. As one worker told me, "international assistance is a necessary evil. The ideal would be for us to have our own state archival politics, our own state resources to care for archives. But that is the desire, not the reality."[47]

There was also the question of making the dodgy, half-abandoned site into a safe working area —plugging the leaks in the ceilings, putting panes into the windows, restringing the electrical wiring, building rudimentary bathrooms, dealing with the various vermin infestations (bats, fleas, rats, worms), installing security cameras. One of the most pressing concerns was the number of junked automobiles piled up willy-nilly in the bald fields surrounding the site, in places stacked as many as three or four high. The fields were the tow trucks' dumping grounds for all vehicles destroyed in the city's many traffic accidents; stray dogs lived among the heaps of twisted metal, which included cars several decades old and even the carcass of a downed airplane. These wrecks, their tanks half-full of gasoline, put the documents in grave danger of succumbing to fire —a risk made all the more evident after the first Molotov cocktail attacks— but the Project did not have the equipment, money, or legal authority to move them for several years. And some infrastructural dangers lay quite outside the Project's control. For example, in February 2007, area residents awoke in the middle of the night to a fearsome rumbling. Overnight, a city block-sized area just around the corner from the archives was literally swallowed by the earth, the result of a burst sewage main, suddenly collapsing into a 100-meter deep sinkhole that consumed houses, businesses, and several local residents.[48] (The sinkhole missed the archives building, but not by much.)

Then there was the issue of capacity building; in 2005, all of Guatemala was home to fewer than ten trained archivists, and the AGCA was itself grievously underfunded and understaffed. Those drawn to the work at the Project were not experts in information management, but activists —some of them veterans of the Left

---

47 PRAHPN005, interview by author, October 8, 2007.
48 Reuters, "Hole opens in Guatemala neighborhood, 3 missing," February 23, 2007; Associated Press, "Massive Guatemala sinkhole kills two teens," February 23, 2007.

(whether armed or unarmed) during the war, others children of the dead and disappeared, who were hired on because of their trustworthiness and discretion. Originally they did not see the value in applying archival norms and standards to the records as they cleaned and organized them. Over time, and with significant training funded by international donors, Project workers came to see the critical value of handling the documents in an archivally sound manner, but orienting their work in this direction took additional time and energy. And finally, one cannot recreate the original order of an institution's archives without understanding the inner workings of that institution. This was a further challenge, since the police had always operated more or less in secret, and its death squads tended to leave minimal information in writing. So the archival rescue could not proceed absent a companion effort, one of historical interpretation —which, by its very nature, was a slow, methodical process. Human rights activists therefore had to be transformed, through training and experience, into amateur historians and amateur archivists.[49]

Every such obstacle —and every moment devoted to confronting it— further highlighted the essential fragility of the enterprise. Protected only by an emergency order instead of a strong national archives law, and vulnerable to political interference, donors' compassion fatigue, and a ticking clock, the work at the Project unfolded with a palpable sense of urgency. (No one knew how long the Project would be allowed to continue existing, especially as a powerful military candidate, Otto Pérez Molina, set his sights upon the presidency —first seeking it in 2007, then winning it in 2011.) As the rescue effort expanded in size and scope, systematizing its investigation and assimilating the necessary archival-science methodology, this mounting pressure was absorbed by the latest generation of archive warriors: the tenacious women and men who worked, 8 hours a day, 5 (or more) days a week, for years to exhume the secrets of the archives.

---

49 Weld, *Paper Cadavers*, chaps. 3 and 6.

Emotional Labor

What began as a tiny handful of volunteers, armed only with shovels and flimsy face masks worn to ward off the dust and mold, transcended its humble origins over several years. By 2007, the Project had become an internationally funded, equipped, and trained team of more than 150 Guatemalans, more than half of them under the age of 30, who set themselves to reading, cleaning, organizing, digitizing, and analyzing the documents. That the task should involve vast amounts of technical labor was to be expected. But just as important, if not more so, was the affective or emotional labor, precisely the kind that no foreign donor or best practices guidelines could supply.[50]

First, there was the affective labor that was inherent to the job itself. Spending eight hours a day reading not only about political repression, but also about common murders, sexual assaults, armed robberies, and other acts of violence would tax the coping skills of even a disinterested reader, a reader with no personal connection to the place or the people in the documents. As one Project worker told me, "when you read something, you visualize it, you visualize the suffering of this person in your head, you see in your head where they fell. You see the suffering of the widow, the children." He spoke of recurring dreams he had begun having since starting to work at the Project, in which identical scenarios to those in the documents would replay in his mind, with his own children as the subjects.[51]

But the Guatemalans performing this archival rescue work were not by any means disinterested readers. Instead, many of them had long, rich histories of participation in progressive and leftist sectors during the war years —as trade unionists, students, teachers, Communist Party members, or, for some, as armed insurgents in one of the country's left-wing guerrilla groups. Others were the children of these types of individuals, and had their own political commitments to progressive movements. These were the very sectors of society that state security forces, with their archives and infiltrators and spies, had targeted for destruction thirty

---

50 On "emotional labor," see Elizabeth Jelin, *State Repression and the Labors of Memory* (Minneapolis: University of Minnesota Press, 2003).
51 PRAHPN010, interview by author, October 16, 2007.

years before. And so they had a special kind of relationship to the documents they were processing. The pages offered up not the abstracted, deracinated accounts of violence that would strain any reader. Instead, they chronicled the names and lives of people who were *theirs* —*their* friends, *their* acquaintances, *their* schoolmates, *their* loved ones. Most of the time, these references documented things —deaths, captures— that Project workers already knew about. But sometimes, these references were revelatory. "In there, I found out how my brother had died," one told me.[52] Before, she said, the family had never known what had happened to him; he had simply disappeared. That many Project workers had directly lived the war as protagonists was an invaluable asset as they worked to interpret the documents —they recognized names and events that an outsider would have missed. But this had costs, too. As one worker, an ex-Communist Party activist forced into exile during the 80s, told me, the archives were "a space where we all return to the past, and we all come to re-live the pain or to awaken what's asleep inside each and every one of us, and to face the reality of what we lived."[53] And because these individuals were paid employees of the Project, rather than just private citizens visiting a public archive to seek a specific piece of information, they had to press ahead with the work, despite whatever wounds the papers reopened.

In general, wartime activists who in peacetime labored for justice bore a double burden. Not only were these individuals often themselves victims, having lost family members or friends to state repression or to revolutionary campaigns, but they continually relived and re-encountered their past experiences while doing their contemporary memory work. In so doing, they simultaneously wrestled with and reified their losses, even while seeking to marshal them for the purposes of making change in the present.[54] This affective strain manifested itself in a variety of ways. Many Project workers spoke to me of how the work followed them home in the form of dreams and nightmares, and swings of

---

52 PRAHPN027, interview by author, January 22, 2008.
53 PRAHPN006, interview by author, October 9, 2007.
54 By no means was this dynamic unique to the Project —the Guatemalans who worked on the CEH, for example, were deeply impacted by the pressures of taking victims' testimonies, as many had themselves suffered gravely during the war— or unique to Guatemala.

mood or temperament. As one —a former trade unionist who was actually shot by a National Police officer during the early 1980s and survived— said, "Involuntarily you get irritable sometimes, you get angry. It's a permanent struggle not to let yourself get carried away by these feelings."[55] Another, an ex-guerrilla combatant, described how she had been struggling, since the Peace Accords, "to put everything that had happened behind me," but that upon beginning at the archives, the memories "hit me like a giant headache."[56] Still another, once a member of the banned Communist Party, found himself becoming enraged after finding a document pertaining to an erstwhile neighbor of his, a fellow student activist assassinated during the 1980s: "It makes me so angry to see the documents attesting to how they followed X or Y person. You say to yourself, look at this whole structure, all lined up against one person. It makes you angry, because it wasn't fair, it wasn't one-on-one —it was a structure. Hundreds of people against one. It's frustrating and it makes me so angry."[57] Workers struggled not only with the content of the documents, but also with the physical space in which the documents were housed: *la isla*, as it was called during the 1980s when the police used it to detain and torture dissidents.[58] As one worker said, "The fact of entering this place made me remember, it makes you remember and it makes you think that your friends were once there, and you couldn't help them, you couldn't do absolutely anything for them."[59]

However, other workers, rather than shying away from the embodied experience of re-living their pasts through the eyes of the Other, embraced it. When I asked one fellow, a former trade unionist and Communist Party organizer, if it was difficult for him to read about so much violence, he replied, "No, it's fascinating! For those of us who continue to live the past, reading these papers allows our latent traumas to flower, allows us to remember that one of these cadavers we see in the photos could have been a *compañero* who had been at one's side. Because all of the cadavers that turn up as

---

55 PRAHPN006, interview by author, October 9, 2007.
56 PRAHPN014, interview by author, October 31, 2007.
57 PRAHPN018, interview by author, November 9, 2007.
58 *La Isla: Archives of a Tragedy*, directed by Uli Stelzner (Germany/Guatemala, 2009, 85 min).
59 PRAHPN002, interview by author, September 28, 2007.

XX or unidentified, all of those cadavers had names. And they were killed, and things were done to them, and that was because they had names. It wasn't because they were nameless. To see that, it causes old traumas to surface anew....But that's a very good thing."[60] So the emotional labor was not necessarily, or universally, a labor of misery and pain. Some activists derived great strength from revisiting the solidarity, companions, love, and memories of difficult times past. The older workers, in particular, spoke to me in one voice about how gratifying it was to pass their bittersweet memories on to the members of the younger generation working alongside them at the archives. Often, emotional labor was simultaneously grueling and generative, arduous yet reconstructive.

It is normal that the former dissidents of a fallen regime end up being the ones who sift through that regime's ashes, in this case, its records, and bear that double burden of renewed trauma.[61] But when that regime is not actually dislodged from power, as was the case in postwar Guatemala, activists on the ground need to take social reconstruction into their own hands, supported in matters financial and technical from abroad but supplying the emotional labor —and assuming the risks— themselves.

Advances and Setbacks

As the Project expanded, it systematized its work along three interconnected axes: the archival, involving the description and organization of the records; the quantitative, a statistical sampling project undertaken with guidance from the U.S.-based Human Rights Data Analysis Group; and the investigative, comprising the research into human rights abuses.[62] And it was tremendously successful. By 2007, two years after the archives' discovery, the Project had expanded to proportions that were mammoth by local

---

60 PRAHPN007, interview by author, October 10, 2007.
61 See, for example, the case of the Stasi archives, discussed in McAdams, *Judging the Past*.
62 On Benetech's involvement with the Project, see Ann Harrison, "Guatemalan National Police Archive Project: An Astonishing Discovery," Human Rights Data Analysis Group (2007), http://www.hrdag.org/about/guatemala-police_arch_project.shtml.

standards. Funding came from foreign countries' development agencies; advising and technical support came from organizations like Benetech and the National Security Archive. The Project built relationships with such far-flung archival recovery and memory efforts as the Iraq Memory Foundation, the Documentation Center of Cambodia, Archivists Without Borders, Chile's Vicariate of Solidarity, Paraguay's Archive and Documentation Center for the Defense of Human Rights, and Argentina's Provincial Commission for Memory.[63] In 2009, the Project released the first version of a hard-hitting, comprehensive report on its findings from the archives, updated and re-released in 2011 as *Del silencio a la memoria* (published in English by the University of Oregon in 2013); in 2011, in partnership with the University of Texas at Austin, it inaugurated open online access to the millions of documents that had been digitized.[64] Along the way, the initiative changed its name to, simply, the Archivo Histórico de la Policía Nacional (AHPN), signifying an ontological change: from something incipient in the process of *becoming*, i.e. a "Project," to something that had achieved a state of *being*, an archival institution with a degree of permanence.

Importantly, however, Project leaders were not content to simply reap the rewards of international interest for their initiative's

---

63   In 2007, the Project established an international advisory board composed of, among others, Patrick Ball, director of Benetech's Human Rights Program; Ana Cacopardo, executive director of Argentina's Comisión Provincial para la Memoria; Wynne Cougill, of the Documentation Center of Cambodia; Kate Doyle, Senior Analyst at the National Security Archives; archivist Antonio González Quintana; Hassan Mneimneh, director of the Iraq Memory Foundation; Manfred Nowak, UN Special Rapporteur on Torture; Rosa Palau, co-director of the Documentation Center and Archive for the Defense of Human Rights; Nobel Prize winner Adolfo Pérez Esquivel; Fina Solà, international secretary of Archivists Without Borders; and María Paz Vergara, director of the Documentation Foundation and Archive of the Vicariate of Solidarity in Chile. The Project also maintained a National Advisory Board, which included academics Gustavo Palma, Jorge Luján Muñoz, Irmalicia Velásquez Nimatuj, Carlos Guzmán Bockler, Edelberto Torres Rivas, Víctor Gálvez Borrell, Marina de Villagrán; activists Fredy Peccerelli, Iduvina Hernández, and Alvaro Pop; journalists José Rubén Zamora, Silvia Gereda, Oscar Clemente Marroquín, and Haroldo Sánchez; CIRMA director Lucrecia de Paniagua; Edeliberto Cifuentes, lawyer Hilda Morales Trujillo, and former Ombudsman Jorge Mario García Laguardia.
64   The English version of the AHPN is available online at https://scholarsbank.uoregon.edu/xmlui/handle/1794/12928.

exclusive benefit. Once the Project had built its own momentum, it began seeking ways to share its state-of-the-art equipment, expertise, and staff with other sectors of society, self-consciously attempting to bring about a sea-change in the way state institutions, private organizations, and the educational system conceived of archival preservation and access. For example, the Project lent its scanners for the digitizing of some 400,000 pages of adoption records from the Secretariat of Social Welfare (Secretaría de Bienestar Social, SBS), dating from 1978 through 1986; the SBS archives documented cases of children abducted from left-wing parents by the military during the war and placed on the international adoption market.[65] Taken for forcibly disappeared, some of these children would, it was hoped, eventually be reunited with their families using the information from the SBS archives, as Salvadoran and Argentine children had. Such collaborations abounded: the Project accepted the Ministry of Culture's invitation to participate in preparing a proposal to protect the country's cultural patrimony by developing a stronger legal foundation for documentary preservation.[66] It also established research-sharing partnerships with the Foundation for Forensic Anthropology (Fundación de Antropología Forense de Guatemala, FAFG) and the National Reparations Program (Programa Nacional de Resarcimiento, PNR), in order to, respectively, help identify unmarked bodies excavated from urban mass graves and cemeteries and to bolster victims' claims for reparations.[67] And the Project not only pitched in on like-minded initiatives, but creatively generated ways of making its own interventions into national archival culture. Its archivists worked with the University of San Carlos to develop a diploma program combining instruction in the practices of archival science and human rights research, in order to better stock the country with young professionals prepared to handle

---

[65] "Sale a luz tráfico de niños durante la guerra interna: Archivo de Bienestar Social documenta adopción ilegal de infantes dados por desaparecidos," *El Periódico*, March 24, 2009; Editorial, "Los huérfanos del conflicto," *Prensa Libre*, March 24, 2009; Ligia Flores, "Archivo de SBS podría esclarecer adopciones ilegales durante guerra - Digitalización de la PDH estará a disposición este mes," *La Hora*, March 10, 2009.
[66] Ingrid Molina, interview by author, November 11, 2007.
[67] "Luchan por encontrar la identidad perdida," *Prensa Libre*, August 8, 2009; Fredy Peccerelli, interview by author, October 30, 2007.

records of similar importance; its National Advisory Board worked to generate a draft for a new national archives law to replace the obsolete Decree-Law 17-68.[68] "The Project is converting itself into an archival reference point, and people are starting to ask us to help them out," said Alberto Fuentes, the Project's assistant director. "Let's hope that this translates someday into an archival politics at the state level."[69]

Indeed, the Project came to spark, or to intersect with, a whole constellation of post-2005 initiatives surrounding citizens' access to state records, including efforts to secure the declassification of military records from the war. One campaign, which began even before the signing of the Peace Accords, was finally won three years following the discovery of the police archives: after more than a decade's worth of advocacy for a national access to information law, Congress finally approved the Free Access to Public Information Law in September 2008.[70] It entered into force in April 2009, and though its implementation was bedeviled by official intransigence —most notably coming from the Frente Republicano Guatemalteco party and its patriarch, ex-dictator Efraín Ríos Montt— and a lack of preparation on the part of individual state dependencies, its passage nevertheless represented a major step forward in the state's archival practice.[71]

Other post-2005 archival access initiatives were more expressly political, and politicized. Much discussion in these years centered around four specific documents: Plan Ixil, Plan Sofía, Plan Victoria, and Plan Firmeza, all early-1980s military action plans for counterinsurgency operations in the province of El Quiché. The Association for Justice and Reconciliation (Asociación para la Justicia y Reconciliación, AJR), along with the Center for Human

---

68 Gustavo Palma, interview by author, November 14, 2007; Alberto Fuentes, interview by author, February 21, 2008.
69 Fuentes, interview.
70 Guatemala lagged, regionally, in passing an access to information law; Honduras and Nicaragua passed theirs in 2006; Panamá's dated to 2002, and Belize's to 1994.
71 Hugo Alvarado, "Carlos Barreda: Queremos más y mejor acceso a información," *Prensa Libre*, September 15, 2008; Leonardo Cereser, "Avanzan preparativos para verificar nueva Ley de Acceso a la Información," *Prensa Libre*, February 15, 2009.

Rights Legal Action (Centro Para la Acción Legal en Derechos Humanos, CALDH), had long fought for the official release of these plans, though unofficial versions of several of them had been circulating for some time.[72] But the effort to declassify these documents faced the same obstacles as did similar forays into the justice system: an endless succession of *amparos*, or injunctions, filed by Ríos Montt's lawyers insisting that the plans' surrender would constitute a violation of Article 30 of the Constitution and its *secreto de estado* provision, which allowed the state to reserve information pertaining to national security (a loophole that was regularly abused to justify state hermetism long after the end of the war).[73] Each time one of Ríos Montt's injunctions was thrown out of court, his lawyers would file another, and another, to delay the case. When, finally, the AJR and CALDH won their appeal in Guatemala's highest court —and organized a march through Guatemala City to push the Colom government to honor the decision— army authorities argued that two of the four plans had been destroyed, and thus could not be turned over as per the court's order. Defense Minister Abraham Valenzuela reported that the documents, like some of the Guatemalans whose lives were documented in them, had simply "disappeared."[74]

Supporters of the counterinsurgency plans' release had reason to be frustrated: President Colom had made an unprecedented promise a year earlier, prompted by the success of the Project, and activists wanted results. February 25 was already a poignant day, being the National Day of Dignity for the Victims of

---

72 Lorena Seijo, "Plan Sofía confirma autoría de masacres," *Prensa Libre*, March 18, 2007.

73 Some sense of this back-and-forth is found in a press release of the Asociación para la Justicia y Reconciliación, "Organizaciones exigen la entrega de documentos militares," February 13, 2009. http://www.nisgua.org/themes_campaigns/index.asp?id=3315; on *secreto de estado,* see Silvio René Gramajo Valdés, *El derecho de acceso a la información: Análisis del proceso de discusión y gestión en Guatemala* (Guatemala City: Asociación DOSES, 2003).

74 "Ejército dice que 'desaparecieron' dos informes militares," *Prensa Libre*, February 26, 2009. In December 2009, human rights organizations presented Plan Sofia as evidence in Spain's genocide case against eight Guatemalan military and police officials. See Kate Doyle, "Operation Sofia: Documenting Genocide in Guatemala," December 2009, http://www2.gwu.edu/~nsarchiv/NSAEBB/NSAEBB297/.

the Armed Conflict, but in 2008 it took on special significance. That day, Colom made the jaw-dropping announcement that he would presently be ordering the opening of all the military's archives.[75] "We want truth and justice," Colom indicated, after acknowledging that "reconciliation" would probably prove impossible. "We will make all of the military's archives public, so that the truth can be known."[76] The inspiration for Colom's declaration was clear: from day one, the president indicated that the ideal approach for managing the army's archives would be to pass them into PDH custody, in order that PDH staffers —veterans of the Project— could commence a recovery initiative along the same lines as that of the police archives. It was a stunning reversal of the status quo.[77] And it seemed, at first, that Colom's promise might be kept. Within days, Colom asked the Project to assemble teams of its workers for deployment to the relevant military bases, to begin work on the files as soon as the logistics were sorted out with army high command. Colom even visited the Project to declare his support for the plan; Meoño called the president's initiative "the most important historical opportunity to arise since the signing of the Peace Accords."[78] At the Project, workers wept and embraced upon hearing the news.

But the substantive change promised by Colom did not come to pass. Military officials refused to accede to his request, again citing Article 30 as justification. "Even as President and commander-in-chief of the army, he is not above the law," asserted Defense Minister Marco Tulio García.[79] Ex-president Mejía

---

75   Antonio Ordoñez, "Presidente Colom ordena abrir archivos del Ejército," *Prensa Libre*, February 25, 2009.
76   Carmen Esquivel Sarría, "Apertura de archivos militares, una mirada al pasado," *Prensa Latina*, March 3, 2008; "Aplausos y críticas por anuncio de apertura de archivos militares," *Prensa Libre*, February 25, 2009.
77   See editorial, *La Hora*, February 27, 2009; "Aplausos y críticas por anuncio de apertura de archivos militares," *Prensa Libre*, February 25, 2009; Miguel Angel Albízures, "El ofrecimiento de Colom," *El Periódico*, March 4, 2009; editorial, "Ejército guatemalteco debe abrir expedientes de guerra interna: FRM," *El Porvenir*, May 27, 2008.
78   Javier Estrada Tobar, "PDH acompañará investigaciones en archivos militares: Colom observa trabajo similar en documentos de la PN," *La Hora*, March 4, 2009.
79   Hugo Alvarado, "Ejército se niega a entregar archivos," *Prensa Libre*, October 22, 2008.

Víctores' lawyer, Fernando Linares, called Colom's pronouncement "unconstitutional," and suggested that the president was ignorant of the Constitution's stipulations. Others attempted different evasive maneuvers. General Otto Pérez Molina, who would succeed Colom as president, argued that declassification was a red herring: "In our archives, they aren't going to find that any operation to kill innocent people was designed or ordered during the armed conflict. That's not going to be found in any archives. That's not going to appear."[80] In June 2011, to deflect criticism, the army opened a collection of some 12,000 military documents spanning the more than four decades between 1954 and 1996 —which is to say, an implausible paucity of records purporting to cover some forty years of army operations during a war— to the public, but researchers soon reported that these were little more than bureaucratic flotsam and jetsam.[81]

While expectations were deflated in this instance, the fact that a civilian president had dared to even *attempt* forcing open the army's records was still significant.[82] And it would not have transpired absent the precedent established by the rescue of the National Police archives. The Project, through its marshaling of political capital and its self-conscious efforts to change the country's archival culture, transformed the idea of civilian access to secret military records —and the shift in the power balance between society, the state, and the army that such access would entail— into something speakable and thinkable, if not quite doable (yet). The teams of Project workers readied for deployment to military bases were dissolved once it became clear that the army would not give in without a fight. But it was also true that Colom's commitment to archival opening was not simply a matter of hot air. Within SEPAZ, the Presidential Peace Secretariat, Colom ordered the creation of a new program: the Peace Archives Directorate, which would work

---

80   Linares and Pérez Molina are cited in "Aplausos y críticas por anuncio de apertura de archivos militares," *Prensa Libre*, February 25, 2009. For more on Pérez Molina and the Gerardi killing, see Francisco Goldman, *The Art of Political Murder: Who Killed the Bishop?* (New York: Grove Press, 2008).
81   "Gobierno abre más de 12 mil archivos militares," *Prensa Libre*, June 20, 2011.
82   Danilo Valladares, "The Best-Kept Secrets: The Military's," *Inter Press Service News Agency*, March 9, 2010.

to further the declassification and opening of archives pertaining to the civil war. In May 2009, the Peace Archives effort released its first report, *The Authenticity of the Military Logbook in Light of the Historical Documents of the National Police*, which analyzed records from the PN archives pertaining to 54 individuals named in the Diario Militar; other reports followed, and its documents and staff expertise were brought to bear on a number of human rights prosecutions. Many of the Peace Archives staffers were former employees of the Project, building upon their experience with the PN records. So, Colom's commitment was perhaps as real as could be expected given the political context, though in the long run it would not much matter: Otto Pérez Molina dissolved the Peace Archives Directorate within six months of assuming the presidency in 2012.[83]

But for every two steps backward, there was a step forward. It took fifteen years after the signing of the Peace Accords for Guatemalans to begin to see a shift: an uptick, from zero, in the number of successful prosecutions for wartime human rights violations, and the increased institutionalization of efforts to reckon with the past. The recovery of the PN archives was but one element of a larger network of projects, including exhumations, court cases, memorials, truth commissions, and social movement campaigns, all seeking to implement both the spirit and the letter of the Accords. The various initiatives nourished one another and were extensively cross-pollinated, making it impossible for any organization or individual to claim sole credit for progress made. That said, some of the most notable advances in the struggle against impunity in the few years following the police records' rediscovery bore the imprimatur of the Project's contributions. For example, in 2010 and 2011, evidence collected and analyzed by the Project secured the first-ever convictions for a forced disappearance committed in the capital city by the police.[84] The verdict came in the case of Edgar Fernando García —the trade unionist, Communist

---

83 Mike Allison, "Guatemalan President Otto Pérez Molina's First Year in Office," *Al Jazeera*, January 18, 2013.
84 Two previous cases, those of Choatalum and El Jute, were the first convictions for the crime of forced disappearance nationally; both involved military perpetrators.

Party activist, and young father who was abducted by four rank-and-file agents of the National Police's Fourth Corps in 1984 and never heard from again. In October 2010, based on evidence from the police archives, two of those four agents were arrested, tried, and given the maximum sentence of 40 years in prison.[85] To make their case, Project researchers had to triangulate information from the archives with that yielded by dozens of other sources, with the collaboration of a Public Ministry led, as of late 2010, by a dogged crusader for justice, Attorney General Claudia Paz y Paz.

Shortly after the agents were convicted, the intellectual authors of García's disappearance —Jorge Alberto Gómez, who commanded the Fourth Corps, and former police Director-General Héctor Bol de la Cruz, who commanded Gómez— were also taken into custody and, in 2013, convicted too. Another arrest based on the Project's work came in July 2011: that of Pedro García Arredondo, the reviled former head of the police's Detective Corps and its Commando Six death squad, for his role in the 1981 disappearance of agronomist Edgar Saénz Calito and in the Spanish Embassy fire. In 2012, García Arredondo was sentenced to seventy years in prison. More indictments are anticipated in other cases involving PN officials, building on the momentum of these initial successes. Meanwhile, parallel efforts by the Public Ministry and justice advocates secured the 2011 arrests of the former Army Chief of Staff Héctor López Fuentes, who served under Romeo Lucas García, and ex-dictator Oscar Humberto Mejía Víctores, who pled health problems to have the charges against him suspended. But it was January 2013 that saw the most stunning advance: the opening of judicial proceedings against ex-dictator Efraín Ríos Montt, the world's first former head of state to be prosecuted for genocide in a domestic court. Ríos Montt was convicted of genocide and crimes against humanity in May of that year, although a higher court vacated the sentence just ten days later in a move widely decried as politically motivated. While the verdict's suspension was a disappointment for justice activists, the fact that the trial had even taken place at all remained an achievement that few would have predicted just five years earlier. Over much time and with much effort from many sectors of Guatemalan society, what was once

---

85 For more on the García trial, see casofernandogarcía.org.

unthinkable had been made real.

Archives, Memory, and the Law

Tracing the archive wars through their thorny evolution, in which advocates of access faced seemingly insurmountable barriers and sharp technical learning curves, demonstrates the slow, difficult, and often excruciating nature of post-conflict political change. No governmental accord affirming citizens' right to information, in the context of a deeply authoritarian tradition of rule and a largely disenfranchised population, could dismantle old structures or erase old hermetic habits; instead, real transition required blood, sweat, and tears. In the Guatemalan case, the herculean effort devoted to archival opening was contributed by a small human rights community that had already made more than its fair share of sacrifices for the sake of social democracy. Over the course of the archive wars, citizens' fight for access to state records became a key means of making claims upon the postwar state, as making arguments overtly about capitalism and class became a death sentence. The concept of "archives" became bound up in a whole host of demands —for justice, for truth, and for a new kind of relationship between state and society.[86] In coming to frame their objectives in terms of archival access, these activists took the abstract concepts of justice and power and made them concrete, physical, material: papers, documents, files. In so doing, they established that to commit violence against documents was also to commit violence against people, and against their rights.

It was true that the declassification of military records, or the release of information from the police archives, would not feed the country's hungry, nor would it educate the country's children, absent any governmental will to integrate the new knowledge afforded by the archives into its school curricula. Neither could these victories expunge the so-called "parallel powers" from government or stanch narcotrafficking violence.[87] Ultimately, the Project's

---

[86] Gramajo Valdés writes that increased access to state information can "form the genesis of a modification in the established relations between government and governed." Gramajo Valdés, *El derecho de acceso a la información*, 68.

[87] On "parallel powers," see Susan C. Peacock and Adriana Beltrán, *Poderes*

archival triumphs served, above all, to highlight how much work remained to be done and how shallow the country's transition had been. More than fifteen years after the Peace Accords, Guatemala had a weak form of procedural democracy; it did not enjoy anything approaching economic or social democracy. Existing in a state of what I have elsewhere called "post-peace," most Guatemalans struggled to eke out a living in the midst of appalling violence, impunity, and state institutions that were either totally ineffectual or deeply enmeshed in organized crime, calling to mind Tacitus' admonition that a bad peace is worse than war.[88]

But veterans of political struggle in Guatemala knew that every glimmer of opportunity had to be seized upon and fought for. The Project's efforts to gain ground on the archival battlefield ultimately tell the story of a battered progressive sector attempting not only to breathe life into past struggles, but also to build something new in the face of great obstacles; among their innovations was a freely accessible digital archive of nearly twenty million National Police records, preserved and protected forever. The hope was that advances on the archival front would impact other spheres of social and political life. Sonia Combe writes that the "'repressed' archive" represents the "power...of the state over the historian."[89] What Guatemalan activists learned during the archive wars was that fighting archival repression, whether enacted by past military regimes or by corrupt politicians in the present day, was a way to assert the power of the amateur historian —the witness— over the state. And it was only by asserting the power of the witness over the state that any measure of accountability — however little, however late— could be won. "For the purpose of building a different mentality, for the people who still think that this country can move towards a place of social solidarity and deep change, the archive can bring us a lot," said one Project worker. "The archives can be very beneficial —so that we don't forget. Let's

ocultos: Grupos ilegales armados en la Guatemala pos-conflicto y las fuerzas detrás de ellos (Washington: Washington Office on Latin America, 2006).
88   Weld, *Paper Cadavers*, chap. 5.
89   Sonia Combe, *Archives interdites: Les peurs françaises face à l'histoire contemporaine* (Paris: A. Michel, 1994), 321.

try to build a different society, without forgetting what came before. It's a possibility —because what other spaces do we have?"[90]

Bibliography

Archivo Histórico de la Policía Nacional, *Del silencio a la memoria: Revelaciones del Archivo Histórico de la Policía Nacional*. Guatemala City: AHPN, 2011.

Armon, Jeremy et al. *Guatemala 1983-1997: Hacia dónde va la transición?* Guatemala City: FLACSO, 1997.

Asociación de Investigación y Estudios Sociales en Guatemala (ASIES), *Más de cien años del movimiento obrero urbano en Guatemala. Tomo II: Reorganización, auge y desarticulación del movimiento sindical (1954-1982)*. Guatemala City: ASIES, 1991.

Blanton, Thomas. "Recovering the Memory of the Cold War: Forensic History and Latin America." In *In From the Cold: Latin America's New Encounter with the Cold War*, edited by Gilbert M. Joseph and Daniela Spenser, 47-73. Durham: Duke University Press, 2009.

Cardoza y Aragón, Luis. *La revolución guatemalteca*. Guatemala City: Editorial del Pensativo, 2004.

Combe, Sonia. *Archives interdites: Les peurs françaises face à l'histoire contemporaine*. Paris: A. Michel, 1994.

Comisión de Esclarecimiento Histórico (CEH), *Guatemala: Memoria del silencio*. Guatemala: United Nations Office of Project Services, 1999.

Cullather, Nick. *Secret History: The CIA's Classified Account of its Operations in Guatemala, 1952-1954*. Stanford: Stanford University Press, 2006.

---

90 PRAHPN002, interview by author, September 28, 2007.

Doyle, Kate. "Death Squad Diary: Looking Into the Secret Archives of Guatemala's Bureaucracy of Murder." *Harper's Magazine* (June 1999): 50-53.

Doyle, Kate. "The Atrocity Files: Deciphering the Archives of Guatemala's Dirty War." *Harper's Magazine* (December 2007): 52-64.

Falla, Ricardo. *Masacres en la selva: Ixcán, Guatemala, 1975-1982.* Guatemala City: Editorial Universitaria, 1992.

Figueroa Ibarra, Carlos. *Los que siempre estarán en ninguna parte: La desaparición forzada en Guatemala.* Mexico City: CIIDH, 1999.

García Laguardia, Jorge Mario. *La revolución del 20 de octubre de 1944.* Guatemala City: Procuraduría de los Derechos Humanos, 1994.

Garst, Rachel. "Military Intelligence and Human Rights: The Archivo and the Case for Intelligence Reform." Washington: Washington Office on Latin America, 1995.

Gleijeses, Piero. *Shattered Hope: The Guatemalan Revolution and the United States.* Princeton: Princeton University Press, 1992.

Goldman, Francisco. *The Art of Political Murder: Who Killed the Bishop?* New York: Grove Press, 2008.

González Quintana, Antonio. "Archives of the Security Services of Former Repressive Regimes." Paris: UNESCO, 1997.

Gramajo Valdés, Silvio René. *El derecho de acceso a la información: Análisis del proceso de discusión y gestión en Guatemala.* Guatemala City: Asociación DOSES, 2003.

Grandin, Greg. *The Last Colonial Massacre: Latin America in the Cold War.* Chicago: University of Chicago Press, 2004.

Guadamuz, Andrés. "Habeas Data: The Latin-American Response to Data Protection." *The Journal of Information, Law, and Technology* 2 (2000).

Gutiérrez, Edgar. *Hacia un paradigma democrático del sistema de inteligencia en Guatemala.* Guatemala City: Fundación Myrna Mack, 1999.

Handy, Jim. *Revolution in the Countryside: Rural Conflict and Agrarian Reform in Guatemala, 1944-1954.* Chapel Hill: University of North Carolina Press, 1994.

Hernández, Iduvina. "A Long Road: Progress and Challenges in Guatemala's Intelligence Reform." Washington: Washington Office on Latin America, 2005.

Hernández Pico, Juan. *Terminar la guerra, traicionar la paz: Guatemala en las dos presidencias de la paz: Arzú y Portillo, 1996-2004.* Guatemala City: FLACSO, 2005.

Immerman, Richard. *The CIA in Guatemala: The Foreign Policy of Intervention.* Austin: University of Texas Press, 1983.

Jelin, Elizabeth. *State Repression and the Labors of Memory.* Minneapolis: University of Minnesota Press, 2003.

Jonas, Susanne. *The Battle for Guatemala: Rebels, Death Squads, and U.S. Power.* Boulder, CO: Westview Press, 1991.

Jonas, Susanne. *Of Centaurs and Doves: Guatemala's Peace Process.* Boulder, CO: Westview Press, 2000.

Kinzer, Stephen and Stephen E. Schlesinger, *Bitter Fruit: The Story of the American Coup in Guatemala.* Cambridge: Harvard University David Rockefeller Center for Latin American Studies, 1999.

Kobrak, Paul. *Organizing and Repression in the University of San Carlos, Guatemala, 1944 to 1996.* New York: American Association for the Advancement of Science, 1999.

Konefal, Betsy. *For Every Indio Who Falls: A History of Maya Activism in Guatemala, 1960-1990.* Albuquerque: University of New Mexico Press, 2010.

Levenson-Estrada, Deborah. *Trade Unionists Against Terror: Guatemala City, 1954-1985.* Chapel Hill: University of North Carolina Press, 1994.

Manz, Beatriz. *Refugees of a Hidden War: The Aftermath of the Counterinsurgency in Guatemala.* Albany: State University of New York Press, 1988.

McAdams, A. James. *Judging the Past in Unified Germany.* Cambridge: Cambridge University Press, 2001.

McAllister, Carlota. *The Good Road: Conscience and Consciousness in a Postrevolutionary Guatemalan Village.* Durham: Duke University Press, forthcoming.

Nickson, R. Andrew. "Paraguay's Archivo del Terror," *Latin American Research Review* 30, no. 1 (1995): 125-129.

Peacock, Susan C. and Adriana Beltrán. *Poderes ocultos: Grupos ilegales armados en la Guatemala pos-conflicto y las fuerzas detrás de ellos.* Washington: Washington Office on Latin America, 2006.

Proyecto Interdiocesano de Recuperación de la Memoria Histórica (REMHI). *Guatemala: Nunca Más!* Guatemala City: Oficina de Derechos Humanos del Arzobispado de Guatemala, 1998.

Roht-Arriaza, Naomi. *The Pinochet Effect: Transnational Justice in the Age of Human Rights.* Philadelphia: University of Pennsylvania Press, 2005.

Rosada-Granados, Héctor. *El lado oculto de las negociaciones de paz: Transición de la guerra a la paz en Guatemala.* Guatemala City: Fundación Friedrich Ebert, 1998.

Rosada-Granados, Héctor. *Soldados en el poder: Proyecto militar en Guatemala 1944-1980.* San José, C.R.: FUNPADEM, 1999.

Schirmer, Jennifer. *The Guatemalan Military Project: A Violence Called Democracy.* Philadelphia: University of Pennsylvania Press, 1999.

Sieder, Rachel. *Guatemala After the Peace Accords.* London: Institute of Latin American Studies, 1999.

Stanley, William and David Holiday, "Broad Participation, Diffuse Responsibility: Peace Implementation in Guatemala." In *Ending Civil Wars: The Implementation of Peace Agreements*, edited by Stephen John Steadman et al., 421-462. New York: Lynne Rienner Publishers, 2002.

Tomuschat, Christian. "Clarification Commission in Guatemala." *Human Rights Quarterly* 23, no. 2 (2001): 233-258.

Trouillot, Michel-Rolph. *Silencing the Past: Power and the Production of History.* Boston: Beacon Press, 1997.

Weld, Kirsten. "Dignifying the Guerrillero, Not the Assassin: Rewriting a History of Criminal Subversion in Postwar Guatemala." *Radical History Review*, no. 113 (2012): 35-54.

Weld, Kirsten. *Paper Cadavers: The Archives of Dictatorship in Guatemala*. Durham, NC: Duke University Press, 2014.

Archivos campesinos:
San Juan de Ondores, actas comunales e historias
rurales en el Perú, 1937-2012[1]

Javier Puente
Lehigh University

Introducción

El 7 de septiembre de 1937, los habitantes del pueblo de Ondores —comunidad campesina ubicada en la parte alta de la Sierra Central del Perú, en la meseta del Bombón— se reunieron en asamblea para elegir a sus representantes legales en el inicio de

---

[1] La realización de la investigación fue financiada por una beca de investigación del Centro de Estudios Latinoamericanos de la Universidad de Georgetown, y el Departamento de Historia de la misma universidad. La Universidad de Harvard, a través de una beca Mellon del Programa para Archivos y Bibliotecas Latinoamericanas, está posibilitando un trabajo exhaustivo en los fondos del archivo comunal que permitirá una catalogación y digitalización integral de estos documentos. Eduardo Barriga fue asistente de investigación en la primera parte del proyecto. Erick Langer y John Tutino leyeron muchas versiones preliminares de varias ideas presentadas en este texto, ofreciendo siempre su valioso consejo. Carlos Aguirre escuchó con atención la informal presentación en sociedad de este proyecto, y extendió una generosa invitación para colaborar en este volumen. Además, corrigió con agudeza y acierto una versión preliminar del texto. Las preguntas de Javier Villa-Flores fueron igualmente estimulantes. Los comuneros de San Juan de Ondores, y en especial el presidente Obed Laureano, hicieron y hacen posible que pueda llevar su voz lejos de los linderos de sus tierras.

Figura 1: Comunidad de San Juan de Ondores. Fuente: Fotografía del autor.

un proceso administrativo que conduciría a este pueblo a entrar en contacto directo con el Estado peruano, y que culminaría tres años más tarde, el 12 de septiembre de 1940, con el reconocimiento jurídico de la Comunidad de Indígenas San Juan de Ondores. La historia que media entre 1937 y 1940, y aquella que discurre a partir del reconocimiento de la comunidad, podría perderse en las arenas de la historia si no fuese porque todo este derrotero histórico quedó registrado en las actas de las asambleas que la comunidad sostuvo, asambleas similares a aquella del 7 de Septiembre de 1937. Estas actas que se conservan en el archivo comunal de Ondores son materia central de este texto.

La parte medular de este artículo presenta un reporte etnográfico de la investigación realizada entre julio de 2011 y junio de 2012 en la comunidad de San Juan de Ondores y, en particular, las actividades desarrolladas en el archivo de dicha comunidad en los meses de enero a junio del último año. Sin embargo, es importante extender la reflexión sobre los documentos que se conservan en la "Biblioteca Comunal" de Ondores insertándolos en una problemática mucho más amplia que busca pensar la naturaleza del registro histórico sobre las comunidades indígenas y campesinas del país y su relación con la institucionalidad misma del Estado Peruano. Se ha acusado frecuentemente que no ha existido en el Perú, ni existe todavía, una política de protección del patrimonio documental de la nación. Sin embargo, la negligencia en la administración del universo documental sobre los grupos indígenas y campesinos trasciende esta problemática, pues si bien no podemos acusar una obliteración premeditada, la vigencia del "problema de la tierra" ha sujetado a estos documentos a los caprichos y vaivenes burocráticos del gobierno de turno. Por tanto, lo que prevalecido es una tangible desintegración heurística del registro documental indígena y campesino, con el consecuente menoscabo hermenéutico de su narrativa histórica, de modo tal que dichas comunidades han sido presentadas en años recientes en una situación de aparente distanciamiento histórico respecto de las fronteras legales del así llamado "Perú oficial".

Un lugar común entre los historiadores y otros profesionales de disciplinas afines que estudian el siglo veinte en el Perú es presentar una suerte de fractura histórica en la relación entre el Estado Peruano y los grupos sociales conocidos como comunidades indígenas y campesinas. Este lugar común señala que la exclusión de lo indígena, en abstracto, ha formado una parte medular del discurso sobre el forjamiento de una nación moderna. Siendo que son justamente dichas comunidades del país las que han encarnado esta indigeneidad marginalizada y excluida, se infiere que su exclusión de las estructuras oficiales del estado-nación constituye una de las continuidades mas importantes de la historia peruana republicana.

Más importante aún, esta imagen de fractura ha sido reforzada por el reciente periodo de Conflicto Armado Interno (CAI) en el país (1980-2000) y fortalecida por la interpretación que sobre el mismo elaboró la Comisión de la Verdad y Reconciliación (CVR). Siendo que del total estimado de víctimas de la violencia política la inmensa mayoría provenían de las comunidades indígenas y campesinas del país, se concluye que lo que se habría operado es una suerte de etnocidio soterrado, un episodio tanático de descomposición social en el que el discurso de exclusión alcanzó una apoteosis dantescamente racista, y que habría sido una consecuencia hasta cierto punto lógica de la persistencia de las estructuras de exclusión que yacen en las bases mismas del Estado peruano. Durante este período, las comunidades habrían tenido un papel esencialmente pasivo, ilustrado por la imagen del campesino entre dos fuegos, escogiendo solamente cuál de ellos le iba a causar la muerte. En dichas condiciones, el único dinamismo que se le reconoce a la participación comunal en el conflicto es la de la movilización social a través de la formación de rondas campesinas y comités de autodefensa. Como consecuencia de esta conflagración civil, y siguiendo esa interpretación dominante que hemos resumido muy sucintamente, las comunidades habitarían actualmente un espacio gris en la legalidad del estado. Se trata de una situación de marginalidad jurídica que las condena a un abismo legal donde solamente pueden optar por una versión subalterna de ciudadanía, a la que algún reciente presidente se refirió como de "segunda clase".

Creemos que si bien esta imagen es parcialmente correcta, también resulta políticamente útil para el Estado peruano neoliberal, en tanto el modelo económico (y su correlato político) pueden prescindir más fácilmente de los contratos sociales que dichas poblaciones indígenas y campesinas reclaman, y cuya inscripción debería ser fuente de legitimidad social y política para el Estado. Es indudable que la población proveniente del seno de las comunidades del país fue la víctima más aciaga del CAI. Sin embargo, ¿hasta qué punto es cierto que dicha población no tuvo otra participación que aquella relacionada con el paramilitarismo rural que, aunque rentable para fines militares, no colaboraba con la reconstrucción de una institucionalidad quebrada? ¿Cómo explicar que a fines de la década de los sesenta un gobierno militar de aparente corte progresista se disponía a movilizar al campesinado como parte de un proyecto de capitalismo agrario estatal de tinte reformista, y que solamente una década más tarde muchos de esos mismos militares se encontrasen reprimiendo salvajemente a esos mismos campesinos? ¿Es útil en términos políticos y económicos, en una nueva era de atracción de capitales extranjeros para la explotación de recursos naturales, promover desde el seno del Estado una imagen de atavismo social y cultural asociada con la identidad comunal y sus prácticas, como por ejemplo su ideal de justicia[2] —otrora

---

[2] Entiendo la justicia campesina y comunal como la búsqueda de equilibrio

apreciado durante el CAI pero hoy aborrecido cuando atenta contra el capital privado? Y, finalmente, ¿de qué mecanismos disponemos para poder reconstruir una historia más larga y matizada sobre las comunidades y las maneras en las que ellas han interactuado con el Estado en otros episodios históricos? ¿Cómo empoderamos a estos grupos en oposición a esta otra narrativa oficial que se limita a acusar su exclusión y a buscar nuevos mecanismos de incorporación, siempre y cuando esta incorporación no entre en contradicción con la lógica del capital?

Poner en agenda estas preguntas e intentar absolverlas nos invita a adentrarnos en un terreno donde lo histórico se mezcla con lo antropológico, y donde profesionales de esta disciplina han sentado bases importantes para el estudio de las comunidades, a diferencia del quehacer historiográfico en el que la literatura sobre las comunidades es escasa.

Sin pretender dar un recuento exhaustivo sobre la producción académica pertinente, creo que es importante mencionar ciertos puntos de orientación. El primero de ellos corresponde a un eje cronológico: mientras que la disciplina histórica ha producido importantes estudios sobre el origen colonial de las comunidades y su derrotero durante el siglo diecinueve, particularmente la supervivencia de estos grupos frente al desestructurado pero agresivo avance liberal sobre la tierra y la privación de derechos comunales, el ámbito contemporáneo no ha sido adecuadamente explorado. Una muestra de este desbalance aparece en el volumen colectivo compendiado por Alberto Flores Galindo para pensar los cambios y permanencias históricas al interior de las comunidades.[3] De los once ensayos incluidos únicamente la introducción de Heraclio Bonilla y el texto sobre Chumbivilcas de Deborah Poole están dedicados a

---

social, económico y político y una estabilización de las diferenciadas relaciones sociales de producción al interior de la comunidad, búsqueda que ha discurrido frecuentemente en paralelo y fuera del discurso y los canales de justicia oficiales. Este paralelismo se interrumpe temporalmente durante el CAI, cuando las rondas campesinas acuden a enfrentar a Sendero Luminoso en nombre de su justicia, que esta vez asume una posición perpendicular a la del Estado. Sobre la noción de justicia durante el CAI ver Mario Meza, *Justicia y poder en tiempos de violencia: Orden, seguridad y autoridad en el Perú, 1970-2000* (Lima: Pontificia Universidad Católica del Perú, 2013).
3   Alberto Flores Galindo, ed., *Comunidades campesinas: cambios y permanencias* (Chiclayo: Centro de Estudios Sociales Solidaridad), 1987.

los problemas comunales contemporáneos. Dos excepciones muy valiosas a esta escasez de estudios históricos sobre las comunidades en el siglo veinte son los aportes de Nelson Manrique y Florencia Mallon.[4] Manrique y Mallon, quienes desarrollaron el grueso de su investigación de manera conjunta, extienden sus análisis más allá de las postrimerías del siglo diecinueve, preocupados por la transición hacia una economía abiertamente capitalista luego de la reconstrucción post-Guerra con Chile y la participación de las comunidades tanto durante el conflicto como en sus secuelas políticas y económicas.

Es justamente a Mallon y Manrique a quienes les debemos un segundo eje de análisis, el geográfico. Ambos trataron la sierra central como una unidad geo-histórica que hacía factible una mirada de largo aliento sobre el problema rural en el Perú y la situación de los grupos comunales dentro del discurso oficial sobre el estado-nación. Manrique, huancaíno de nacimiento, creció en un espacio en que el problema comunal tenía plena vigencia, lo cual probablemente también llamó la atención de Mallon en décadas de mucha dinámica política al interior de estos grupos sociales. Sin embargo, resulta frustrante que ambos historiadores detengan sus análisis en las décadas tempranas del siglo veinte y no presten atención a la resaca del asentamiento de una economía capitalista regional en los años de la Guerra Fría, por ejemplo, y que no ofrezcan alguna reflexión sobre la conexión entre la historicidad del problema comunal y la realidad de reformismo agrario de corte castrense y su correlato de movilización social que seguramente atestiguaron en la década de 1970.

También le debemos a Mallon el haber puesto énfasis en un último eje de orientación: el local-comunal. Mallon es con seguridad una pionera de la literatura histórica que hizo uso de archivos de corte no institucional para la reconstrucción de una mirada comunal sobre el proceso de formación del estado-nación. Además

---

4 Nelson Manrique, *Las guerrillas indígenas en la Guerra con Chile: campesinado y nación* (Lima: Centro de Investigación y Capacitación, 1981) y *Yawar Mayu: Sociedades terratenientes serranas* (Lima: IFEA, DESCO, 1988); Florencia Mallon, *The Defense of Community in Peru's Central Highlands: Peasant Struggle and Capitalist Transition* (Princeton: Princeton University Press, 1983) y su estudio comparativo sobre Perú y México, *Peasant and Nation: The Making of Postcolonial Mexico and Peru* (Berkeley: University of California Press, 1995).

de las fuentes legales y notariales que tanto Mallon como Manrique compartieron, Mallon hizo uso de los Archivos Municipales de Acolla y Marco, comunidades del valle de Yanamarca, para confrontar el discurso de tinte legalista presente en las fuentes notariales con aquel que se encuentra en las estructuras de gobierno local. Sin embargo, como hemos señalado anteriormente, el trabajo de Mallon se detuvo justo antes de una década de particular importancia para el campo peruano, en la que este se convirtió en un genuino campo de batalla de políticas públicas de corte agrarista y desarrollista que a la postre devendrían en el asentamiento del ideal de reforma agraria.

El Proceso

La primera pista sobre la comunidad de San Juan de Ondores y su historia particular durante el siglo veinte fue hallada dentro de un conjunto de documentos reproducidos digitalmente y que se conservan en la Biblioteca de la Pontificia Universidad Católica del Perú (PUCP) en Lima. Estos documentos corresponden a la presentación que realizaron los delegados y autoridades de Ondores ante el IV Tribunal Russell Sobre Pueblos Indígenas, reunido en la ciudad de Rotterdam entre el 23 y el 30 de noviembre de 1980.[5] Este tribunal —de carácter esencialmente simbólico— fue establecido al amparo de algunas importantes conclusiones del llamado II Tribunal Russell sobre la situación de las poblaciones indígenas en América Latina. Si bien la historia del Tribunal Russell está íntimamente ligada con crímenes de guerra, el problema de las comunidades nativas e indígenas en América —las condiciones sociales, económicas y políticas que ellas enfrentaban a inicios de una década de ajustes estructurales— motivó una sesión íntegramente dedicada a atender a un grupo de pueblos que buscaron justicia, simbólica o no, a través de esta institución.[6] Ondores acudió a este tribunal

---

5   Sala de Audiovisuales, Biblioteca Central PUCP, Archivo del IV Tribunal Russell.
6   Es importante mencionar que el Tribunal Russell no tenía jurisprudencia sobre el caso de Ondores ni sobre ninguno de los otros casos revisados. En ese sentido, se buscaba una sanción de carácter moral, una reivindicación simbólica de la causa de Ondores.

presentando un reclamo que venía desarrollándose en tribunales peruanos en torno a la posesión de un fundo adyacente a las tierras de la comunidad. El fundo Atocsaico, de aproximadamente 35.000 hectáreas, se encontraba en posesión de la Sociedad Agrícola de Interés Social (SAIS) Túpac Amaru, una de las pocas instituciones que formaron parte de las reformas estructurales en el agro peruano durante el gobierno militar iniciado en 1968 y que sobrevivieron la contracción del estado durante la época de ajustes estructurales. Antes de convertirse en SAIS, este fundo se había encontrado en manos de diversos agentes, instituciones y otros propietarios, mientras que la comunidad había mantenido una posición satelital al fundo —bien simplemente marginados de la explotación de tierras que de otro modo argumentaban ser suyas, o bien como trabajadores asalariados dentro de actividades ganaderas cada vez más tecnificadas. Entre estos antagónicos propietarios de Atocsaico se encontraron Antenor Rizo-Patrón, la Sociedad Ganadera Junín y la División Ganadera de la Cerro de Pasco Copper Corporation (CPCC).

Para la comunidad de Ondores, el problema sobre Atocsaico tenía un carácter "inmemorial" y se remontaba mucho más atrás de los inicios del siglo veinte. De acuerdo a lo expresado en los documentos del Tribunal Russell, Ondores tenía legítimo e histórico derecho de posesión y usufructo de Atocsaico sobre la base de un derecho ancestral. En realidad, al apelar a esta "inmemorialidad", Ondores —al igual que otras numerosas comunidades indígenas y campesinas— apeló a un derecho de naturaleza colonial para afirmar la legitimidad de su reclamo sobre Atocsaico.[7] En este caso, lo que sostenía el reclamo de Ondores era la existencia de un censo enfitéutico entre los naturales del pueblo de Ondores y el capitán del ejército español Pablo Santiago Concha, censo que data de inicios del siglo dieciocho.

---

[7] Otro ejemplo importante de estos derechos inmemoriales como mecanismo de legitimización para las comunidades son los Huasicanchinos de la parte alta del Valle del Mantaro. Para un estudio detallado del uso de estos derechos y su relación con las políticas sobre tierra en el Perú ver Gavin Smith, *Livelihood and Resistance: Peasants and the Politics of Land in Peru* (Berkeley: University of California Press, 1983). Durante la segunda mitad del siglo veinte, al menos dos centenares de comunidades de la Sierra Central recurrieron a los derechos inmemoriales para sostener la posesión de sus tierras.

El censo en cuestión no fue incluido entre los documentos presentados al Tribunal Russell, pues en realidad la presentación de Ondores giró en torno a la represión de la cual había sido víctima la comunidad en su abierta oposición a la SAIS y al gobierno militar. El legajo de Ondores ofrecía diversas respuestas —particularmente aquellas asociadas con la imagen "positiva" que tenemos sobre la relación entre reforma agraria y comunidades campesinas— y al menos una pregunta medular: ¿cuál había sido la relación entre Ondores y el Estado Peruano? Siendo una comunidad que parecía haber estado en una interacción legal permanente con diversos agentes estatales y particulares, ¿de qué manera las particularidades de esta historia reforzaban o contradecían lo que sabemos (o creemos que sabemos) sobre los vínculos entre comunidades y estado?

El siguiente paso lógico en la búsqueda de información sobre Ondores y el litigio sobre Atocsaico, basado en la aparentemente convulsa relación que la comunidad había sostenido con el régimen militar, era rastrear el legajo que formó parte del litigio en el Tribunal Agrario durante la década de 1960. Este legajo debía contener valiosa información sobre la propiedad de Atocsaico y los diversos argumentos y mecanismos que Ondores había utilizado con el propósito de recuperar el derecho de posesión y usufructo de Atocsaico. Mi impulso inicial fue acudir al Archivo del Fuero Agrario (AFA), hoy integrado al Archivo General de la Nación (AGN). Como bien se conoce, el AFA se creó como repositorio documental a raíz del proceso de expropiaciones que se realizaron durante los años de reforma agraria. Mucha de esta documentación —en su mayoría proveniente de haciendas, negociaciones y sociedades agrícolas y ganaderas— se hubiera perdido si no fuese por la labor de un puñado de investigadores que empezaron a compendiar y organizar, aunque mínimamente, el cuantioso (y valioso) material.[8] De igual modo, muchos de estos papeles sirvieron para "administrar justicia" en el Tribunal Agrario, determinando la propiedad de fundos y parcelas, ayudando a medir el grado de explotación en que se encontraban muchas de las comunidades beneficiarias de la reforma, aunque también informando sobre la plausibilidad y eficiencia de los

---

[8] Un punto de orientación cardinal para los investigadores interesados en el AFA debe ser Humberto Rodríguez Pastor, "El Archivo del Fuero Agrario. Lima, Perú", *Latin American Research Review* 14, no, 3 (1979): 202-206.

modelos de la misma, bien optando por la cooperativización de la tierra o bien por su redistribución directa.

Lamentablemente la integración del AFA al AGN —un proceso ciertamente lógico desde un punto de vista institucional pero no tanto desde una perspectiva de investigación— ha servido únicamente para entorpecer (cuando no detener completamente) el dinámico avance del conocimiento histórico sobre sociedades agrarias y rurales que tuvo su auge a finales de la década de los setenta y durante la mayor parte de los ochentas, mejor expresado en una veintena de libros publicados, tanto en el Perú como en el extranjero, sobre la base de proyectos desarrollados en el seno del AFA.[9] Hoy, el extenso material que constituye el AFA se deteriora en los sótanos del Palacio de Justicia sin que exista algún tipo de reglamentación para el uso (aunque sea restringido) de sus fondos o algún proyecto orgánico de rescate y preservación de los mismos. Pese a ello, y gracias al apoyo personal de la dirección del AGN —en las personas de Joseph Dager Alva y Ana Cecilia Carrillo, así como de un grupo de diligentes archiveros— pude tener un acceso parcial a los fondos del AFA. Consulté los fondos correspondientes a la Cerro de Pasco Copper Corporation y a la Sociedad Ganadera Junín, sin poder encontrar nada más que fragmentos de valiosa información sobre Ondores. Adicionalmente encontré algunos impresos de la SAIS Túpac Amaru (Junín) dentro del legajo de la Cooperativa Agraria de Producción (CAP) Túpac Amaru II (Cusco). A partir de ahí perdí la pista certera sobre los documentos de Ondores. Sin embargo, se abrieron dos nuevas líneas a sugerencia de los archiveros. Por una parte, revisar el fondo de Comunidades Indígenas ubicado dentro del Archivo Colonial, y por otra hacer una revisión minuciosa y exhaustiva del fondo de Asuntos Indígenas

---

9 Solamente por nombrar algunos ejemplos notables: Peter Klaren, *La formación de las haciendas azucareras y los orígenes del APRA* (Lima: Instituto de Estudios Peruanos, 1970); Manuel Burga. *De la encomienda a la hacienda capitalista: El valle de Jequetepeque del siglo XVI al XX* (Lima: Instituto de Estudios Peruanos, 1976); Alberto Flores Galindo, *Los mineros de la Cerro de Pasco, 1900-1930* (Lima: Pontificia Universidad Católica del Perú, 1974); Nils Jacobsen, *Mirages of Transition: The Peruvian Altiplano, 1780-1930* (Berkeley: University of California Press, 1993; y Vincent Peloso, *Peasants and Plantations: Subaltern Strategies of Labor and Resistance in the Pisco Valley, Peru* (Durham: Duke University Press, 1999).

que también se conserva en el AGN Republicano.

Decidí explorar la segunda línea primero, en tanto suponía una mayor dedicación de tiempo y en cierta manera aparentaba ofrecer réditos más inmediatos. El fondo de Asuntos Indígenas compendia un sinnúmero de documentos producidos por los distintos organismos que se constituyeron hasta el tercer cuarto del siglo veinte, destinados a monitorear y supervisar el problema indígena en el Perú. Una oficina en particular resultó medular en dichas tareas: la Sección de Asuntos Indígenas. Inicialmente creada el 21 de Septiembre de 1921 como una dependencia del Ministerio de Fomento luego del reconocimiento jurídico a las comunidades indígenas que contemplaba la constitución de 1920, el derrotero de esta oficina retrata en cierta forma la manera en la que el estado percibió y reformuló —desde un punto de vista institucional— la cuestión indígena. Así, entre 1923 y 1924 la oficina pasa a depender directamente de la Dirección de Fomento, manteniéndose autónoma de la otra oficina de esencial importancia para entender la expansión y reconfiguración estatal de inicios del siglo veinte: la Sección de Trabajo.[10]

En 1931, luego de la caída de Augusto B. Leguía y el ocaso de la Patria Nueva, se forma la Dirección General de Fomento, Industria y Trabajo, incluyéndose en ella a la Sección de Asuntos Indígenas hasta 1935. Luego, la oficina pasó a formar parte de la Dirección de Trabajo y Previsión Social, con lo que claramente la cuestión indígena ya era sólidamente concebida dentro de una problemática laboral mucho más amplia. Sin embargo, en 1938 la oficina se reformula como Dirección General de Asuntos Indígenas, y se le reubica como dependencia del Ministerio de Salud Pública. Ello no resultaba casual pues correspondía a un momento en el que las políticas públicas en torno a la cuestión indígena hacían énfasis en los aspectos sanitarios de la misma y el "mejoramiento" de las prácticas culturales y materiales de la población indígena como requisito indispensable para su incorporación a la oficialidad de

---

10   Al respecto puede consultarse Paulo Drinot, *The Allure of Labor: Workers, Race, and the Making of the Peruvian State* (Durham: Duke University Press, 2011). Drinot sostiene que la separación de la esfera de lo indígena de la esfera del trabajo acusa la racialización de la cuestión laboral en el Perú. Sin embargo, el derrotero institucional de la Sección de Asuntos Indígenas demuestra que ambas esferas avanzaron hacia una integracion y no una desasociación.

la nación peruana. Eventualmente el Ministerio de Salud Pública también absorbería a Trabajo y Previsión Social, extendiendo este diagnóstico sobre la sanidad social al mundo de lo laboral.

En 1945, el gobierno del Frente Democrático decide incluir a la Dirección de Asuntos Indígenas dentro del Ministerio de Justicia y Trabajo: así, lo laboral pasó a un plano mucho más visible que sin embargo sigue incluyendo lo indígena, añadiéndosele el factor de la administración de justicia. Sin desarrollar demasiado el argumento, huelga decir que la cuestión indígena había cobrado una notoriedad oficial en el marco de movilizaciones legales frente a lo cual el estado vuelve a plantear una respuesta institucional. Finalmente, el giro más importante en esta historia institucional de la cuestión indígena ocurre en 1949, cuando el gobierno del General Manuel A. Odría crea el Ministerio de Trabajo y Asuntos Indígenas, colocando los problemas laboral e indígena como dos pilares frontales —a los que incluso dedicó la construcción de un nuevo edificio— de una misma problemática nacional: aquella que tenía que ver con el desarrollo de las bases materiales del país. Este último ministerio se refunda en 1965, al amparo de un nuevo vocabulario desarrollista que culminaría con la "campesinización" de la cuestión indígena, como Ministerio de Trabajo y Comunidades, a partir de lo cual la nueva cuestión comunitaria adquiriría una centralidad que desembocaría en la reforma de 1969 y que paradójicamente conduciría a su desestimación como un problema central en la esfera oficial.

Todos estos años de actividad institucional generaron una cantidad inconmensurable de documentación que incluía resoluciones de reconocimiento jurídico de comunidades, actas y procesos de deslinde, y planos y mapas oficiales levantados por las unidades técnicas de Asuntos Indígenas, la misma que fue en algún momento centralizada por el Ministerio de Trabajo y catalogada como Archivo de Indígenas. Sin embargo, la mayor parte de esta documentación fue fragmentada y enviada a diversas dependencias estatales que descentralizaron las labores que tuvo esta oficina, mientras que otro conjunto de documentos fue simplemente destruido o desapareció con los años. El material que conserva el AGN está constituido en su mayoría por copias y segundos ejemplares, si bien estos son de singular valor dada la desaparición de los originales. Entre estos documentos pude acceder a la resolución de reconocimiento jurídico de Ondores, así como a diversas actas de deslinde de la comunidad con hacendados y comunidades vecinas, e incluso un acta de conciliación con la Cerro de Pasco Copper Corporation. También aparecieron mapas parciales de los límites de Ondores y mapas de comunidades vecinas. Sin embargo, el grueso de la documentación seguía sin ser encontrado.

La primera de estas líneas fue la que me llevó rápidamente a un callejón que en un inició aparentó no tener salida, pero que luego se descubriría como una pista certera sobre el legajo de Ondores del que dispuso el Tribunal Agrario. El fondo de Comunidades Indígenas del AGN Colonial guarda un índice documental de fondos que correspondieron al Sistema Nacional de Movilización Social (SINAMOS), donde en efecto se indica la existencia de un legajo de alrededor de mil folios que corresponden a Ondores.[11] Sin embargo, el fondo fue transferido, según se registra en un acta, al Organismo de Formalización de la Propiedad Informal (COFOPRI), en el momento en que este asumió la tarea de regular, normalizar y formalizar la tenencia de tierra en el campo. Acudí a las oficinas de COFOPRI para indagar sobre el paradero del archivo de SINAMOS y los legajos de las comunidades campesinas. Lamentablemente la transferencia de archivos históricos a dependencias burocráticas siempre resulta ser un despropósito: el Estado es con frecuencia incapaz de reconocer la diferencia entre documentación de carácter administrativo y aquella de importancia histórica. Luego de mucho batallar en diversos módulos de atención, una funcionaria de COFOPRI me informó que no hacía mucho tiempo un Decreto Supremo había descentralizado la función administrativa de formalización de propiedad rural, delegando este trabajo en los gobiernos regionales. En COFOPRI se entendió que la descentralización de funciones suponía fragmentar la unidad del archivo SINAMOS y enviar a cada gobierno regional los legajos que correspondían a su jurisprudencia. El resultado parece haber sido desastroso: se ha registrado en algunos casos la desaparición y destrucción intencional de numerosos expedientes y

---

11 El Sistema Nacional de Apoyo a la Movilización Social, o SINAMOS, fue un organismo creado por el Gobierno Militar en el seno del aparato estatal, encargado de supervisar y canalizar la participación popular en la revolución castrense. Sus funciones incluyeron la incorporación y supervisión de las numerosas organizaciones de base —incluyendo las organizaciones agrarias— que el establecimiento de industrias estatales iba generando, así como la organización de campañas de propaganda a favor de los proyectos reformistas. En la práctica, frecuentemente se ha señalado a SINAMOS de haber cumplido las veces de brazo político del régimen.

Figura 2: Sub-Dirección de Comunidades Campesinas y Nativa, DRA.
Fuente: Fotografía del autor.

en la mayoría de las transferencias no se tuvo claro dónde debía ir a parar la documentación.

Decidí seguir la pista en el Archivo Regional de Junín (ARJ), ubicado en Huancayo, donde pude localizar documentos correspondientes a otras SAIS de la Sierra Central, como la SAIS Cahuide, en especial libros de personal y cuadernos contables. Pese a ello tuve poca suerte con la ubicación del legajo de Ondores. Sin embargo, Víctor Solier, archivero del ARJ y una autoridad en la ubicación y búsqueda de documentos históricos, mencionó un par de hechos que me volvieron a poner sobre la pista. Por un lado, él había tenido conocimiento de la transferencia de los archivos de COFOPRI al Gobierno Regional de Junín y, habiendo conocido la naturaleza de los mismos, solicitó su transferencia al ARJ poco después de que estos llegaran a Huancayo. Por otro lado, Solier sabía que toda o al menos parte de esta documentación había ido a parar a la Dirección Regional de Agricultura (DRA), ubicada no muy lejos del ARJ, sobre la misma Calle Real.

Me dirigí entonces a la DRA, sin mayor argumento para poder acceder a estos archivos —en caso de hallarse en ese lugar— que una carta de presentación. Una vez en la DRA, luego de presentarme en mesa de partes indicando que llevaba a cabo una investigación sobre la comunidad de Ondores, me atendió un ingeniero encargado de producción de camélidos. Ondores es una comunidad ganadera, históricamente dedicada a la crianza de oveja y que viene recientemente impulsando la crianza de vicuña: la inferencia fue lógica. Sin embargo, una vez explicada en detalle la naturaleza de mi visita, el ingeniero se apresuró en alertarme sobre el "carácter conflictivo" de la comunidad y en señalar que en efecto los documentos en cuestión "podían encontrarse allí". Me condujo entonces al patio trasero de la DRA, la cual se encuentra instalada en lo que pareció haber sido en algún momento una institución educativa y donde se encuentra una pequeña caseta con el rótulo de "Sub-Gerencia de Comunidades Campesinas". Inicialmente pensé que esta era una dependencia fundamentalmente administrativa. Tuve que esperar alrededor de dos horas para que otro ingeniero, encargado de esta sub-gerencia, me atendiera. Le expliqué nuevamente el propósito de mi visita y me volvió a reiterar el cuidado que debía tener al lidiar con Ondores. Grande fue mi sorpresa cuando, sin mediar más explicaciones, me dijo que "tenía algunos papeles de Ondores" y que me iba a permitir verlos. Finalmente, tras muchas vueltas en diversos repositorios, pude acceder a una copia del legajo que Ondores presentó en algún momento al Tribunal Agrario, y que incluye toda la documentación histórica de la comunidad desde el establecimiento del censo enfiteútico con Pablo Santiago Concha hasta la actualidad.

La documentación incluía un reglamento interno de la comunidad redactado hacia 1954, varios papeles de compra-venta de tierras y actas de conciliación, una variedad de mapas oficiales levantados entre inicios y mediados del siglo veinte, y un censo comunal completo correspondiente al año 1999, el mismo que fue incluido con posterioridad a la llegada del legajo a la DRA. Sin embargo, el acceso fue parcialmente restringido: puesto que Ondores mantenía un litigio en curso con uno de los agentes agrarios más importantes de la región, la SAIS Túpac Amaru, el acceso a estos documentos no estaba técnicamente permitido. Sin embargo, el ingeniero me informó que dado que era una investigación académica y que él "iba a ser cambiado a otra dependencia" me permitía tener

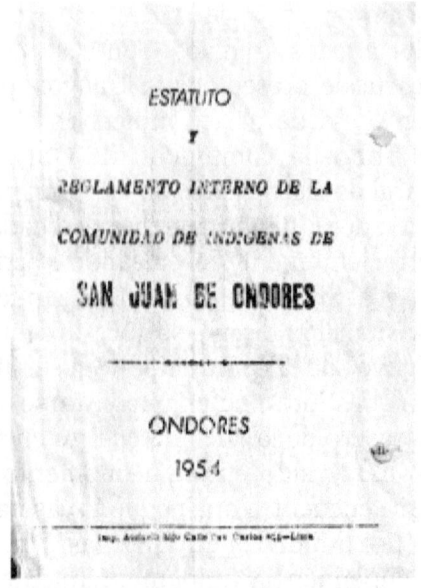

Figura 3: Estatuto y Reglamento de la Comunidad de San Juan de Ondores.
Fuente: Fotografía del autor.

una tarde para reproducir digitalmente los documentos. Provisto de un escáner portátil me dispuse a digitalizar alrededor de dos mil folios entre documentos y fichas censuales. Había logrado finalmente conseguir una pieza fundamental de esta historia.

Una vez de regreso en Lima, cargado de material por procesar pero mejor informado sobre el derrotero de los documentos de Ondores y con nuevas preguntas, decidí volver al AGN para hacer un nuevo peinado documental en el AFA y el fondo de Asuntos Indígenas. Una de esas tardes en que revisaba uno de los últimos legajos y prácticamente daba por concluida mi labor en el AGN, pude percatarme de que frente a la mesa de la encargada de sala de lectura se encontraba un hombre de aproximadamente cuarenta años. Su acento denotaba su origen provinciano. El hombre se encontraba buscando información correspondiente a la comunidad de San Pedro de Pari. La encargada de la sala de lectura no sabía con exactitud qué información proveerle y se limitaba a indicarle que los documentos de comunidades se encontraban en otra parte. Incluso lo refirió al fondo de Comunidades Indígenas del AGN Colonial.

Sabiendo que San Pedro de Pari es una de las comunidades vecinas a Ondores, y dado que durante el desarrollo de mi investigación había encontrado algún material sobre esta comunidad, me acerqué a dicha persona para ofrecer algún consejo.

El hombre se identificó como Rolando Carhuaz, miembro del Consejo de Administración de San Pedro de Pari. Me contó que se encontraba en Lima para hacer llegar una información a la Presidencia del Consejo de Ministros (PCM) sobre un reclamo que sostiene Pari por la contaminación de las aguas del lago Chinchaycocha, en el que la PCM debía pronunciarse. Adicionalmente, se encontraba realizando una pesquisa sobre los "títulos inmemoriales" de la comunidad, y había creído oportuno visitar el AGN. Entonces empezamos una amena conversación sobre Pari, la meseta del Bombón, y los años de reforma agraria. A Rolando le parecía interesante y hasta intrigante que yo "supiera tanto de Pari", y me preguntó el origen de mi interés. Le conté que realizaba una investigación sobre Ondores, y que en el transcurso de la misma había encontrado algún material sobre Pari, cuyos datos compartí con él. Entonces, Rolando me preguntó si había visitado Ondores. Respondí (con vergüenza historiográfica) que el ímpetu solo me había alcanzado para llegar a los archivos institucionales que se encuentran en Huancayo. La pregunta de Rolando en realidad planteó una cuestión mucho más profunda. Pese al "éxito" de haber ubicado el legajo de Ondores en la DRA, la investigación se había centrado y estaba ofreciendo el "discurso público" de Ondores: incluso aquellos documentos que narraban la presencia de la comunidad frente a los tribunales de justicia solamente ofrecían la articulación de la voz de la comunidad marcada por un vocabulario de interacción con el estado, plagado de jerga legal y con una serie de filtros propios de la transición de una esfera comunal a una estatal-oficial-institucional. ¿Dónde estaba la voz de la comunidad sin estos filtros? ¿Era aprehensible en absoluto? ¿De qué mecanismos disponemos para llegar a develar esta voz?

La respuesta a estas preguntas, y a la pregunta de Rolando, evidenciaba la necesidad de hacer una visita a Ondores. Rolando fue un paso más allá del planteamiento de la pregunta, ofreciendo ayuda para concertar esta visita. Me ofreció el número telefónico de Humberto Palomino, ex presidente de la Comunidad y actual alcalde del Distrito de Ondores. Prontamente concerté una cita con Humberto, quien acudía frecuentemente a Lima por diversos motivos. En la primera cita que sostuvimos, se mostró muy abierto a responder a mis preguntas y sorprendido por el conocimiento que tenía de Ondores. La posibilidad de colaborar a través de entrevistas emergió de manera natural. Sin embargo, lo realmente sorprendente ocurrió cuando mencionó la existencia de unos libros donde la comunidad registraba las sesiones comunales que habían sostenido desde antes del reconocimiento oficial de la comunidad en 1940. Recién en ese momento pude recordar que, como parte de las regulaciones estatales establecidas para el gobierno interno de las comunidades, se había dictado la necesidad no solo de crear órganos internos de gobierno (junta directiva, delegado, junta de vigilancia, etc.) sino de sesionar en pleno con todos los miembros de la comunidad y registrar por escrito dichas sesiones. La posibilidad de acceder a estos documentos me deslumbró. Sin embargo, Humberto fue lo suficientemente prudente para acotar que él no era más una autoridad de la comunidad y que el acceso a estos documentos debía tramitarse siguiendo el cauce regular, teniendo como punto de partida un primer encuentro con el Presidente de la Comunidad.

A la semana siguiente ya estaba rumbo a Ondores en un bus de la empresa de transportes "Junín". El paradero para llegar a Ondores está ubicado en la ciudad Junín. El bus deja a los pasajeros en la carretera central, entre las cuatro y cinco de la mañana (dependiendo de la cantidad de paradas y alguna que otra eventualidad entre Lima y La Oroya). El clima es hostil desde el inicio, pues a la altura y el shock de bajar abruptamente en la mitad de la carretera se suma una humedad insólita para la sierra debido a la presencia del lago Chinchaycocha. Luego de acomodarme y descansar brevemente en uno de los dos hoteles de la ciudad de Junín, fui contactado por Obed Laureano, presidente de Ondores. Decidimos juntarnos para tomar desayuno en la misma ciudad antes de recorrer los diecinueve kilómetros que separan Junín de Ondores. Obed asistió en compañía del presidente del Comité de Vigilancia y otro miembro de la Junta Directiva. Estuvieron desde un inicio ansiosos por escuchar detalles del proyecto, sorprendidos por lo que ya sabía de la comunidad, y en general prestos a responder a mis preguntas. Cuando llegamos al tema de las actas de las sesiones comunales, si bien el tono de la conversación no cambió, las preguntas aumentaron en especificidad y se formularon con más cuidado: ¿Qué buscaba yo exactamente? ¿Me quería llevar las actas

Figura 4: Biblioteca Comunal de Ondores. Fuente: Fotografía del autor.

temporalmente a otro lugar? Absueltas estas preguntas, Obed me informó que íbamos a trasladarnos a la comunidad ese mismo día, donde presentaría el proyecto frente al pleno de la comunidad. Pese a que él era el presidente, no podía tomar una decisión ejecutiva sobre otorgar o no acceso a las actas. Una vez presentado el proyecto, la comunidad debía votar a favor o en contra de que se me brindase el acceso a los documentos. Si el voto era negativo, ese era el fin de mi recorrido.

Partimos hacia Ondores para conocer el local de la biblioteca comunal donde se guardan las actas. En el camino, a bordo de la camioneta de propiedad de la comunidad para uso del presidente, recogimos al secretario de actas, el responsable de redactar las notas que se registran en los libros de actas. El secretario me dio una breve introducción sobre el material que tenían. Así pude tener conocimiento que Ondores preserva actas desde el año 1937 hasta la fecha, y que en realidad son de dos tipos: por un lado, las actas comunales que corresponden al pleno de todos los miembros asistentes a determinada sesión; y por otro lado, las actas de la junta

Figura 5: Hacienda Atocsaico. Fuente: Fotografía del autor.

directiva donde se registran las reuniones que sostiene el máximo órgano de gobierno interno de la comunidad. Adicionalmente se mencionó la existencia de copias de varios mapas oficiales de Ondores y recortes periodísticos diversos de marchas y eventos en los que la comunidad había estado involucrada. Luego de una breve estadía en lo que luego reconocí como la margen oriental de los terrenos de la comunidad, adyacentes al lago, partí rumbo hacia Atocsaico. Me contaron en el camino que algunas sesiones se realizan en el local comunal, pero que la margen oriental se encuentra lejos de otros puntos, tales como La Oroya y Morococha, donde reside un importante número de Ondorinos, por lo que Atocsaico suele ser un lugar que logra mayor cantidad de asistentes.

  Cuando llegué a la hacienda la sensación fue difícil de describir: estábamos frente a estructuras sobre las que solamente habíamos leído en documentos, construidas hacía más de un siglo por la Duncan Fox y luego convertidas en propiedad de la Sociedad Ganadera Junín y la Cerro de Pasco Copper Corporation, ahora en manos de quienes solamente habían sido peones y jornaleros de estos

Figura 6: El autor presentando el proyecto a la comunidad. Fuente: Fotografía de Eduardo Barriga Altamirano.

organismos. Pude constatar además la riqueza de estos terrenos: grandes extensiones de pastos naturales con casi medio centenar de manantiales desperdigados a lo largo de 35.000 hectáreas de tierra. No fue difícil discernir por qué la posesión de Atocsaico ha sido impugnada históricamente por uno y otro lado. Los edificios más antiguos de la hacienda corresponden al corral y las cuadras de los peones, probablemente edificados hacia 1905 durante la administración de la casa comercial Duncan Fox. El edificio de selección de ganado y el bañadero comunal ocupan una posición central. Ambos fueron edificados durante la administración de la Sociedad Ganadera Junín, hacia la década de 1940, con apoyo de la Junta de Industrias Lanar y el mismo Ministerio de Fomento. Luego se construyeron el resto de edificios, ya durante los años de la División Ganadera de la Cerro de Pasco Copper Corporation.

Era en uno de estos edificios donde la comunidad iba a reunirse aquella mañana de febrero para debatir diversos puntos, entre ellos el apoyo que se le iba a extender a una minera, que prefirieron mantener en el anonimato, para la explotación de

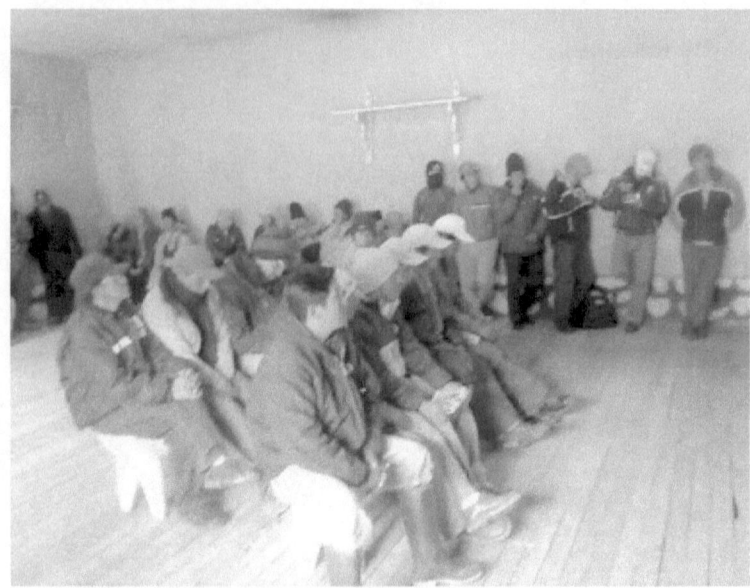

Figura 7: Comuneros debatiendo la aprobación del proyecto. Fuente: Fotografía del autor.

algunos terrenos ubicados dentro de los linderos de Atocsaico. Como punto de emergencia, pues no había sido incluido previamente en la convocatoria a asamblea, se discutiría si se me brindaba o no acceso a las actas comunales. La reacción inicial de varios comuneros al verme fue de sorpresa, e incluso llegaron a confundirme con algún ingeniero de la compañía minera. Luego de la presentación oficial a cargo de Obed Laureano subí al estrado y empecé a explicar el propósito de mi visita, a la vez que compartía los hallazgos históricos y documentales sobre Ondores conseguidos en otros repositorios. Se leyeron las cartas de presentación de la institución que auspiciaba mi estadía, y luego de ello se procedió a escuchar el parecer de los comuneros. Hubo mucha participación en el debate, con posiciones a favor y en contra. Me quedó claro que de brindarme el acceso el voto no sería de ninguna manera unánime. Las posiciones a favor hacían hincapié en la importancia de tener una reconstrucción integral de la historia de Ondores, de publicar esta historia, y así dejar el legado de la memoria del pueblo para las generaciones venideras. De igual modo, se refirieron al carácter colaborativo del proyecto, en el que la comunidad podía empoderar su voz a través de la discusión de conclusiones preliminares e hipótesis de trabajo. En suma, se mostró el proyecto como un vehículo para representar las múltiples voces históricas de la comunidad antes que como un sintetizador de las mismas. Las posiciones en contra, por otro lado, se mostraban dubitativas sobre la veracidad de mis propósitos, llegando a sugerir que el proyecto podría estar de algún modo asociado con la SAIS Túpac Amaru, e incluso proponiendo que si el voto era favorable, debía prohibirse el acceso a una parte de los documentos, aquellos donde se pudiera revelar información que resultase delicada para los litigios en curso de la comunidad.

Luego del debate se procedió a la votación a mano alzada. En general, hubo una conminación a no dilatar más el inicio del proyecto, y las voces discrepantes bajaron en decibeles. Por una mayoría relativa, con una disidencia que no superaba, estimamos, alrededor del diez a quince por ciento de los asistentes, el proyecto fue aprobado y así pude iniciar la revisión de las actas comunales. Durante las siguientes semanas volví a Ondores frecuentemente para poder procesar y digitalizar (cuando era necesario) la información comprendida en las actas comunales. Aquellas que correspondían a las sesiones de la junta directiva fueron revisadas someramente, en parte porque existía un mayor recelo con ellas y en parte porque tenían que ver con decisiones de carácter ejecutivo (compra y venta de productos, financiación de proyectos, decisiones sobre pago a abogados, entre otras) que escapaban a nuestros intereses en ese momento.

Las Actas

Las actas de la comunidad de San Juan de Ondores se encuentran depositadas en el local de la biblioteca comunal, ubicado en la plaza central frente al edificio de la administración del distrito. Son aproximadamente cuarenta libros, divididos en actas comunales y actas de la junta directiva. Solamente las actas comunales suman un total de veintisiete libros. El más antiguo de ellos data de 1937, mientras que el más reciente aun se encuentra abierto y en él se registran las sesiones ordinarias y extraordinarias del pleno de la comunidad. La mayor parte de las actas se encuentra en buen estado de conservación, pero algunas han sido afectadas por la humedad y por un derrame de líquido ocurrido hace algunos

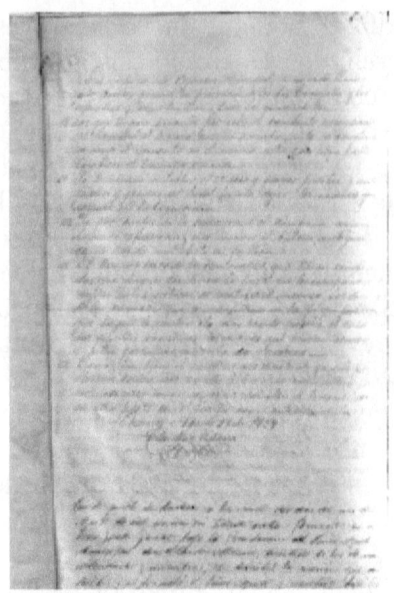

Figura 8: Acta del 22 de Agosto de 1937. Primer acta comunal de Ondores.
Fuente: Fotografía del Autor.

años sobre el que no se registran mayores datos.

La organización del material es irregular. Algunos libros contienen un par de años (1937-1938, 1968-1970, 1977-1979, 1979-1981, 1982-1983, 1983-1985) y otros en cambio ofrecen hasta un quinquenio de sesiones en un solo cuaderno (1937-1946, 1949-1953, entre otros). En general pude dividir el estudio de las actas en cuatro grandes grupos. El primer grupo de actas va de 1937 a 1940, y la información contenida versa particularmente sobre el proceso de elección de los primeros delegados y los debates internos sobre la organización de la comunidad y sus órganos de gobierno previo al reconocimiento oficial de la comunidad. El segundo grupo de actas va desde 1940 hasta 1969, y cubren los años en que se funda la Granja Comunal y el Bañadero de Ondores, cuando la comunidad pasa a tener una posición económica importante respecto a sus pares y en los que el tema de Atocsaico empieza a tener una mayor relevancia, particularmente a medida que la industria de ganado ovino lanar empieza a avanzar. El tercer grupo de actas comprende los años de 1969 a 1980 y constituye probablemente el material más

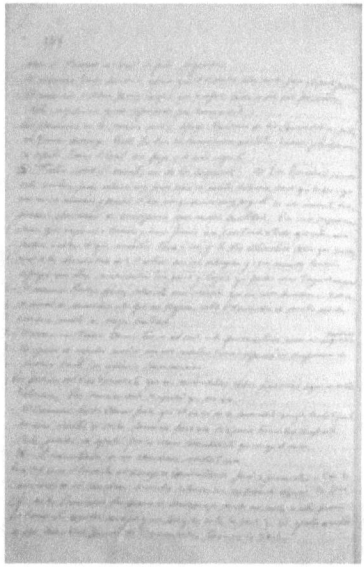

Figura 9: Fragmento del Acta del 4 de Octubre de 1979, donde se decide "defender las tierras [de Atocsaico] hasta las últimas consecuencias". Fuente: Fotografía del autor.

rico. En estas actas se describe el inicial entusiasmo por la llegada de la reforma agraria a Ondores, la incertidumbre frente la formación de la SAIS, las tensiones y los proceso de diferenciación que crea (y exacerba) la centralización estatal de la economía comunal mediante la SAIS, y la descomposición del pacto social entre Estado y comunidad hacia el final del gobierno militar. Finalmente, el cuarto grupo comprende todos los libros a partir del año ochenta, durante el proceso de violencia política, en los cuales se aprecia el regreso a la batalla legal de Ondores en años de convulsión social y política en el campo peruano.

Además de las actas, la biblioteca comunal también guarda ejemplares completos de los censos comunales desde el año 1969 (aunque hay varios años en los que no se realizó el censo o no se conservó el registro). El primero de ellos se lleva a cabo en octubre de ese año, es decir, apenas cuatro meses después de haberse decretado la Ley 17716 de reforma agraria, mientras que el último data del año

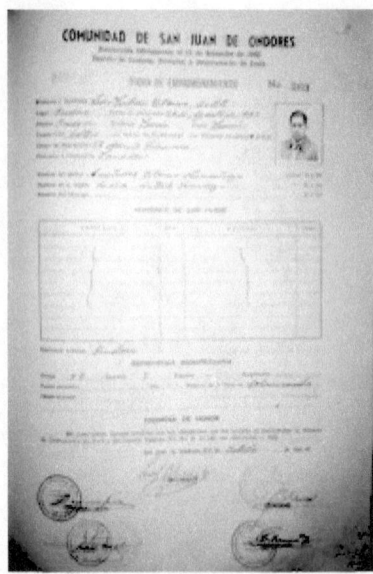

Figura 10: Muestra de ficha de empadronamiento comunal, 1969. Fuente: Fotografía del autor.

2011. La información procesada sobre estos censos[12] permite ilustrar con mucha precisión varios procesos internos de la comunidad, en especial aquellos relacionados con la concentración de la tierra, la expansión de la educación superior al interior de la comunidad, la migración hacia Lima y el extranjero, el surgimiento de un nuevo papel de la mujer campesina como cabeza de núcleo familiar, y —sugerimos como hipótesis— el fracaso de la explotación colectiva de pastos por acción no deseada de un proceso de privatización de tierra que se convirtió durante muchos años en la punta de lanza de los proyectos desarrollistas estatales sobre la población indígena y campesina. Adicionalmente, los censos brindan pistas sobre un proceso poco explicado en el estudio del campo contemporáneo relacionado con el empleo de migración serrana dentro de espacios comerciales regionales y su empleo como mano de obra asalariada

---

12   En mi investigación decidí usar como límites los años 1969 y 1999, por ser el primero disponible y el último del siglo veinte respectivamente.

en forma de pastores por parte de comuneros de mejor posición socioeconómica.

Finalmente, además de las actas y los censos, la biblioteca comunal también conserva algunos de los múltiples mapas y planos oficiales confeccionados por los diferentes propietarios de Atocsaico así como por las instituciones estatales que monitorearon el problema indígena en el siglo veinte, mencionadas en detalle anteriormente. La existencia de estos mapas y su carácter impugnatorio e impugnado brinda luces sobre otro problema tratado en muy poco detalle para el caso peruano: la racionalización del espacio rural mediante el mapeo de los terrenos comunales.[13] La posesión y propiedad de un terreno en el universo rural peruano fue y sigue siendo sancionada por la confección de un plano oficial a cargo de la institución competente (durante mucho tiempo lo fue la Sección de Asuntos Indígenas, que desplegó batallones de ingenieros que recorrieron los Andes peruanos mapeando el campo; hoy es una labor —un tanto modificada— a cargo de COFOPRI). En el caso de Ondores, todas las partes involucradas en el litigio, desde Antenor Rizo Patrón y la SGJ hasta la SAIS, tuvieron en algún punto un mapa que les confería derechos de posesión y usufructo sobre Atocsaico. Dada la existencia de todos estos mapas y su carácter oficial (en tanto fueron preparados por ingenieros comisionados por el Estado), no se reconoce ningún mapa como definitivo y por tanto este punto se constituye en una traba fundamental para lograr una resolución final en el litigio entre Ondores y la SAIS.

La Historia

En 2002, la Corte Suprema de Justicia reconoció la devolución de las tierras del fundo Atocsaico a la comunidad campesina de San Juan de Ondores, luego de un dilatado proceso judicial que entrampó a dicha comunidad con la SAIS Túpac Amaru. Atocsaico, que como ya he señalado es un fundo adyacente a las tierras de San Juan de Ondores, retrata la historia de movilización

---

[13] Para el caso mexicano se puede revisar Raymond Craib, *Cartographic Mexico: A History of State Fixations and Fugitive Landscapes* (Durham: Duke University Press, 2004).

campesina que la comunidad de Ondores —al igual que otras numerosas comunidades en los Andes centrales— ha protagonizado a lo largo del siglo veinte. Dicha movilización, sin embargo, se ha caracterizado en el caso de los Ondorinos por una racionalización económica, alternando la movilización física con aquella de carácter legal de acuerdo a las necesidades que enfrentaba la comunidad en determinado momento. Esta racionalización económica, enmarcada dentro de un conjunto de códigos sociales y políticos que afectaron la región desde mediados del siglo veinte a consecuencia del "oleaje de modernización" que embistió el íntegro del país, y que fue resultado de bonanzas exportadoras y proyectos desarrollistas, hizo énfasis en tres puntos fundamentales para entender el papel de las comunidades indígenas y campesinas: movilidad, seguridad y autonomía. Movilidad en tanto la comunidad desarrolla estrategias socio-políticas para navegar las cambiantes redes de expansión estatal, dándose cuenta de que esta navegación —y su efectividad— pasaban por establecer constantemente nuevos pactos con el estado a partir de, por ejemplo, compartir un vocabulario económico de tono capitalista. Seguridad en tanto que, pese a que la suscripción de pactos suponía renunciar a ciertas prebendas propias de un estado de ilegibilidad previo al reconocimiento oficial de la existencia de una comunidad, aquello que estaba en juego —es decir, el sostenimiento material de las generaciones de comuneros por venir— resultaba más importante.

Estudiar a la comunidad de Ondores permite explorar un problema mucho más amplio que cruza todo el siglo pasado peruano: los procesos de consolidación capitalista y modernización política que desembocan, según nuestro argumento, en la coyuntura del golpe militar de 1968 y la posterior reforma agraria de 1969, y que a la vez proveyeron de ciertas bases económicas que pueden contribuir a explicar la emergencia de discursos rurales crecientemente radicalizados y la irrupción de la violencia política a partir de 1980.

San Juan de Ondores es una comunidad de alrededor de 700 personas que forma parte del distrito de Ondores, uno de los cuatro distritos que conforman la provincia de Junín. El distrito de Ondores fue creado como unidad política con una autoridad local legalmente reconocida en 1944. A más de 4.000 metros sobre el nivel del mar, la comunidad de San Juan de Ondores, junto con el resto del distrito, está dedicada a la ganadería y la producción de textiles, particularmente ganado ovino lanar. En octubre de 2004, frente al Palacio de Justicia, un grupo de campesinos de Ondores tomó el Paseo de los Héroes para protestar contra lo que consideraban un fallo ilegítimo en su contra. Su protesta, sin embargo, era sólo en apariencia un caso más de la probada discriminación que sufren las comunidades indígenas y campesinas cuando acuden a litigar en la esfera legal. La comunidad alzaba su voz una vez más en un dilatado proceso judicial que sostiene con el estado Peruano, y cuyos orígenes se remontan —de acuerdo a la propia comunidad— hasta los albores del siglo XVII en el Perú.

Un año antes, en una entrevista publicada en la revista *Caretas*[14], Rubén Zárate —representante de la SAIS, el otro lado litigante en el proceso judicial de los Ondorinos— explicaba el fallo judicial de 2001, en el que se le otorgaba posesión del fundo Atocsaico a la SAIS, en función del derrotero histórico de las tierras en cuestión. En 1600 el estado colonial del Virrey Marqués de Salinas, en concordancia con la regulación sobre venta y composición de tierras contemplada en las Leyes de Indias, demarcó las tierras de San Lorenzo de Atocsaico y confirió posesión de las mismas a Juan Pérez de Mendíjar, quien habría vendido estas tierras a Lorenzo de Figueroa, y este último a su vez, a Diego Montero de Solalinde. El registro de transferencias de posesión de Atocsaico se pierde hacia finales del siglo XVII, y únicamente se vuelve a saber de su tenedor legal hacia 1709 —durante la administración del Marqués de Castell dos Rius— cuando Pablo Santiago Concha se instituye como comprador de las tierras del fundo. Concha habría adquirido dichas tierras luego de que en 1707 se habían otorgado a la comunidad de Ondores mediante la figura de un censo enfitéutico perpetuo. Este censo enfitéutico constituye, precisamente, el meollo del argumento legal de la actual comunidad de Ondores para la restitución de sus derechos sobre Atocsaico.

En 1839, con la región central de la sierra peruana aun convulsa por las guerras de independencia, Hermenegildo de la Puente, descendiente directo de Pablo Santiago Concha, vendió Atocsaico a un ciudadano de nombre José Ortiz del Campo. Ortiz conservó la propiedad del fundo por espacio de dos años, hasta que en 1841 decidió dejar el control total de las tierras de Atocsaico en

---

14 *Caretas*, no. 1800 (27 de noviembre de 2003), 66.

manos de la comunidad de Ondores mediante la restitución del censo enfitéutico, estableciendo el monto a pagar por usufructo de las tierras en cien pesos. Por segunda vez en su historia, la comunidad de Ondores tomaba posesión de Atocsaico.

El escenario cambiaría dramáticamente para los Ondorinos alrededor de la década de 1920. Con Augusto B. Leguía promoviendo la llegada de capitales extranjeros, la Cerro de Pasco Copper Corporation (CPCC) tomó posesión de las tierras de Atocsaico en 1926, luego de una operación de compra-venta llevada a cabo con un ciudadano de nombre Antenor Rizo-Patrón. Este hecho, la posesión de Atocsaico por la CPCC, se va a constituir en un hito de la batalla legal de los Ondorinos en el siglo veinte. Sin embargo, no fue hasta 1963 que la comunidad empezará a movilizarse por la restitución de sus derechos sobre el fundo. En ese año, la comunidad de Ondores interpuso una demanda de nulidad en contra de la venta del fundo de Atocsaico basando su reclamo en el desconocimiento que dicha venta implicaba sobre el censo enfitéutico perpetuo del que los Ondorinos se habían beneficiado "desde tiempo inmemorial". El fallo resultó a favor de la comunidad, ordenando la restitución inmediata de los derechos de los Ondorinos sobre Atocsaico. Sin embargo, autoridades locales en Junín no permitieron la ejecución de dicho fallo. En 1968, cuando un golpe militar empoderó a un conjunto de militares radicales que anunciaban a viva voz la inminencia de una reforma agraria, las esperanzas de los Ondorinos volvieron a renacer. Sin embargo, los mecanismos cooperativos puestos en marcha por dicha reforma agraria distarían mucho de la anhelada restitución de derechos usufructuarios de la comunidad. El fundo Atocsaico pasó a formar parte del íntegro de tierra expropiada a manos del gobierno de las fuerzas armadas. A partir de este punto, su batalla trascendería espasmódicamente los límites de la esfera legal.

En un reporte con fecha 6 de agosto de 1980, la Confederación Campesina del Perú (CCP) expuso con claridad que luego del retorno a la democracia, la comunidad campesina de San Juan de Ondores había decidido tomar la justicia por sus propias manos.[15] Luego de un sostenido conflicto con el estado Peruano

---

15 Comunicado de la Confederación Campesina del Perú, Huancavelica, 6 de agosto de 1980.

—agravado por el carácter privativo de la reforma agraria militar, que no solo no satisfacía los intereses materiales de la comunidad sino que la desposeía de ciertas bases que habían permitido que Ondores mantenga su movilización en una esfera legal— los Ondorinos no podían garantizar su autonomía y su capacidad de auto-sostenibilidad material. En un convulso proceso de transición hacia una administración civil, luego de doce años de dictadura castrense, la comunidad decidía finalmente llevar su reclamo al nivel de movilización física. Si en 1963 sus esperanzas de re-establecer un pacto con el Estado pasaban por la restitución de sus derechos enfitéuticos sobre Atocsaico, y ulteriormente por la reconstitución de su alianza con el estado en contra de los intereses privados de la CPCC, en 1980 era el estado el que mermaba su autonomía y agudizaba su sentimiento de precariedad social.

El gobierno militar había promovido un modelo de reforma agraria que incorporaba solo de manera nominal a las otrora comunidades indígenas, ahora campesinas, movilizándolas dentro de un esquema de capitalismo estatal. Las cooperativas agrarias emergieron como la alternativa adecuada para satisfacer un clamor consensual por la reforma de la tenencia de la tierra sin mermar la capacidad productiva de las unidades expropiadas.[16] Sin embargo, pese a los intentos del gobierno militar por avanzar este proyecto de manera hegemónica, vale decir como una empresa con dominación efectiva y legitimidad incontestable, con puntos tan simbólicos como el uso de la imagen y el nombre del líder mestizo José Gabriel Condorcanqui como emblema de la así llamada "revolución peruana", hacia 1980 era un proyecto completamente fallido. No solamente los Ondorinos se movilizaban en contra de la saliente administración militar y el reivindicado presidente entrante Fernando Belaúnde Terry, sino que ellos formaban parte de una ola de movilizaciones mucho más amplia que sacudió la sierra central entre finales de 1979 e inicios de 1980. El comunicado mencionado líneas arriba también hacía particular énfasis en el hecho de que la comunidad de Ondores poseía títulos ancestrales de sus tierras, las mismas que habían sido usurpadas "primero por hacendados, luego

---

16   Este proceso de discusión técnica sobre el modelo de reforma agraria a seguir se encuentra brillantemente narrado en el libro de Enrique Mayer, *Cuentos feos de la reforma agraria peruana* (Lima: Instituto de Estudios Peruanos, 2009).

por la Cerro de Pasco Cooper Corporation (CPCC), y finalmente por el Estado".[17]

La CPCC, entonces, seguía siendo esa piedra angular con la que las relaciones entre comunidad y estado habían tropezado en el siglo veinte. Sin embargo, el propio gobierno militar había intentando subsanar ese tropiezo en 1969, pocos meses después de promulgar la ley de reforma agraria, mediante una compensación monetaria a la comunidad de San Juan de Ondores.[18] Empero, una parte considerable de la compensación había sido previamente recaudada por la CPCC, hecho que indignó a los Ondorinos y alentó el inicio de su causa contra la administración militar. De acuerdo al Tribunal Agrario en 1979, esta causa era completamente improcedente debido a que el gobierno había cumplido ya con una compensación monetaria por la expropiación del fundo Atocsaico, independientemente de quien había procedido con hacer efectiva dicha compensación.[19]

Atocsaico quedaba en manos de la SAIS, y cualquier movilización llevada a cabo por los Ondorinos era declarada ilegal. A esta declaración de ilegalidad de la causa de los Ondorinos le sucedió un inexplorado episodio de represión, en diciembre de 1979, por parte de las fuerzas especiales de la policía, los Sinchis, las mismas que en 1969 habían protagonizado la emblemática represión del alzamiento de Huanta.[20] Ocho miembros de la comunidad de Ondores, según lo expresado en un comunicado de la Confederación Campesina del Perú, fueron heridos de bala, mientras otros tantos

---

17 Comunicado de la Confederación Campesina del Perú, Huancavelica, 6 de agosto de 1980.
18 Resolución del Tribunal Agrario, Lima 2 de Octubre de 1979. El monto de la compensación se estableció en 2.071.077,21 soles.
19 Loc. cit.
20 Semanas antes de la promulgación de la reforma agraria, el Gobierno Militar había promulgado del Decreto Ley 006, aboliendo parcialmente la gratuidad de la enseñanza secundaria en el sistema escolar de administración estatal. Esta medida provocó el descontento de las asociaciones estudiantiles y magisteriales en todo el país. El Frente Único de Estudiantes de Huanta se levantó en respuesta a esta medida, organizando marchas que tuvieron gran acogida de parte de la población, tanto en Huanta como en Huamanga. A esto le siguió un episodio de cruenta represión a cargo de los "sinchis", fuerzas especiales de la Policía Nacional, el mismo que dio lugar a un martirologio político que marcó profundamente la cultura política local en años venideros.

resultaron con heridas menores y se presumía de algunos muertos.[21] En los días posteriores a la represión, los Ondorinos solicitaron a diversas autoridades locales la investigación de los hechos, las mismas que —presuntamente cooptadas por el gobierno central— se negaron a proceder con dicha investigación.

Algunas semanas después, otra confederación campesina —la Confederación Nacional Agraria (CNA)— denunció también la masacre de los campesinos de San Juan de Ondores.[22] El énfasis de esta denuncia también hizo hincapié en el carácter histórico de la lucha de los Ondorinos, enfatizando el argumento legal detrás de la decisión de la comunidad de finalmente invadir las tierras de Atocsaico. La CNA denunció la irresponsabilidad de los representantes del estado, la miopía del Tribunal Agrario en proveer justicia, y el poco tacto de dirigentes campesinos y oficiales como causas del sangriento episodio. De igual manera se propuso a sí misma como mediadora en el conflicto entre estado y comunidad, abogando por reencauzar el litigio en la vía legal.

Otra publicación contemporánea a los hechos, la revista *Marka*, también cubrió los acontecimientos de Ondores. En octubre de 1979 *Marka* publicó un acucioso recuento de la masacre, en el que suscribía el pedido de la restitución de los derechos de tierras a comunidades en contra de los intereses de la SAIS.[23] *Marka* acusaba al Tribunal Agrario de servir a una "dictadura" y de haber destronado el "fervor revolucionario del espíritu de [Juan] Velasco [Alvarado]". Asimismo, *Marka* subrayaba que la SAIS había logrado inculcar su "cultura" entre sus trabajadores —algunos de los cuales eran miembros de las comunidades movilizadas— lo que habría devenido en un conflicto al interior de varias de dichas comunidades. *Marka*, junto con la CNA, suscribía un llamado hacia la integración de los trabajadores de la SAIS y los campesinos en contra del "monopolio de la tierra que el estado reaccionario detenta". Sin ninguna duda, el gobierno militar no representaba

---

21 Comunicado de la Confederación Campesina del Perú. Lima, 6 de agosto de 1980. Los nombres de las personas heridas de bala son Juan de Dios Echevarría, Antonio Contreras, Gilberto Valerio, Nemesio Hurtado, Isidro Echevarría, Paulino Echavarría, Nicolás Echevarría y Andrés Solórzano.
22 Comunicado de la Confederación Nacional Agraria, Lima, 20 de diciembre de 1979.
23 "Ondores: pormenores de un despojo", *Marka*, 11 de octubre de 1979.

más los intereses del campesinado, y su hegemonía era contestada con Ondores como la piedra angular de la lucha de los campesinos y la población contra las políticas represivas de la administración castrense.

La misma revista *Marka* publicó otra carta abierta de la Confederación Campesina del Perú en la que se reclamaba la liberación de dos dirigentes campesinos capturados en los eventos de Ondores.[24] Un punto interesante de esta carta es la mención implícita a eventos de represión anteriores a los acontecimientos de Ondores, muy probablemente referida al alzamiento en Huanta por la gratuidad de la enseñanza de 1969. La misma referencia permite sugerir que pese a que la dictadura militar ha sido frecuentemente descrita como una "dicta-blanda" —particularmente comparada con sus pares del Cono Sur— hacia 1979 diversos actores sociales individuales y colectivos acusaban formalmente a la administración castrense de ejercer un alto índice de violencia contra las comunidades campesinas.

Aún más importante es la mención que se hace de la transición hacia la democracia y su virtual insignificancia para los intereses del campesinado. De acuerdo a la CCP, el otorgamiento del derecho a voto a los sectores analfabetos, mayormente campesinos, era una nueva carga en la vida de los campesinos para preparar la transferencia de poder a manos de partidos reaccionarios. Ni el gobierno militar y su reforma agraria, ni la transferencia de poder y su apertura democrática, podían garantizar la disminución de la angustia agraria y social en el interior de las comunidades movilizadas y las federaciones campesinas ni la restitución de los lazos entre estado y comunidad.

La generación de este nuevo discurso contra-hegemónico por parte de las comunidades y sus federaciones es también retratada en otra publicación de corte izquierdista, la revista *Amauta*, como el "resultado de las acciones de las masas".[25] Otro elemento interesante del texto de *Amauta* es la construcción de dicho discurso contra-hegemónico como un proceso interno de hegemonía comunal. *Amauta* da cuenta en detalle de lo que en apariencia se

---

24 "Al pueblo peruano CCP denuncia", *Marka*, 27 de diciembre de 1979.
25 "14 mil hectáreas recuperan campesinos de Ondores-Junín", *Amauta*, diciembre de 1979.

había percibido como una movilización desorganizada, relatando las reuniones comunales en noches previas al levantamiento, la participación de las mujeres campesinas agrupadas como comité de damas, y el consenso comunal sobre la toma de Atocsaico como un momento de trascendencia histórica en el derrotero de la comunidad. En palabras de los propios comuneros, la invasión fue la expresión de la "madurez política" de la comunidad.[26] La invasión involucró entonces a todos los miembros de la comunidad. La organización incluyó la formación de guardias campesinas en previsión de cualquier acto represivo de parte de la SAIS o el estado, y la legitimidad del discurso de la comunidad llegó incluso a lograr que un juez local —de nombre Víctor Alvarado Morales— proveyera títulos de propiedad a los invasores. La represión, sin embargo, estaba ya en camino.

En una carta abierta de la comunidad, firmada un día después de la invasión, los Ondorinos señalaron que el gobierno estaba propiciando la confrontación entre campesinos, y que en ese sentido ellos llamaban a la unidad dado que su lucha era la lucha del pueblo.[27] Pese a la represión, la comunidad volvió a la carga sobre sus argumentos legales, enfatizando la manipulación de normas procesales que el estado había perpetrado para desconocer tanto los fallos favorables que Ondores registraba a lo largo de su historia, como la provisión que acarreó el arriba mencionado juez de Cerro de Pasco Víctor Alvarado Morales, manipulaciones que habían llegado al límite de enviar a un juez especial de Lima que desconoció la investidura de Alvarado Morales para desestimar su fallo y su provisión. Si el camino a seguir seguía siendo el de la vía legal, los Ondorinos prontamente se dieron cuenta de la necesidad de llevar su pedido a una esfera más elevada de poder.

En una carta fechada el 22 de octubre de 1979,[28] la comunidad de Ondores dirigió un importante mensaje al saliente Jefe de la Junta Militar de Gobierno y Presidente de facto del Perú, Francisco Morales Bermúdez, en el que se presentaba a sí misma como un

---

26 Declaración de la comunidad de San Juan de Ondores, Junín, 6 de septiembre de 1979.
27 Loc. cit.
28 Carta de la comunidad de Ondores al Presidente de la República, 22 de octubre de 1979.

colectivo jerárquico altamente organizado, con un cuerpo de representantes que incluía presidente, vice-presidente, secretario, tesoreros, y otros puestos asociados con la administración y vigilancia de la comunidad. Como primer punto, los representantes de la comunidad volvieron sobre la dimensión histórica de su lucha por tierra, declarando que eran inequívocamente los "dueños del fundo Atocsaico", enfatizando la ilegítima apropiación de la tierra por parte de la CPCC como punto de divergencia en sus relaciones con el estado. De igual manera, manifestaron su sorpresa al ver que el fallo judicial favorable que habían conseguido era completamente desconocido por el gobierno militar. Finalmente, hicieron hincapié en su disposición a llevar su lucha nuevamente fuera de los límites de la esfera legal, en caso el gobierno saliente o la administración entrante siguiesen desconociendo sus derechos sobre Atocsaico.

Sin embargo, pese al aparente tono de confrontación, la carta también repara en la diferencia entre las autoridades locales y la SAIS, y la investidura presidencial. Para los firmantes, Ondores había sido víctima de un mal gobierno local que había mermado las bases de una relación fluida entre estado y comunidad en el siglo veinte. El hecho de que la carta esté dirigida hacia el Presidente muestra un manifiesto carácter conciliador de parte de los Ondorinos. "El problema de la comunidad de Ondores" —añade la carta— "debe ser resuelto pacíficamente sin llegar a la violencia [...]".[29] De acuerdo a los campesinos, era responsabilidad directa del Presidente evitar una conflagración directa entre ellos y las fuerzas del estado. "La vida de muchas familias depende de su administración",[30] concluye la misiva. Sin embargo, la represión prevaleció y la justicia campesina nunca llegó para los Ondorinos, quienes despertaban en 1980 a una época aún más oscura en su larga batalla por Atocsaico.

A Manera de Conclusión

Uno de los primeros puntos que noté luego de revisar las actas comunales fue la ausencia de dos temas que creíamos

---

29 Loc. cit.
30 Loc. cit.

inicialmente iban a marcar el tenor de lo descrito en sus páginas. De un lado, la represión de la que fue víctima Ondores durante la etapa final de la reforma agraria; de otro, la posición de la comunidad frente a la violencia política. Ninguno de estos temas tuvo siquiera una mención en las actas. No pudimos contener nuestra curiosidad y preguntamos si ello se debía a algún motivo en particular y si era algo intencional. La respuesta nos dejó aún más sorprendidos. Los comuneros de Ondores habían decidido omitir cualquier mención a estos eventos, excluyéndolos de la narrativa que presentan en sus actas, a fin de garantizar la integridad de las mismas y en última instancia la seguridad de la comunidad.

Existe entonces la producción de un silencio intencional, justamente donde se debía encontrar la voz subalterna carente de filtros. Para los Ondorinos, la posibilidad de represión estatal y, posteriormente, de ser víctimas del fuego insurreccional de la violencia política siempre estuvo latente. Consideraron entonces que mantener un registro oficial sobre episodios de represión o violencia solamente serviría para aumentar las posibilidades de ser violentados. Sentían que si el Ejército, la Policía o Sendero Luminoso accedían a estos documentos, la información contenida en ellas podía ser potencialmente perjudicial para la supervivencia de la comunidad. O bien las actas podían ser requisadas, o bien podía ponerse en peligro la vida de las personas involucradas en los hechos descritos o en su registro. ¿Cómo entender este silencio a la luz de la discusión que hemos formulado sobre el valor de rescatar los archivos campesinos?

Para Ondores, probablemente al igual que para otras comunidades, la memoria era un ejercicio de recordar y registrar, pero también de omitir voluntariamente a fin de salvaguardar la integridad de sus miembros. Se trata de una omisión que de ninguna manera acarrea olvido, pues todos los hechos de violencia —la represión y la violencia política— siguen vigentes en otro registro que escapa lo documental y que se comparte y transmite recurriendo a una oralidad que todavía estructura la cultura política de grupos campesinos e indígenas, aunque con algún grado de diferenciación. Dentro de esta memoria comunal y su oralidad política, la masacre de los Sinchis es un elemento cohesionador y vinculante, mientras que la posición de la comunidad frente a la violencia política es un tanto más ambigua —existen versiones que niegan por completo su presencia en la comunidad, y otras que hacen referencia a una negación consciente de adoptar posiciones extremistas. Ambas, sin embargo, generan una narrativa comunal de no-violencia que permite que Ondores siga reclamando una legitimidad como interlocutor legal del Estado, en una era en la que la personería jurídica de las comunidades ha sido, en general, desestimada. Ondores y sus representantes siguen acudiendo a tribunales de justicia no basados en un discurso de victimización sino en una memoria oficial —materializada en la existencia y los silencios actas comunales— en las que la violencia no tiene lugar.

En este sentido, las actas comunales —una característica que Ondores comparte con muchas otras comunidades de la Sierra Central y otras regiones— permiten repensar la supuesta "fractura histórica" con el Estado, en tanto son una muestra tangible de la naturaleza contractual de un pacto entre Estado y comunidades desde los albores del siglo veinte. Su existencia evidencia que las comunidades atendieron a los requisitos indispensables que estableció el Estado para conferir una legibilidad social y política a los grupos indígenas y campesinos que devinieron en comunidades. De igual modo, su continuidad aparentemente ininterrumpida, pese a los cambiantes escenarios económicos y políticos por los que atravesaron las comunidades, compensa otra fractura, aquella que existe en el registro archivístico institucional del Estado sobre poblaciones indígenas y comunidades campesinas. Como hemos mencionado anteriormente, dicha fractura archivística obedece al constante cambio de percepción del Estado Peruano sobre el problema indígena y campesino y a una negligencia que aunque no ha sido sistemática y obliterante, sí ha hecho de la narrativa histórica campesina una realidad poco aprehensible. Los cambios de percepción propiciaron, en diferentes momentos y con diferentes nombres y propósitos, la creación de instituciones cuya pregunta de fondo nunca fue replanteada y que a la postre terminaron siendo fusionadas o simplemente desaparecieron, especialmente cuando la cuestión indígena abandonó el primer plano del debate nacional. La negligencia favoreció la atomización, dispersión y desaparición de las bases documentales para una historia campesina.

Resulta complejo entonces poder reconstruir una linealidad en el problema indígena y campesino en el Perú en base a dicho registro institucional. Es frente a esta fragmentación que surge la linealidad de las actas comunales de Ondores, una linealidad que complementa la historia oficial que registra institucionalmente el estado, y que puesta en perspectiva con el trabajo etnográfico puede incluso llegar a ser subversiva frente al interés de deslegitimar la subjetividad histórica y jurídica de las comunidades. Estas actas, que están en proceso de ser digitalizadas y serán preservadas en repositorios digitales en el extranjero, y cuyo acceso será regulado por la autoridad de la Junta Directiva y supervisado por el repositorio digital, habrán de ser una piedra angular en la constitución de los archivos campesinos del Perú.

Lista de Acrónimos

CAI: Conflicto Armado Interno (1980-2000)
SAIS: Sociedad Agrícola de Interés Social
AFA: Archivo del Fuero Agrario
AGN: Archivo General de la Nación
CAP: Cooperativa Agraria de Producción
SINAMOS: Sistema Nacional de Apoyo a la Movilización Social
COFOPRI: Organismo de Formalización de la Propiedad Informal
ARJ: Archivo Regional de Junín
DRA: Dirección Regional Agraria
SGJ: Sociedad Ganadera Junín
CCP: Confederación Campesina del Perú
CPCC: Cerro de Pasco Copper Corporation
CNA: Confederación Nacional Agraria
PCM: Presidencia del Consejo de Ministros

Bibliografía

Burga, Manuel. *De la Encomienda a la Hacienda Capitalista: El Valle de Jequetepeque del siglo XVI al XX*. Lima: Instituto de Estudios Peruanos, 1976.

Craib, Raymond. *Cartographic Mexico: A History of State Fixations and Fugitive Landscapes*. Durham: Duke University Press, 2004.

Drinot, Paulo. *The Allure of Labor: Workers, Race, and the Making of the Peruvian State*. Durham: Duke University Press, 2011.

Flores Galindo, Alberto. *Los mineros de la Cerro de Pasco, 1900-1930*. Lima: PUCP, 1974.

Flores Galindo, Alberto, ed. *Comunidades campesinas: cambios y permanencias*. Chiclayo: Centro de Estudios Sociales Solidaridad, 1987.

Jacobsen, Nils. *Mirages of Transition: The Peruvian Altiplano, 1780-1930*. Berkeley: University of California Press, 1993.

Klaren, Peter. *La formación de las haciendas azucareras y los orígenes del APRA*. Lima: Instituto de Estudios Peruanos, 1970.

Mallon, Florencia. *Peasant and Nation: The Making of Postcolonial Mexico and Peru*. Berkeley: University of California Press, 1995.

Mallon, Florencia. *The Defense of Community in Peru's Central Highlands: Peasant Struggle and Capitalist Transition*. Princeton: Princeton University Press, 1983.

Manrique, Nelson. *Yawar Mayu: Sociedades terratenientes serranas*. Lima: IFEA, DESCO, 1988.

Manrique, Nelson. *Las guerrillas indígenas en la guerra con Chile: campesinado y nación*. Lima: Centro de Investigación y Capacitación, 1981.

Mayer, Enrique. *Cuentos feos de la reforma agraria peruana*. Lima: Instituto de Estudios Peruanos, 2009.

Meza, Mario. *Justicia y poder en tiempos de violencia: orden, seguridad y autoridad en el Perú, 1970-2000*. Lima: Pontificia Universidad Católica del Perú, 2013.

Peloso, Vincent. *Peasants and Plantations: Subaltern Strategies of Labor and Resistance in the Pisco Valley, Peru*. Durham: Duke University Press, 1999.

Rodríguez Pastor, Humberto. "El Archivo del Fuero Agrario. Lima, Perú". *Latin American Research Review* 14, no. 3 (1979): 202-206.

Smith, Gavin. *Livelihood and Resistance: Peasants and the Politics of Land in Peru*. Berkeley: University of California Press, 1983.

Archivos, bibliotecas y la memoria obrera, social y cultural de los argentinos[1]

Horacio Tarcus
CeDInCI / UNSAM, CONICET

La República Argentina es un país paradojal. El historiador Milcíades Peña solía decir que Argentina es el país del "como sí", donde nada es lo que parece, donde detrás de la pátina deslumbrante de modernidad es necesario descubrir el atraso. Aunque Peña estaba pensando sobre todo en el fracaso de la modernización industrial, su visión crítica es también pertinente para pensar el sorprendente atraso bibliotecológico y archivístico de la Argentina.

Los investigadores que proceden del exterior a trabajar durante un tiempo en el país viven la paradoja en carne propia: llegan hipnotizados por el atractivo de la ciudad capital moderna y pujante, pero no tardan en despertar de su sueño al toparse con el estado de abandono, el atraso tecnológico, las puertas cerradas y la opacidad institucional que caracterizan a las bibliotecas y archivos del país. Los investigadores no tardan en ver frustradas sus expectativas de acceder a las fuentes argentinas a través de catálogos digitalizados y de ser atendidos y orientados por personal competente. No tardan en descubrir, por citar los dos casos más

---

[1] Una versión anterior de este ensayo apareció en la revista *Políticas de la memoria*, no. 10-11-12 (2011-2012): 7-18.

resonantes, que los fondos documentales del Archivo General de la Nación duermen en el más absoluto abandono[2] y que la Biblioteca Nacional se ha convertido en una gran sala de espectáculos culturales, con absoluto menoscabo de su función más elemental: reunir, preservar, acrecentar, catalogar y difundir el patrimonio biblio-hemerográfico nacional.[3]

Los investigadores visitantes van descubriendo así la paradoja argentina: un país que desplegó a lo largo de dos siglos de historia una sorprendente riqueza cultural, de la que los argentinos estamos orgullosos, e incluso presumidos, pero que sin embargo no se preocupa en preservar. Un país agobiado por sus fantasmas históricos, que vive mirando un pasado que nunca logra saldar; un país que vive preso de sus dilemas históricos; un país cuyos hombres políticos, como en *El XVIII Brumario de Luis Bonaparte*,

---

[2] En 1990 la jefa del Departamento de Conservación de la Biblioteca del Congreso de los Estados Unidos, Doris Hamburg, visitó el AGN y elaboró un informe devastador sobre su situación. El Informe puede leerse como adjunto a la Recomendación 74/06 que el Defensor del Pueblo de la Nación elevó al Ministro del Interior a causa del estado crítico de la institución, con fecha 31 de agosto de 2006. Un cuarto de siglo después, el AGN anuncia un plan de digitalización. No deja de ser auspicioso, aunque persisten las dudas de cómo la digitalización podría resolver un problema previo: el debido ordenamiento de las colecciones y su correspondiente catalogación. Señalemos que el AGN no cuenta siquiera con un catálogo informatizado de sus colecciones. ¿Es posible pensar políticas archivísticas cuando ni las propias autoridades conocen el patrimonio que custodian?

[3] Las propias instituciones del Estado argentino, como la SIGEN (Sindicatura General de la Nación) o la Defensoría del Pueblo de la Nación, han elaborado reiteradamente informes críticos sobre la grave situación de la Biblioteca Nacional (BN). Un informe oficial de la propia dirección de la institución emanado en el año 2004 (Gestión Elvio Vitali) reconocía que "la Biblioteca Nacional incumple con sus básicas, esto es, adquirir, conservar, preservar, restaurar y difundir el patrimonio édito de los argentinos". A pesar de los empeños realizados entre los años 2004 y 2006, la BN volvió a funcionar como un centro cultural. Las escasas áreas que, a pesar de que el 99% de los recursos materiales y humanos se orientaron a otras actividades, pueden mostrar avances archivísticos o bibliotecológicos (como Archivos y Colecciones Particulares, o la colección de Partituras), fueron programadas y puestas en marcha en el período 2004-2006. Durante el mes de enero de 2007 se suscitó un fuerte debate público acerca de la misión de la Biblioteca Nacional a partir de una carta que dirigí al Secretario de Cultura de la Nación presentando mi renuncia al cargo de subdirector, debate que aún se encuentra accesible en diversas páginas de Internet. Ver por ejemplo Sociedad Argentina de Información, "Renunció el vicedirector de la Biblioteca Nacional", http://www.sai.com.ar/bibliotecologia/pizarra_detalle.asp?id=40.

se empeñan en vestir los trajes del pasado y se nombran con los nombres de los muertos; un país cuyos funcionarios se llenan la boca hablando de patrimonio y de memoria; pues bien, ese país, al mismo tiempo, no muestra interés en generar condiciones para resguardar institucionalmente sus fuentes históricas.

Atraso económico y subdesarrollo cultural

¿Cómo entender la paradoja argentina? Es necesario comenzar por despejar cualquier explicación de este atraso en términos del "factor económico": me refiero a la conocida coartada del ahogo presupuestario propio de un país periférico, que le impediría derivar los recursos necesarios para la modernización de sus bibliotecas y archivos públicos. Es que nuestro atraso es ostensible no sólo respecto de los países poderosos del llamado Primer Mundo que destinan significativos recursos a sus archivos y bibliotecas, sino incluso respecto de países latinoamericanos como Chile, Brasil y México.

En otros términos: el atraso argentino no se limita al terreno económico. En el plano de la preservación de nuestro patrimonio cultural somos también, como se decía en la década de 1970, un país perfectamente subdesarrollado. John Holloway ha insistido con razón en que en un mundo globalizado, ya no importa tanto para la prosperidad de un país cuánto produce cada economía nacional, sino cuánto capital producido globalmente es capaz de atraer y retener cada Estado en su territorio. De la misma manera, en el terreno del patrimonio cultural, no importa tanto el capital simbólico que hemos sido capaces de producir nacionalmente: lo que está en juego es nuestra capacidad de valorizarlo como tal y, por ende, de generar las condiciones para preservarlo y socializarlo.

Los avatares de nuestro patrimonio bibliográfico, hemerográfico y archivístico son una prueba flagrante de esta afirmación. El estado calamitoso de nuestras bibliotecas, hemerotecas y archivos públicos es el resultado de un proceso donde se han combinado y mancomunado de la peor manera factores tan diversos como la ausencia de políticas públicas en materia bibliotecológica y archivística; la discontinuidad institucional del país, que también afectó a las bibliotecas y los archivos públicos; su falta de transparencia institucional frente a lectores, donantes y la sociedad en general; la ausencia de concursos públicos capaces de incorporar o promover profesionales competentes; la toma de las instituciones por parte de microcamarillas y sindicatos mafiosos que parasitan el Estado; y, *last but not least*, la falta de presupuesto.

Tomemos el caso del destino de las grandes bibliotecas privadas así como de los fondos de archivo, sobre todo privados, ya se trate de escritores, políticos, militantes sociales, etc. Cuando no existen políticas públicas activas para preservar dicho patrimonio crucial para la historia de un país, se plantean tres opciones: permanece en manos privadas; es adquirido por coleccionistas privados; o bien es vendido a bibliotecas universitarias o centros de documentación del exterior del país.

Bibliotecas y archivos como "propiedad familiar"

Sin duda, las grandes bibliotecas privadas jugaron un rol importante, si no decisivo, en la historia cultural de nuestro país. Tal es su peso, que hasta podría trazarse una historia de la cultura argentina, al menos de la cultura de élite, haciendo la historia de las grandes bibliotecas personales, desde la de Juan Baltasar Maziel hasta la de Federico Vogelius.

En la época de la Colonia, el rigorismo inquisitorial, la ausencia de imprentas y las trabas comerciales hicieron que, en ausencia de bibliotecas públicas, se constituyeran a fines del siglo XVIII grandes bibliotecas privadas, como la del Obispo Manuel Azamor y Ramírez o la de Juan Baltasar Maziel.[4] Iniciado el proceso de la independencia, a pesar de los esfuerzos por nutrir a la joven nación de bibliotecas públicas, siguieron jugando un rol clave las bibliotecas privadas. Baste recordar, en la década de 1830, la biblioteca personal de Marcos Sastre, que pone a disposición de los estudiosos como Gabinete de Lectura, anexo a su famosa Librería Argentina de la calle Reconquista, donde se nutren de literatura romántica los jóvenes de la Generación del 37[5]; la biblioteca *a la page* de Santiago Viola que rememoraba Vicente F. López, o la

---

4 El propio Obispo poseía en su biblioteca muchos de los libros prohibidos del *Index*. Ver Domingo Buonocore, *Libreros, editores e impresores de Buenos Aires* (Buenos Aires: Bowker, 1974), 1 y ss.
5 Félix Weinberg, *El salón literario* (Buenos Aires: Solar/Hachette, 1976), 40 y ss.

biblioteca del sanjuanino Manuel Quiroga Rosas, que Sarmiento dejara instalada en la memoria de los argentinos como una fuente preciosa de conocimientos renovadores.[6] Pero se destacaba por encima de todas la biblioteca y el archivo reunidos a través de compras (y de otro tipo de adquisiciones) por el bibliófilo napolitano Pedro de Angelis. Tras la batalla de Caseros (1852) que derroca a Rosas y da inicio de la organización institucional de la nación, llegan al país numerosos emigrados extranjeros portando sus bibliotecas, mientras los hombres de la élite constituyen grandes bibliotecas privadas, "en defecto de las públicas, a la sazón pobres y mal organizadas". "Raro fenómeno —sigue Buonocore—, que ha sido señalado, en diversas oportunidades por ilustres estudiosos visitantes de otros países de Europa y América".[7] En efecto, las bibliotecas privadas y las colecciones de archivos que llamaban la atención de los visitantes extranjeros pertenecían a figuras de la élite como Vicente F. López, Bartolomé Mitre, Ángel J. Carranza, Andrés Lamas, Vicente G. Quesada (cuya biblioteca fue luego completada por su hijo Ernesto), Miguel Navarro Viola, Manuel R. Trelles, Enrique Peña, Estanislao S. Zevallos o Francisco P. Moreno.[8] Las generaciones siguientes no fueron ajenas a esta tradición, como lo demuestran las grandes bibliotecas reunidas por figuras como José Ingenieros, Agustín P. Justo, Carlos Astrada o José Aricó.[9]

Aceptamos que, a falta de grandes bibliotecas públicas, las bibliotecas privadas jugaron un rol importante en la cultura del país. Lo penoso es que su destino final no fue siempre su institucionalización pública, como es el caso del Museo Mitre en Buenos Aires o la Biblioteca Aricó anexa a la Biblioteca Central de la Universidad de Córdoba. Bibliotecas extraordinarias, que reunían libros antiguos de enorme valor, colecciones de revistas muy escasas, grabados, litografías, mapas, documentos y manuscritos —

---

6 D. F. Sarmiento, *Recuerdos de Provincia* (1850) (Buenos Aires: EUDEBA, 1960), 186-187.
7 Buonocore, *Libreros, editores e impresores*, 166.
8 Horacio Crespo, "El erudito coleccionista y los orígenes del americanismo", en Carlos Altamirano, ed., *Historia de los intelectuales en América Latina*, vol. I: Jorge Myers, ed., *La ciudad letrada, de la conquista al modernismo* (Buenos Aires: Katz, 2010), 290-311.
9 Sobre este último, ver Héctor Schmucler, "La biblioteca de Pancho", *Estudios*, no. 5 (enero/junio 1995): 5-8.

como las de de Angelis, Andrés Lamas, Zevallos, el Perito Moreno y Vogelius— se pulverizaron en subastas públicas (salvo la de Lamas, cuya dispersión se evitó porque la compró en remate la Biblioteca Nacional de Montevideo y la de de Angelis, que la adquirió la Biblioteca Nacional del Brasil[10]). La de los Quesada fue la base sobre la que se organizó la Biblioteca del Instituto Iberoamericano de Berlín, mientras que la biblioteca americanista del General Justo fue adquirida por la Biblioteca Nacional de Lima. Esteban Echeverría, durante su exilio en Montevideo, fue vendiendo a la Librería Hernández de Montevideo su preciada biblioteca traída de París.[11] Más recientemente se dispersó la biblioteca filosófica y el archivo de Carlos Astrada, a través de su venta fraccionada a libreros de viejo.

En 1917 se abría un número de la *Revista de Filosofía* con esta reflexión: "La historia cultural y política de nuestro país duerme en archivos familiares... La poca preocupación ambiente y el celo de los poseedores de los archivos hacen que informaciones interesantísimas, que podrían prestar eficaz ayuda a historiadores y sociólogos, se esterilicen restando fuentes preciosas a la investigación científica. Nuestra historia... no puede, pues, ser escrita". Lamentablemente, un siglo después, gran parte del patrimonio histórico subsiste bajo la forma de patrimonio familiar.

Sin embargo, hoy la responsabilidad es otra: entonces, en 1917, el hincapié estaba puesto en la falta de modernización y de conciencia pública de las familias de la élite. La revista de José Ingenieros, en su afán modernizador y profesionalista, venía a recordar que la época de Don Vicente Fidel López, en que el actor histórico y el historiador se confundían, el archivo histórico y el archivo familiar eran uno solo, y la historia oficial se practicaba

---

10 Un brasileño estudioso del Fondo de Angelis señalaba que su adquisición constituía un "magnífico trofeo" para su país tras su apoyo a la Batalla de Caseros que derrocó a Rosas. Y añadía: "Hasta causa cierto espanto que un archivo como aquel, que en su mayor parte perteneció a la Provincia Jesuítica del Paraguay, pudiera haber sido adquirido por un particular, hubiese salido del territorio argentino y fuese vendido tan fácilmente a un país extranjero". Josefa Emilia Sabor, *Pedro de Angelis y los orígenes de la bibliografía argentina. Ensayo bio-bibliográfico* (Buenos Aires: Solar, 1995), 160.
11 Félix Weinberg, *Esteban Echeverría, ideólogo de la Segunda Revolución* (Buenos Aires: Taurus, 2006).

como la historia de las grandes familias patricias, había quedado muy atrás. Esas familias debían aceptar el relevo, tanto de su lugar de custodios del patrimonio así como del oficio de historiadores, por parte de los archivos y bibliotecas públicos y de los sociólogos e historiadores profesionales.

Si bien crecieron desde entonces a lo largo del siglo XX los campos profesionales de la sociología y de la historia, el proceso de cesión del patrimonio familiar al espacio público fue muy débil. Muchos archivos de personalidades de la cultura y la política argentina siguen celosamente resguardados por sus descendientes como propiedad familiar: el espíritu de legado es débil, pues los herederos no tienen confianza en la capacidad de las instituciones públicas para resguardarlo y disponerlo a la consulta. El sentimiento de los donantes, cuando se trata de los grandes archivos y bibliotecas públicas, es que el patrimonio va a desaparecer entre los engranajes de una insondable estructura burocrática; o bien, cuando se trata de institutos de una escala menor, que va a ser apoderado por la facción que lo controla. Esto es: las grandes instituciones no ofrecen garantías de preservación; las pequeñas, de acceso público.

El patrimonio cultural y el coleccionismo

En el mercado de los libros, las revistas y los papeles argentinos, dado que las bibliotecas y archivos públicos están ausentes, la principal demanda proviene, o bien de los coleccionistas privados, o bien de las universidades y centros del exterior del país.

Detengámonos un momento en el coleccionismo privado. A diferencia de los políticos o intelectuales de la élite, que forman grandes bibliotecas porque los libros son imprescindibles para el ejercicio de su profesión, los coleccionistas están animados por una pasión bibliófila, siendo rara vez lectores sistemáticos o estudiosos de las colecciones que atesoran. Hay, desde luego, un tesón bibliófilo propio del coleccionista en muchos de los primeros —tal el caso de Mitre, de Navarro Viola o de los Quesada—, así como la mayor eficacia en la búsqueda de la serie completa exige a los segundos adquirir un conocimiento exhaustivo. Pero el coleccionista suele ser una figura más oscura, menos visible, poseedor de una cultura más bien parcial, fragmentaria e instrumental: generalmente son hombres que se ganan la vida en otros quehaceres —empresarios, profesionales liberales—, en los que el coleccionismo funciona más al modo de lo que antes se llamaba un *hobby* que como resultado de una necesidad intelectual. Mientras para los investigadores la gran biblioteca es en definitiva una suerte de taller que encierra sus herramientas de trabajo, para los coleccionistas sus series debidamente ordenadas y clasificadas pueden adquirir, en el límite, un carácter lúdico, fetichista, decorativo o de prestigio social. De modo que si el acceso del investigador a las grandes bibliotecas y archivos familiares no suele ser sencillo, mucho más restringido y condicionado aún suele serlo en el caso del coleccionista, que guarda celosamente su tesoro bajo siete llaves.[12]

Los defensores del libremercado de bienes culturales presumen que el coleccionismo ha sido un factor de enriquecimiento del patrimonio nacional. Esgrimen en su favor que muchos coleccionistas privados, actuando como "investigadores" a veces sobre la base de su intuición y experiencia, recuperaron y organizaron durante siglos un patrimonio hasta entonces disperso, que finalmente terminaron cediendo a instituciones públicas. Pero como se ha señalado a propósito del caso del patrimonio de México (sobre todo pero no exclusivamente al arqueológico), "muchos formaron y forman sus colecciones con juicios subjetivos, con piezas compradas según sus predilecciones estéticas, o por su rareza y exotismo. También se conocen casos cuyo objetivo central ha sido ganar prestigio social; algunos más, por su afán casi enfermizo de atesorar, pero sobre todo por la esperanza de encontrar en el futuro mejores postores, es decir para especular".[13] Para esta autora el coleccionismo tuvo valor en el siglo XIX y principios del XX, pero en los albores del siglo XXI su existencia no se justifica.

En la Argentina de las últimas décadas, si llegase a manos de un librero una carta de Mariano Moreno o de José de San Martín, o un documento de puño y letra de Juan D. Perón, de Ernesto

---

12   En la Argentina, en las páginas de agradecimientos a quienes permitieron el acceso a fuentes con que suelen abrirse los libros de investigadores, la satisfacción por haber llevado a término la obra así como las normas usuales de la cortesía, hacen que se suela omitir el arduo trabajo de pesquisa tras el poseedor privado de los documentos, así como la serie de pruebas sucesivas con que los coleccionistas pueden someter al investigador antes de abrirle sus tesoros. Las pruebas suelen reducirse si se trata de un investigador del primer mundo.
13   Gilda Cubillo Moreno, "El coleccionismo y la compra-venta de bienes culturales en México", *Memoria*, no. 128 (octubre de 1999).

Guevara o de Jorge Luis Borges, difícilmente acudirá a ofrecerlos en venta a la Biblioteca Nacional o al Archivo General de la Nación: se dirigirá a centros y universidades del exterior o a los coleccionistas locales. Pero el problema de la enajenación de nuestro patrimonio no radica en los libreros, pues es inevitable que a falta de demanda del sector público acudan necesariamente al privado. Ni tampoco está en los coleccionistas ni en las instituciones del exterior, pues la Argentina carece de legislación clara que restrinja la compra y la venta, e incluso la salida al exterior del país, de documentos de valor histórico. El problema está también en la falta de un marco legal regulatorio, pero sobre todo en la ausencia de políticas públicas acerca del patrimonio bibliotecológico, hemerográfico y archivístico.

Drenaje patrimonial hacia los centros del primer mundo

En el caso de la venta a los coleccionistas, el patrimonio queda vedado a la consulta pública; en el caso de la venta a centros y universidades del exterior del país, sólo es accesible a los que estén en condiciones de viajar a ellos.

Respecto al drenaje patrimonial hacia el exterior, a los fenómenos bien estudiados de "fuga de capitales" o de "fuga de cerebros", hay que añadir la "fuga" de libros, revistas, cartas, manuscritos. Así como los investigadores egipcios se ven obligados a estudiar la cultura de su país en los museos de Londres y París, los investigadores de la historia y el pensamiento argentinos sólo pueden consultar invalorables fuentes de su cultura acudiendo a ciudades como Amsterdam, Turín, Berlín o Stanford. Por ejemplo, la hemeroteca y el archivo que sobre anarquismo y movimiento obrero argentinos dispone el Instituto de Historia Social de Amsterdam, son más completos que la suma de todos los existentes en la Argentina. Allí se conservaron durante más de un siglo, sobreviviendo incluso a la invasión nazi[14]; aquí estos testimonios de nuestra memoria obrera apenas sobreviven penosamente, en colecciones no siempre completas, en algunas bibliotecas anarquistas.

---

14 Maria Hunink, *Le carte della rivoluzione. L'Istituto di Storia Sociale di Amsterdam, nascita e sviluppo dal 1935 al 1947* (Milan: Pantarei, 1998).

Hay bibliotecas y archivos enteros que, por distintas vías y variados motivos, fueron saliendo del país. Ya señalamos que la biblioteca monumental del sociólogo Ernesto Quesada constituyó la base sobre la que se fundó el Instituto Iberoamericano de Berlín y la de Agustín P. Justo fue adquirida por la Biblioteca Nacional de Lima; podemos añadir ahora que el fondo de archivo del filósofo Rodolfo Mondolfo, cuyos descendientes donaron a la Asociación Dante Alighieri de Buenos Aires, partió sin embargo hace varios años rumbo a Italia; la biblioteca y el archivo del historiador Luis Sommi fue llevada después de su muerte a algún lugar de Moscú; Liborio Justo donó gran parte de su cuantiosa biblioteca y hemeroteca al Arquivo Edgar Leuenrot de Campinas; el archivo de Victoria Ocampo puede consultarse en la Universidad de Harvard; los de Álvaro Yunque y María Rosa Oliver en la Universidad de Princeton; el de Roberto Arlt en el Instituto Iberoamericano de Berlín; el de Diego Abad de Santillán está repartido entre el Instituto de Historia Social de Amsterdam y la Biblioteca Arús de Barcelona. Los ejemplos podrían multiplicarse.

El universitario estadounidense, europeo, mexicano o brasileño tiene a su alcance extraordinarias bibliotecas y archivos, pudiendo consagrarles todo su tiempo y sus energías; el investigador argentino (o el extranjero que debe trabajar en nuestro país) sabe que la mitad de sus energías estarán destinadas a la búsqueda de sus fuentes, debiendo peregrinar por múltiples bibliotecas públicas, archivos privados y librerías de viejo. A menudo debe comprar sus fuentes, convirtiéndose sin quererlo en un atesorador privado. Y así como el coleccionista es un investigador principiante, insensiblemente el investigador argentino deviene un coleccionista amateur. Incluso ha llegado a suceder que los investigadores locales rivalicen, no por el rigor o la originalidad de sus interpretaciones, sino por la posesión de sus "propias" fuentes. Su mayor orgullo es estampar, a pie de página, esta manifestación de nuestro subdesarrollo cultural: "Original en el archivo del autor".

No podemos ignorar que, desde la antigüedad, la historia de las grandes bibliotecas (así como la de los grandes museos) está directamente vinculada a los proyectos de expansión imperial. Todos los conquistadores tomaron para sí o enviaron a sus soberanos botines de guerra o presentes de tierras exóticas que probaban sus hazañas, sus conquistas y sus descubrimientos. El inglés Thomas Richards, en *The Imperial Archive*, un clásico de los estudios poscoloniales, analiza los modos de apropiación y sistematización de lo que llama el "archivo imperial" británico. Este no sería tanto una biblioteca ni un museo, advierte, sino "una fantasía de conocimiento catalogado y reunido al servicio del Estado y del Imperio". Cuando los poderes públicos británicos hablan de "material catalogado" se refieren, de un siglo a esta parte, a "conocimientos ubicados bajo la jurisdicción especial del Estado".[15] Su función de "reservorio del conocimiento universal" fue relevada luego por los Estados Unidos, que desde la Guerra Fría, y sobre todo desde la Revolución Cubana, ha construido una verdadera maquinaria de búsqueda, rastreo, compra y preservación de bibliografía latinoamericana. Cualquier bibliotecario argentino (o latinoamericano) sabe, por ejemplo, que si precisa información sobre una publicación de su país, sea antigua o la novedad más flamante, debe comenzar por ingresar al catálogo de la página Web de la Hispanic Division de la Library of Congress de los Estados Unidos. Contrariamente, nuestro país —tan orgulloso por otra parte de sus tradiciones culturales— es uno de los pocos del mundo que no ha confeccionado siquiera su bibliografía nacional.[16]

Sin embargo, no podríamos reaccionar ante este drenaje con un nacionalismo cultural, por otro lado hipócrita, cuando no generamos en el propio país las condiciones para preservarlo y socializarlo. El interés de estos países por nuestra producción cultural no puede dejar de ser para nosotros, en cierto sentido, motivo de orgullo; y su capacidad de preservarlo, causa de tranquilidad. El problema radica aquí, en nuestro país: en la ausencia de instituciones públicas interesadas en preservar efectivamente este patrimonio más allá de enfáticas enunciaciones; y en la falta de una cultura cívica que las acompañe. En ese sentido, no dejaba de tener razón Nicolás Helft, uno de los mayores coleccionistas de primeras ediciones y manuscritos de Borges, cuando señalaba provocativamente poco tiempo atrás: "Carece de sentido batallar por la permanencia en el país de papeles valiosos cuando no existen políticas, recursos

---

15 Thomas Richards, *The Imperial Archive: Knowledge and Fantasy of Empire* (Londres: Verso, 1993), citado en *El cuerpo del delito. Un manual*, de Josefina Ludmer (Buenos Aires: Perfil, 1999), 216-223.
16 Susana Romanos de Tiratel, "La bibliografía nacional argentina: una deuda pendiente", en World Library and Information Congress. 70º IFLA General Conference and Council, 22-27 agosto 2004, Buenos Aires, http://www.ifla.org/IV/ifla70/papers/046s_Tiratel.pdf.

económicos, técnicos ni humanos para la preservación y difusión". En cambio, las universidades y centros del primer mundo "tienen la tecnología para resguardarlos y difundirlos. Estoy de acuerdo con que nuestros papeles queden en la Argentina, pero ¿de qué me sirve el original si por dejarlo aquí lo someto al deterioro ambiental, la burocracia y hasta el peligro de robo?".[17]

La paradoja argentina: la lógica colonial del discurso nacional

La Argentina vive desde hace más de una década un nuevo ciclo de auge populista y los discursos sobre la recuperación de la memoria histórica, las tradiciones y el patrimonio nacional han conquistado un amplio espacio en los medios de comunicación. Sin embargo, estas enunciaciones no han sido acompañadas de políticas públicas orientadas a recuperar el patrimonio bibliográfico, hemerográfico y archivístico nacional. Por el contrario, se instaló en la última década, por ejemplo, un amplio consenso social en torno de una Biblioteca Nacional centrada en funciones de promoción cultural y carácter editorial, en desmedro de un modelo descalificado como "libresco": una biblioteca moderna, a la altura de los tiempos históricos, orientada a recuperar el patrimonio bibliográfico y hemerográfico perdido, retomando el cumplimiento de sus funciones básicas: reunir, preservar, catalogar y disponer a la consulta pública el patrimonio cultural de la nación.

La paradoja de esta postura que se complace en autocalificarse como "nacional" radica en que descansa sobre un pacto colonial de larga data, en una suerte de división internacional del trabajo bibliotecológico que presupone inmutable: son las bibliotecas del primer mundo, las "bibliotecas imperiales", las únicas capaces de albergar varios millones de volúmenes e incluso de competir entre sí por reunir el patrimonio bibliográfico mundial. Nuestras pobres bibliotecas coloniales, se presupone, no podrían jamás equipararse con ellas en volumen, tecnología, ordenamiento, preservación, catalogación o servicios al lector.[18] Las políticas culturales del

17 Ana Laura Pérez, "El mercado de los originales", *Cultura y Nación. Clarín*, 20 de julio de 2002, 3.
18 Cualquier comparación entre unas y otras, sostienen los nacional-populistas, es lisa y llanamente absurda. Para una apología del atraso bibliotecario, se puede

nacional-populismo hacen, como dice el refrán popular, "de la necesidad, virtud": si los periféricos no podemos formar grandes bibliotecas como las del primer mundo, si ellas reúnen mejor que nosotros incluso nuestro propio patrimonio bibliográfico, hemerográfico y archivístico, hagamos de nuestras bibliotecas grandes centros culturales y editoriales.[19]

La paradoja, entonces, es que estas prácticas y estos discursos, con toda su retórica nacionalista, son perfectamente funcionales al pacto bibliográfico colonial en que se fundan. Desde esta perspectiva, el discurso nacional-populista se nos ofrece como una astucia de la razón colonial.

Las fuentes del movimiento obrero, los movimientos sociales y las izquierdas en los archivos y las bibliotecas oficiales

En el caso de los archivos y publicaciones del movimiento obrero, los movimientos sociales y las izquierdas, la situación es tanto o más dramática. También aquí la Argentina exhibe una de sus características paradojas, por la cual la vitalidad de sus movimientos populares —manifiesta a lo largo de un siglo tanto por su intenso activismo político así como el despliegue de su capacidad organizativa y su riqueza cultural, desde el movimiento anarquista a fines del siglo XIX y comienzos del XX hasta la "nueva izquierda" de los años '70—, no encontró una expresión proporcional a su importancia en bibliotecas y archivos públicos que contaran con una dotación mínima de material documental reunido en torno a esas experiencias y a la vez disponible para la consulta y la investigación.

Por ejemplo, en vano buscará un investigador la historia obrera en el Archivo General de la Nación (AGN). El AGN no es tanto

---

consultar con provecho: Jorge Lafforgue, "¿Tiene remedio la Biblioteca?", *Revista Ñ*, no. 172 (13 de enero de 2007).

19 Señalemos que la Biblioteca Nacional de la Argentina alberga menos de un millón de volúmenes, cifra a la que podrían añadirse algunas decenas de miles si sumamos otros soportes como diarios, partituras, fotografías, etc. Lafforgue sostiene que no tiene sentido comparar esa exigua cantidad con los 30 millones de libros y los 130 millones de documentos que atesora la Biblioteca del Congreso de los Estados Unidos. Pero entonces, ¿cómo explicar los ocho millones y medio de piezas que alberga la Biblioteca Nacional de nuestro vecino Brasil y los siete millones de la Biblioteca Nacional de Venezuela?

un archivo histórico como la memoria oficial del Estado. Su propia lógica de organización replica la del Estado y mira, por lo tanto, a la sociedad "desde arriba". Desde luego, el investigador avezado que sigue la pista, por ejemplo, de las fuentes para el estudio del anarquismo argentino, sabe que podrá encontrar algunas de ellas en las causas judiciales llevadas contra los anarquistas. Por su parte, la Biblioteca Nacional y la Biblioteca del Congreso de la Nación sólo albergan marginalmente tramos de la historia obrera argentina.[20]

A las razones aducidas arriba respecto del problema de las fuentes archivísticas en general, habría que añadir aquí una serie de razones que hacen a la falta de preocupación de las instituciones públicas por este tipo específico de fuentes. En primer lugar, habría que señalar que la historia obrera sólo tortuosamente ha sido incluida dentro de lo que suele denominarse el "relato" de la "historia nacional": la historia del movimiento obrero anarquista, socialista y comunista es parcialmente integrada dentro de los prolegómenos del movimiento obrero peronista, por lo que normalmente no se considera la historia de estas corrientes más allá de mediados del siglo XX. Otros movimientos sociales, como el movimiento estudiantil, el de las mujeres, el antifascista de la década de 1930 y primeros años de la de 1940, o los movimientos de solidaridad internacional (con la España Republicana en la década de 1930, o con la Revolución Cubana en la década de 1960), escapan casi por completo al horizonte de la mirada oficial y por lo tanto también a sus bibliotecas y sus archivos. Significativamente, ninguna Universidad pública, ni siquiera la Universidad de Buenos Aires, ha suplido esta ausencia. Aquí, es notable el contraste con los centros de documentación sobre historia obrera y estudiantil que en estas últimas décadas se han creado en diversas universidades

---

20 En el año 1968 el historiador Nicolás Iñigo Carrera llevó a cabo un relevamiento de las publicaciones periódicas disponibles entonces, entre otros reservorios, en la Biblioteca Nacional. Si bien la presencia de la prensa obrera en la Biblioteca Nacional argentina no alcanzaba un equivalente al de la prensa obrera presente en las Bibliotecas Nacionales de países como Chile, Brasil o México, su número no era despreciable. Lamentablemente, desde que la Biblioteca Nacional inauguró su nueva sede en 1992, muchas de aquellas publicaciones relevadas en 1968 ya no están disponibles a la consulta. Véase N. Iñigo Carrrera, "Materiales para el estudio de la historia del movimiento obrero argentino. Publicaciones periódicas oficiales, políticas y sindicales", *Cuadernos de CICSO*, s/n [ca. 1975].

brasileñas.

En segundo lugar, habría que señalar que la producción impresa de los movimientos sociales y de las izquierdas suelen adoptar características específicas que muchas veces hacen compleja su reunión y preservación. La propia condición de órganos de movimientos emergentes o contrahegemónicos, a menudo perseguidos o reprimidos, los convierte en publicaciones de aparición irregular, sujetas a sucesivas metamorfosis en su formato, a cambios de nombre para evadir la censura, e incluso a la aparición clandestina. Y las grandes bibliotecas públicas difícilmente coleccionan publicaciones periódicas de aparición irregular, folletos políticos, documentos gremiales y partidarios, y mucho menos aún volantes o afiches políticos (lo que los bibliotecarios del Primer Mundo valoran y denominan *ephemera*). Resulta evidente que la discontinuidad institucional sufrida por la Argentina a lo largo de buena parte del siglo XX, agravada por el terrorismo de Estado desplegado por el último régimen militar (1976-1983), hizo aún más difícil la tarea de preservar este tipo de fuentes históricas. A menudo los golpes militares vinieron acompañados de verdaderas *razzias* dirigidas no sólo a las bibliotecas personales de los militantes, sino también a librerías y bibliotecas.[21]

Archivos estatales / archivos de la sociedad

Pero si el AGN se ha restringido a ser, en el mejor de los casos, la memoria del Estado, y si la Biblioteca Nacional se limita a recibir, también en el mejor de los casos, las publicaciones de edición nacional que le llegan por la Ley de depósito legal, han existido a lo largo del siglo XX los que podríamos denominar bibliotecas y archivos de la sociedad civil, verdaderos reservorios patrimoniales de los movimientos sociales argentinos y que además organizaron sus fuentes históricas de otro modo, pues han mirado la sociedad "desde abajo", desde la acción social y política.

La Argentina cuenta con una larga tradición de bibliotecas populares, bibliotecas obreras, universidades populares y archivos

---

21 Judith Gociol y Hernán Invernizzi, *Un golpe a los libros. Represión a la cultura durante la última dictadura militar* (Buenos Aires: EUDEBA, 2002).

de movimientos sociales, tradición que remonta a fines del siglo XIX.[22] Han sido las bibliotecas de los gremios obreros, las bibliotecas socialistas de la Casa del Pueblo y de la "Sociedad Luz",[23] así como las bibliotecas de los centros anarquistas las que durante décadas contribuyeron a preservar la memoria obrera, anarquista y socialista. Los socialistas, sobre todo, hicieron un verdadero culto de la creación y el buen funcionamiento sus bibliotecas. Sin embargo, al ser instituciones sujetas a los avatares de sus movimientos sociales y políticos, vivieron con ellos momentos de legalidad y de persecución, de expansión y de declive. Su carácter subsidiario les impedía alcanzar la suficiente autonomía y la necesaria profesionalización. Es así como la Biblioteca Obrera, fundada en 1897 a iniciativa de un grupo de dirigentes socialistas,[24] fue destruida en 1953 cuando en el contexto de graves enfrentamientos entre el Partido Socialista y el gobierno peronista, grupos afines a este último incendiaron la Casa del Pueblo. La primigenia biblioteca, hemeroteca y archivo del Partido Comunista Argentino fue embarcada rumbo a Moscú en 1930, pocos días después del golpe militar de septiembre. Pero no todas las pérdidas se debieron a la represión, sino que la crisis y la pérdida de peso social, político y cultural del movimiento obrero y de las izquierdas también tuvieron un papel en ese proceso. Con la crisis de la izquierda, muchos locales anarquistas, socialistas y comunistas cerraron sus puertas, y a menudo sus bibliotecas y archivos se perdieron o dispersaron. En 1963 la Biblioteca Obrera volvió a erigirse con lo que se salvó del incendio de la Casa del Pueblo, y sobre la base de donaciones particulares, empezó a funcionar como Biblioteca Obrera "Juan B. Justo". Actualmente declara un patrimonio de 90,000 volúmenes pero se encuentra en un estado penoso de abandono, no contando siquiera con un catálogo de su patrimonio.[25] La otra gran biblioteca socialista, la perteneciente a la Sociedad Luz, fundada en 1899 por el médico socialista Ángel

---

22 Ángel M. Giménez, *Nuestras bibliotecas obreras* (Buenos Aires: Sociedad Luz, 1932).
23 Dora Barrancos, *La escena iluminada. Ciencias para trabajadores, 1890-1930* (Buenos Aires: Plus Ultra, 1996).
24 Horacio Tarcus, *Marx en la Argentina. Sus primeros lectores obreros, intelectuales y científicos*, 2a. ed. (Buenos Aires: Siglo XXI, 2013).
25 Biblioteca Obrera Juan B. Justo, http://www.adondevamos.com/bibliotecas/Biblioteca-Obrera-Juan-B-Justo/16/?js=0

Giménez, fue parcialmente desguazada y permanece al día de hoy librada al olvido. Otro tanto sucede con la Biblioteca y el Archivo que perteneciera al dirigente socialista Alfredo Palacios, que atesora alrededor de 20,000 volúmenes.[26]

La memoria anarquista preservada en la Argentina se concentra sobre todo en dos bibliotecas de esa orientación: la Biblioteca Popular "José Ingenieros"[27] y la perteneciente a la Federación Libertaria Argentina. Mientras que las piezas que componían la biblioteca y el archivo de la antigua FORA (Federación Obrera de la Región Argentina) en gran medida se han abandonado, disgregado y perdido, las jóvenes generaciones que tomaron el relevo en las dos primeras bibliotecas anarquistas citadas llevaron a cabo un voluntarioso trabajo de recuperación patrimonial, ordenamiento y catalogación. Pero como en otras bibliotecas de este tipo, donde a la escasez de recursos económicos se suma la propia concepción libertaria contraria a la profesionalización del trabajo, se reducen las posibilidades de ofrecer horarios accesibles para la consulta de lectores e investigadores. Incluso desde diciembre de 2011 el investigador tiene vedado el acceso a la FLA, reservada, según nos informan estos curiosos anarquistas *apropiadores*, a los "militantes del movimiento".[28]

La crisis del mundo comunista también produjo el cierre de decenas de locales que atesoraban libros, folletos y documentos relativos a la historia de esta corriente. La Biblioteca y el Archivo pertenecientes al Comité Central del Partido Comunista de la Argentina fue organizada en la década de 1990 por el militante Enrique Israel con vistas a su apertura pública, pero lamentablemente esta nunca se concretó. Algunos de los fondos comunistas son hoy accesibles en la Biblioteca del Centro Cultural de la Cooperación, fundado en 1998, que dispone de un Catálogo en Línea.[29]

---

26 Fundación Alfredo Palacios, www.fundacionalfredolpalacios.org.
27 Biblioteca popular José Ingenieros, http://www.nodo50.org/bpji.
28 El 23 de diciembre de 2011 miembros de esta Federación expulsaron al grupo BAEL (Biblioteca Archivo de Estudios Liberarios) que había organizado y catalogado buena parte del patrimonio. Si hasta entonces la consulta no era sencilla, hoy es imposible. Sobre este penoso episodio, se puede consultar la página http://argentina.indymedia.org/news/2011/12/804504.php.
29 Centro Cultural de la Cooperación, http://www.centrocultural.coop/biblioteca-utopia.html.

La pérdida de peso social y político de la clase obrera argentina en el concierto del país gravitó también durante las últimas décadas sobre las bibliotecas y los archivos que atesoran los gremios y las centrales obreras. El principal acervo gremial es el que dispone el Centro de Documentación "Eva Perón", perteneciente a la Confederación General del Trabajo (CGT), fundada en 1930. Si bien preserva sobre todo la memoria obrera peronista, este archivo atesora también las actas y buena parte de la prensa obrera correspondientes a las diversas centrales obreras argentinas, de orientación anarquista, sindicalista o socialista, que precedieron a la CGT o compitieron con ella (FORA, UGT, CORA, etc.). Lamentablemente, como en todos los casos analizados hasta ahora, las condiciones de accesibilidad a los catálogos y a los materiales mismos no están a la altura de su riqueza patrimonial. Lo mismo sucede con el resto de la memoria sindical argentina, que se preserva, a menudo en condiciones inadecuadas, en los antiguos locales gremiales, tales como La Unión Ferroviaria, La Fraternidad, el Sindicato de Mecánicos (SMATA), etc.

Para concluir este rápido recorrido, señalemos que como contrapartida de la fragilidad institucional en lo que hizo a la preservación de los archivos, se desarrolló durante las últimas décadas una fuerte acción de recolección individual. Muchos dirigentes así como investigadores fueron acopiando en forma personal valiosas colecciones a medida que declinaban las instituciones políticas y gremiales. Algunos de ellos simplemente privatizaron estas fuentes, engrosando sus colecciones personales; otros, más generosos, crearon nuevas instituciones para hacer accesible lo que habían recuperado. Entre ambos, muchos semi-institucionalizaron sus bibliotecas y archivos.

Entre los esfuerzos que fueron de lo personal a lo institucional merecen señalarse al menos dos. Por una parte, un cúmulo de fuentes relevantes para el estudio del sindicalismo clasista cordobés de inicios de la década de 1970 (sindicatos SITRAC y SITRAM) fue reunido tesoneramente por la historiadora Susana Fiorito en el marco de la Fundación Pedro Milesi, fundada por ella misma en la ciudad de Córdoba.[30]

---

[30] Fundación Pedro Milesi y Biblioteca Popular de Bella Vista, www.fundacionpmilesi.org.ar.

Asimismo, buena parte de las colecciones de periódicos gremiales de la corriente "sindicalista" y varios fondos de archivo de dirigentes sindicales argentinos (como Sebastián Marotta, Francisco Pérez Leirós, etc.) fueron reunidos por el sociólogo Torcuato Di Tella en el marco de la Fundación Simón Rodríguez, de Buenos Aires. También a su iniciativa debemos la existencia del valioso Archivo de Historia Oral del Movimiento Obrero Argentino llevado a cabo en la década de 1970, y que hoy se encuentra depositado en la Universidad Torcuato Di Tella.

La experiencia de REMOS

El principal impulso para recuperar, proteger, organizar y modernizar los archivos obreros y sociales argentinos provino, como en el resto de América Latina, de una iniciativa de la Fundación Pablo Iglesias (FPI) de Madrid. Aurelio Martín Nájera, responsable de la Biblioteca y el Archivo de la FPI, se dirigió en enero del año 1991 a diversas instituciones latinoamericanas poseedoras de fondos documentales con vistas a la constitución de una Red Iberoamericana de Archivos Obreros. "La situación permanente de semilegalidad, clandestinidad y represión en que se desenvolvió la vida de las organizaciones obreras —decía el comunicado— hizo que la conservación, salvaguardia o sistematización en la custodia de la documentación generada en la actividad política, sindical y social fuera una quimera en la mente voluntariosa de los viejos militantes obreros. Por otro lado, la actividad de estas organizaciones al margen —cuando no enfrentada radicalmente— de las instituciones estatales, ha motivado que los archivos de este tipo que han logrado sobrevivir quedaran fuera de los sistemas nacionales de archivo de cada país, salvo pequeñas excepciones".[31]

El llamado señalaba que la democracia recobrada tanto en España como en América Latina, así como la conciencia despertada en medios académicos, gremiales y políticos, ponía a la orden

---

31 Asociación Iberoamericana para la Recuperación y Protección de los Archivos de los Trabajadores y sus Organizaciones (AIRPATO), *Documentos de la primera reunión iberoamericana para la recuperación y protección de los archivos de los trabajadores y movimientos sociales. Buenos Aires, 13-15 abril 1992* (Madrid: Fundación Pablo Iglesias, 1992), 523.

del día el trabajo mancomunado de identificación de reservorios patrimoniales.

La invitación española fue el estímulo para que se constituyera una red de archivos argentinos referidos al movimiento obrero. Recogieron el guante Susana Fiorito, de la Fundación Pedro Milesi de Córdoba, y Nicolás Iñigo-Carrera de PIMSA (Programa de Investigación sobre los Movimientos Sociales Argentinos), quienes luego de sucesivos contactos y reuniones, lograron convocar una asamblea que en noviembre de 1991 reunió en Buenos Aires a 45 instituciones y personas. Adoptó el nombre de REMOS, Red de Recuperación y Protección de los Archivos de Trabajadores y Movimientos Sociales de la Argentina.

Finalmente, después de un año y medio de comunicaciones, en abril de 1992 tuvo lugar en la Ciudad de Buenos Aires la Reunión que dio por constituida la Asociación Iberoamericana para la Recuperación y Protección de los Archivos de los Trabajadores y sus organizaciones (AIRPATO). Según puede leerse en el Informe que presentó en dicha reunión, REMOS se había fijado como objetivos: "Recuperar la memoria histórica de los trabajadores y los sectores populares, y el movimiento social en general; organizar la búsqueda, identificación y protección de sus archivos y materiales históricos; crear conciencia de la necesidad de protección de los materiales existentes; evitar la pérdida de materiales por deterioro, venta o destrucción; lograr financiamiento para organizar y archivar documentación y para acondicionar material sin procesamiento y protección adecuados".[32]

La asamblea de la AIRPATO logró reunir 40 representantes de toda Iberoamérica. Se presentaron 17 informes, relativos a 19 países iberoamericanos. Sus actas impresas constituyen al día de hoy el principal relevamiento de conjunto de repositorios de fuentes obreras en España y casi toda Latinoamérica. Sin embargo, a pesar de este inicio auspicioso, la AIRPATO murió antes de nacer. Sucumbió a las fuerzas centrífugas que, como es frecuente, ponen en juego las estériles luchas internas políticas y los afanes hegemónicos, así como una diversidad estructural que suele entorpecer los consensos entre instituciones muy dispares entre sí y realidades nacionales también muy desiguales.

---

[32] Idem, 21.

Por su parte, la REMOS argentina sobrevivió al fin de la AIRPATO, aunque subsistiendo como una red más virtual que real. El mérito y al mismo tiempo el límite de REMOS fue la diversidad de instituciones que logró reunir en red. Dicha diversidad daba la pauta de la dispersión de las fuentes obreras argentinas.[33]

Como se señala en el balance de sus propios hacedores, la debilidad de REMOS radicó en la propia diversidad de sus miembros y en su carácter abierto y reticular, condiciones que "hacen que muchas veces sea difícil llevar adelante proyectos que deben contar con la aprobación de todos lo miembros de la red".[34]

Sin embargo, REMOS dejó como saldo una primera red constituida, elaboró un primer cuadro de situación de los archivos obreros en la Argentina y confeccionó una guía de los repositorios. El Informe de REMOS presentado en la asamblea de la frustrada AIRPATO, a pesar de tratarse de un texto consensuado entre instituciones muy diversas, no podía disimular el estado crítico en que se hallaban los archivos obreros y sociales en la Argentina. Ya sea en forma directa o indirecta, se hablaba de "dispersión" de las fuentes y de la información, de ausencia de recursos técnicos así como de criterios profesionales en el trabajo archivístico conforme a las normas internacionales, de dificultades para el acceso al

---

[33] REMOS articuló centros independientes (como la Fundación Pedro Milesi, o la Fundación Simón Rodríguez), centros académicos latinoamericanos (como CLACSO y FLACSO), bibliotecas y archivos vinculados a corrientes políticas (como la Federación Libertaria, la Biblioteca Alberto Ghiraldo de Rosario, la Biblioteca Obrera "Juan B. Justo" o la Fundación Alfredo Palacios), bibliotecas y archivos sindicales (como el Centro de Documentación Eva Perón del Instituto Jauretche de la CGT, el Círculo y Sindicato de Prensa, La Fraternidad-seccional Córdoba, el Sindicato de Camioneros, el SMATA Córdoba, etc.), centros universitarios públicos y privados (Universidad Di Tella, el Centro de Historia Obrera de la Universidad Nacional de Rosario, el Instituto de Estudios Históricos de la Universidad de Centro-Tandil, las Universidades de Bahía Blanca, del Comahue, Nacional de La Plata, etc.), entes estatales (como el Archivo General de la Nación, el Ministerio de Trabajo, el Archivo Histórico Municipal de la Ciudad de Buenos Aires y otras ciudades del país, etc.), entes internacionales (como la Oficina de la OIT para Argentina, Uruguay y Paraguay) y una cantidad de bibliotecas y archivos personales (como la Biblioteca Ismael Iñigo Carrera, la Biblioteca Domingo Mercante perteneciente a Nicolás Ciarnello, el Archivo del Sindicato de Petroleros administrado por Vilma Paura, la biblioteca socialista de Víctor O. García Costa, etc.).

[34] REMOS, "Bibliotecas y archivos documentales de los trabajadores argentinos" (2005), www.pimsa.secyt.gov.ar/remos/remos.pdf.

patrimonio por parte de la comunidad, de ausencia de redes a nivel local y regional y de falta de "conciencia archivística". Incluso se atrevía a manifestar "la preocupación [...] por las condiciones en que se está haciendo el traslado de materiales a la nueva sede de la Biblioteca Nacional y el destino de las colecciones que la integran".[35]

Acaso el gran mérito de esta red fue la realización del primer censo de repositorios obreros argentinos, cuyos resultados fueron publicados en un folleto titulado "Bibliotecas y Archivos documentales de los trabajadores argentinos". Según el mismo, para fines de la década de 1990, REMOS hacía logrado reunir información sobre los fondos obreros de 46 instituciones. Es significativo que muchas instituciones, al llenar la encuesta, dejaran en blanco los casilleros correspondientes a los rubros "Acceso", "Sala de consulta" y "Horarios". Otros adherentes a REMOS, alrededor de 80 instituciones, ni siquiera brindaron información acerca de sus fondos. Como se señala en el balance de REMOS ya citado, dado que "la mayor parte de sus integrantes son particulares o pequeños centros de investigación o sindicatos, que no tienen estructura para sistematizar la información, [...] ha sido muy difícil contar con bases de datos y tratar de normalizarlas".[36]

Archivos del poder / archivos de la resistencia

Los primeros años de la década de 1990, cuando los vientos del neoliberalismo azotaban a una clase obrera en retirada y a una izquierda en crisis, constituyeron un marco histórico y político poco propicio para la afirmación de experiencias como AIRPATO o REMOS. La Argentina conocía por esos años índices de desocupación inéditos en su historia, la izquierda se batía en franca retirada y el movimiento de derechos humanos nacido bajo la última dictadura militar no lograba reponerse de un ciclo de declive iniciado en 1987 con la sanción de las leyes de impunidad y acentuado en 1990 con las leyes de indulto decretadas por el entonces presidente Carlos S. Menem. En este marco, la historia obrera, que había comenzado a insinuarse en la agenda académica

---

35 Idem, 24.
36 Ibídem.

de la posdictadura, quedaba reducida a un papel residual, mientras que la historia de las izquierdas aún no tenía carta de ciudadanía en el mundo universitario. Los archivos obreros o de las izquierdas aparecían entonces como carentes de toda relevancia y solo parecían constituir una carga onerosa para sus depositarios, los antiguos gremios y los viejos partidos en crisis.

Sin embargo, en los últimos años del siglo pasado y los primeros del presente una serie de circunstancias coincidentes favorecieron la revalorización de las experiencias militantes del pasado y con ellas las políticas de archivo. Acaso la multitudinaria marcha convocada en marzo de 1996 por los organismos de Derechos Humanos con motivo del 20 aniversario del golpe militar puede considerarse como el punto de partida de un nuevo ciclo. Es que, como ha señalado Daniel James, en años recientes ha eclosionado

> lo que podríamos llamar el desarrollo de la cultura de la memoria en la Argentina, relacionado a su vez con un contexto político distinto. La Argentina ha vivido durante la última década su propio auge de la memoria, sobre todo en relación con las víctimas de la dictadura. Ha pasado de una cultura de amnesia oficialmente sancionada, vinculada a los gobiernos de Carlos Menem, a algo parecido a una cultura de duelo oficialmente dirigida bajo el presidente Kirchner. Este desplazamiento se ha reflejado en una explosión de los sitios archivísticos de la memoria –tanto virtuales y con base en Internet como reales–, primordialmente dedicados a la recolección de testimonios orales de los sobrevivientes. Ha habido una creciente intersección de una verdadera fiebre de archivo con lo que se ha denominado "era del testigo" y "época del testimonio".[37]

En un contexto en que se reabrían las causas judiciales a los responsables del terrorismo de Estado, la sociedad civil recuperaba algunos de los archivos del poder estatal al mismo tiempo que producía nuevas fuentes testimoniales sobre los llamados "años de plomo". Es así que en marzo de 2001 varios organismos de Derechos Humanos conformaron la asociación Memoria Abierta, con el propósito de construir un archivo de testimonios orales sobre el terrorismo de Estado y que luego se extendió a otros proyectos.

---

37 Daniel James, "Fotos y cuentos. Pensando la relación entre historia y memoria en el mundo contemporáneo", *Políticas de la Memoria*, no. 8/9 (verano 2009): 9.

Paralelamente, en el ámbito de la Provincia de Buenos Aires se conformaba la Comisión Provincial por la Memoria, integrada por destacados miembros de esos mismos organismos, Comisión tomó a su cargo el ordenamiento y catalogación del archivo de la Dirección de Inteligencia de la Policía de la Provincia de Buenos Aires, "un extenso y pormenorizado registro de la represión política sobre hombres y mujeres a lo largo de medio siglo". La Comisión fue creada en agosto del 2000 y el archivo de la DIPBA fue abierto paulatinamente a la consulta pública a partir del año 2003.

Ahora bien, en los albores de la recuperada democracia argentina, asistimos a la emergencia —como parte de un proceso más vasto de elaboración colectiva de la experiencia traumática de la última dictadura militar— de una importante masa de literatura testimonial acerca de las experiencias de la represión, la cárcel, la tortura, la desaparición y el exilio. El sujeto privilegiado de esta literatura no era tanto el militante como la víctima de la represión ilegal, paraestatal. Si bien está presupuesto que la víctima era un activista político, su experiencia militante sólo podía aparecer en esta literatura de modo sublimado y elíptico.

Sólo recientemente, en el lapso de los últimos quince años, hemos visto emerger un nuevo campo de testimonios, menos centrados en la represión y cada vez más en las propias prácticas militantes de las décadas de 1960 y 1970. La militancia política comienza a recuperar un primer plano y se la puede considerar en su positividad. Aquellos hombres y mujeres cuyos rostros y cuyos nombres a menudo sólo conocíamos como víctimas de la represión militar o paraestatal, a partir (aproximadamente) de 1996 comenzamos a reconocerlos como activos militantes de las izquierdas, con sus siglas, sus periódicos y sus puestos específicos de lucha.

El primer momento tuvo como libro paradigmático el *Nunca más* (1984); el segundo momento, los tres gruesos volúmenes de *La Voluntad* (1997-98).[38]

La eclosión de esta problemática se manifestó antes en el periodismo de investigación que en la historiografía académica. Sin embargo, en este contexto de creciente interés colectivo por las

---

38 CONADEP, *Nunca Más* (Buenos Aires: EUDEBA, 1984); Eduardo Anguita y Martín Caparrós, *La Voluntad*, 3 vols. (Buenos Aires: Norma, 1997 y 1998).

experiencias del pasado reciente, muchos historiadores, sociólogos, politólogos, historiadores del arte y otros cientistas sociales, especialmente los de las nuevas generaciones, comienzan a abocarse profesionalmente a estudiar la problemática de las experiencias militantes del pasado reciente.

En los últimos años, ese renovado interés por las experiencias militantes del pasado reciente comenzó a proyectarse también sobre un pasado algo más remoto, y temas como la cultura anarquista de comienzos del siglo XX, las vicisitudes de los combatientes argentinos en la guerra civil española, la experiencia del movimiento antifascista o la formación de la "nueva izquierda", ganan progresivamente interés entre los investigadores jóvenes e incluso de los lectores. No sólo se ha ampliado el foco de interés, sino también las perspectivas de estudio, pues los nuevos abordajes no sólo han recuperado el avance que representó la historia social de los años 1960 y 1970, sino también las innovaciones que en tiempos recientes representaron los estudios de género, los estudios culturales, la nueva historia intelectual y la historia de los intelectuales, las nuevas perspectivas que ponen el foco en la relación entre arte y política, o los estudios sobre los procesos de construcción de la memoria y de las identidades colectivas.

En suma, una nueva generación de investigadores, munida de nuevas herramientas teóricas y metodológicas, buscó comprender su presente histórico interrogándose primero sobre lo que ha dado en llamarse el "pasado reciente"; pero no tardó en descubrir que para comprender dicho pasado reciente (digamos el período que va del golpe militar de 1966 a la recuperación democrática de 1983), debía remontarse, al menos, a un ciclo histórico más extenso, que remitía a 1917, sino a 1890 (por referir dos fechas emblemáticas). No podía desentrañarse el sentido de la llamada "nueva clase obrera" de fines de los años 1960 sin inscribirla en el ciclo de la clase trabajadora argentina abierto a fines del siglo XIX. Asimismo, aunque la llamada "nueva izquierda" de los años '60 y '70 tuviera su punto de partida identitario en su diferenciación con la "vieja izquierda", es ininteligible sin ella. Del mismo modo el Movimiento por los Derechos Humanos no nació con la última dictadura militar, sino que tiene una extensa historia previa, como atestiguan instituciones como el Socorro Rojo, los Comités por la Libertad de Sacco y Vanzetti, o la sección argentina de la Liga por los Derechos del Hombre.

La experiencia del CeDInCI

El Centro de Documentación e Investigación de la Cultura de Izquierdas en Argentina, CeDInCI,[39] fue un fruto de este nuevo interés por la historia de los trabajadores, los movimientos sociales y las izquierdas, así como una de las instituciones que lo promovió y lo hizo propicio.

El proyecto nació a mediados de la década de 1990 de la inquietud por la recuperación de archivos y bibliotecas pertenecientes a viejos militantes por parte de un grupo de historiadores que ejercíamos la docencia y la investigación en la Universidad de Buenos Aires. A los historiadores que pensábamos que la agitada trayectoria de los movimientos sociales argentinos y de las corrientes ideológico-políticas que aspiraron a expresarlos y orientarlos, a pesar de las graves derrotas de los años 1970 y 1980, seguían constituyendo un gran estímulo intelectual y político, se nos presentaba un obstáculo insalvable: la falta de acceso a las fuentes gráficas, orales o fílmicas, a las publicaciones políticas, sindicales y culturales vinculadas a las luchas sociales en la Argentina, o a los fondos de archivo de las instituciones o personales, fuentes todas ellas imprescindibles para nuestra labor. Como queda dicho más arriba, en los archivos y bibliotecas oficiales o universitarios estas fuentes eran escasas, mientras que los archivos y bibliotecas de sindicatos y partidos de izquierda eran por lo general escasamente accesibles para los investigadores. Nos desesperaba la constante evasión de archivos y bibliotecas al exterior del país y mucho más todavía el abandono, el desguase o la pérdida lisa y llana de valiosos repositorios en nuestro propio suelo.

Construir un archivo que reuniera, recuperara y preservara el patrimonio histórico-cultural de las clases subalternas se constituía así en una tarea absolutamente necesaria. Algunos de nosotros habíamos tenido la suerte de conocer algunas instituciones más allá de nuestras fronteras que nos sirvieron como modelo, como el Instituto de Historia Social de Amsterdam (IISG); la Biblioteca de Documentación Internacional Contemporánea (BDIC) de Nanterre; el Instituto Iberoamericano de Berlín (IAI); la Fundación Pablo

---

39 Centro de Documentación e Investigación de la Cultura de Izquierdas en Argentina, www.cedinci.org.

Iglesias de Madrid y el Arquivo Edgar Leuenrot (AEL) de Campinas.

Fue en 1997 que el núcleo fundador resolvió bautizar la nueva institución como Centro de Documentación e Investigación de la Cultura de Izquierdas. Con ese nombre se inscribió en abril de 1997 ante la Inspección General de Justicia como asociación civil sin fines de lucro. Entendimos que la expresión "cultura de izquierdas" ampliaba el espectro del Centro más allá del mundo del trabajo sin dejar de incluirlo, y el plural daba garantías de diversidad política e ideológica. Durante todo el año 1997 hicimos llamamientos, a través de una serie de reuniones, para reunir donaciones de fuentes documentales y contribuciones económicas. A través de una colecta logramos adquirir ese mismo año el fondo documental que sirvió de piedra basal del CeDInCI: la biblioteca, hemeroteca y archivo reunido a lo largo de su vida por el militante José Paniale. En ese fondo se preservaba buena parte de la memoria obrera, anarquista, socialista, comunista y trotskista de la primera mitad del siglo XX argentino, aunque no faltaron tampoco documentos relativos al movimiento de la reforma universitaria, ni los periódicos y boletines antifascistas de los años '30, ni los volantes de la campaña electoral de 1945-46 en las que iba a triunfar el peronismo.

El dinero reunido alcanzó para alquilar una casa en el barrio porteño de Abasto y fue acondicionada gracias al trabajo colectivo de muchos amigos. El CeDInCI abrió sus puertas a la consulta pública en abril de 1998 integrando en lo fundamental dos acervos: el Fondo José Paniale, que reunía sobre todo publicaciones de la primera mitad del siglo XX, y el por mí reunido, que abarcaba fundamentalmente publicaciones de la segunda mitad del siglo XX. En dos años, el Centro logró consolidar un equipo voluntario formado por una decena de catalogadores e investigadores y a partir del año 2000 comenzó, aunque modestamente, a retribuirlos económicamente. En el año 2002 se mudó a una nueva sede, mucho más amplia, en el barrio porteño de Flores, cedida por la Legislatura de la Ciudad de Buenos Aires en reconocimiento a la labor desempeñada.

Si desde entonces se ha transformado en un centro vivo, activo, en constante crecimiento patrimonial gracias a sus donantes, crecientemente concurrido por investigadores del país y del extranjero (recibiendo alrededor de 15 lectores diarios), es porque ha logrado ofrecer accesibilidad a sus lectores y garantías a sus donantes.

El CeDInCI dispuso desde su fundación la libre consulta de todo su acervo con la única condición de la previa asociación del lector. Desde un principio ofreció asesoramiento a sus lectores al mismo tiempo que elaboró catálogos de su patrimonio que permitieron la autoconsulta. Ofrece dos bases de datos: una para las ublicaciones de biblioteca y hemeroteca (Koha) y otra para los Fondos de Archivo (ICA Atom), dos sistemas de software de código abierto en activo desarrollo.

El CeDInCI propició el renacimiento de una forma de transmisión de la memoria que casi se había extinguido en nuestro país: la del legado. A lo largo de estos diez y seis años, varios cientos de viejos militantes políticos, gremiales o estudiantiles, o bien sus descendientes, contribuyeron a completar y enriquecer aquel patrimonio inicial.

Hoy el fondo documental del CeDInCI reúne la mayor colección de materiales sobre la cultura de izquierdas en la Argentina, abarcando las producciones político-culturales de las principales corrientes políticas del país desde fines del siglo XIX hasta la actualidad. El arco político atraviesa corrientes tales como: anarquismo, socialismo, sindicalismo, comunismo, trotskismo, maoísmo, guevarismo, nacionalismo revolucionario y toda la familia de la "nueva izquierda".

Por una parte, reúne la mayor biblioteca del país especializada en pensamiento social y político. En total posee más de 50,000 volúmenes organizados temáticamente: Biblioteca marxista (Fondo Alfredo Alonso), Biblioteca Latinoamericana, Biblioteca de Estética y Filosofía Política (Fondo Héctor Raurich), Biblioteca de Pensamiento Argentino, Biblioteca Ruso-soviética, Biblioteca de Literatura Social, Biblioteca del Movimiento Obrero y la Guerra Civil Española, Biblioteca de Mujeres, Biblioteca de Arte, Cine y Teatro políticos y Biblioteca de Referencia.

Su Hemeroteca consta de:

- 2,000 colecciones de revistas y periódicos políticos argentinos, desde *La Protesta* (anarquista) y *La Vanguardia* (socialista) hasta las publicaciones de la izquierda actual;
- 1,800 colecciones de revistas culturales argentinas y 50 colecciones de folletos seriados, entre las que se destacan *El Mercurio de América, Revista de Filosofía, Síntesis, Sur, Davar, Punto de Vista*, entre otras;
- 1,500 colecciones de revistas y periódicos de las izquierdas del

mundo, sobre todo Europa y América Latina (como *Amauta* de Lima, *Le Devenir Social* de París, *Critica Sociale* de Roma, *Tierra y Libertad* de Barcelona, *Die Kommunistische Internationale* de Moscú, o *Casa de las Américas* de La Habana);
- 1,200 colecciones de periódicos del movimiento obrero argentino y de otros movimientos sociales (mujeres, estudiantes, etc.);
- 1,000 colecciones de publicaciones políticas y gremiales del resto del mundo.

Sus fondos audiovisuales están compuestos por: 5,000 fotografías; 1,200 afiches políticos; 10 discos de pasta y 200 discos de vinilo con registros de voces de dirigentes políticos, marchas partidarias y "canciones de protesta" de los años 1960 y 1970.

Sus fondos de archivo se componen de más de 70 fondos personales de dirigentes, militantes y escritores, como José Ingenieros, Nicolás Repetto, Juan Antonio Solari, Samuel Glusberg, Héctor P. Agosti, Milcíades Peña, Salvadora Medina Onrubia, Herminia Brumana, entre otros, que suman más de 30,000 cartas, manuscritos y papeles personales;[40] y de millares de folletos, volantes, documentos partidarios y recortes de prensa de organizaciones políticas y sociales (*ephemera*).

Consciente de que un Centro de Documentación no es sólo un reservorio documental, el CeDInCI ha promovido en estos diez y seis años de vida toda una serie de iniciativas relativas a la socialización de sus fuentes, la investigación y el debate.

Por una parte, llevó a cabo un trabajo sistemático de microfilmación y digitalización, cumpliendo con una tarea de preservación pero también de socialización, pues gracias a la reproducción fotográfica o digital de muchas de sus valiosas colecciones no solamente se han preservado del deterioro y de la manipulación, sino que además se encuentran disponibles en otras bibliotecas y centros de documentación del mundo. El CeDInCI llevó a cabo hasta el presente cuatro proyectos de microfilmación que totalizan más de 200 rollos de microfilm, contando sobre todo con el apoyo de Universidad de Harvard, Latin American

---

40 Adriana Petra, "Los documentos particulares como fuentes históricas: la experiencia del CeDInCI con los fondos de archivo de las izquierdas argentinas", *Políticas de la Memoria* n° 6/7 (2006-2007): 206 y ss.

Microform Proyect (LAMP), Instituto Iberoamericano de Berlín (IAI) y Biblioteca de Documentación Internacional Contemporánea (BDIC) de Nanterre.

Además, ha digitalizado y puesto a disposición de sus lectores y del público en general en formato CD, varias colecciones de revistas de muy difícil acceso, tales como *Certamen Internacional de La Protesta* (1927), *Contorno* (1953-1959), *Pasado y Presente* (1963-1973) y *Cristianismo y Revolución* (1966-1971).

El CeDInCI ha promovido la investigación y el debate mediante la organización de cursos y conferencias, así como la realización bianual de las Jornadas de Historia de las Izquierdas (años 2000, 2002, 2005, 2007, 2009, 2011 y 2013). Desde las terceras jornadas (consagradas a "los exilios latinoamericanos") se ha logrado convocar a numerosos investigadores de toda América Latina. Sus actas se editan en CD-ROM.

En el año 1998 lanzó un boletín de informaciones, *Políticas de la Memoria*, que en el n° 3 se transformó en revista y aparece como anuario de investigaciones e informaciones del CeDInCI. Allí se han publicado ensayos, debates, investigaciones y se han reproducido antiguas fuentes documentales.

Lanzó sus propias colecciones de libros bajo el sello CeDInCI editores, que comenzaron en el año 2006 con el libro compilado por Vera Carnovale, Federico Lorenz y Roberto Pittaluga, *Historia, memoria y fuentes orales*. En el año 2007 apareció una antología de la prensa antifascista compilada por Andrés Bisso, *El antifascismo argentino*. El año siguiente apareció en la misma serie y en coedición con el Instituto Iberoamericano de Berlín el volumen editado por Sandra Carreras, Horacio Tarcus y Jessica Zeller, *Los socialistas alemanes y la formación del movimiento obrero argentino, Antología del Vorwärts (1886-1901)*. En la misma serie se publicó en 2014 una antología de *Che. Una revista de la nueva izquierda*, preparada por Cristina Tortti. Este mismo año apareció la investigación de Andreas Doeswijk, *Los anarcobolcheviques rioplatenses*.

También en el 2008 apareció, en coedición con la Academia Argentina de Letras, un volumen conteniendo una edición digital facsimilar, un estudio introductorio y un índice de la revista anarquista *Martín Fierro* (1904-1905). Parte del acervo visual del CeDInCI fue reunido en el volumen *Gráfica política de izquierda*, editado por La Marca Editores en el año 2005. Además, muchos integrantes del equipo del CeDInCI colaboraron en una obra en la que trabajé durante varios años, entendiendo que era una herramienta insustituible para una labor como la nuestra. Me refiero al *Diccionario biográfico de la izquierda argentina. De los anarquistas a la "nueva izquierda". 1870-1976*, el primero en su género en América Latina.

El CeDInCI ha publicado, además, cuatro catálogos con sus fondos documentales: *Catálogo de publicaciones políticas argentinas*; *Catálogo de publicaciones de los movimientos sociales de la Argentina y el mundo*; *Catálogo de publicaciones culturales argentinas* y *Los socialistas argentinos a través de su correspondencia*.

En suma, el CeDInCI es un proyecto independiente, que se autofinancia a través de los aportes voluntarios de sus socios y mediante la constante presentación de proyectos de catalogación, microfilmación o edición, sobre todo a instituciones del exterior del país. Ha logrado compensar el escaso apoyo recibido de parte de las instituciones del propio país con una aceitada red de vínculos con instituciones amigas del exterior. Desde el año 2006 el CeDInCI es miembro de IALHI (International Association of Labour History Institutions, http//www.ialhi.org) y a partir de 2010 recibe el apoyo de la Universidad Nacional de San Martín.

Finalmente, pero no menos importante, quisiera destacar que el CeDInCI trabaja incansablemente en la *creación de una conciencia cívica* acerca del valor público de estos acervos, de la necesidad de que no se desguasen ni se enajenen. A través de artículos en su revista, de cursos y conferencias, o de cartas de lectores y de ensayos en los diarios, se dirige a funcionarios públicos y a la población en general buscando contribuir a una cultura de la preservación, recuperación y valorización de este patrimonio. Contra la opacidad de las instituciones, fomenta la transparencia: la ciudadanía tiene *derecho* a saber qué fuentes atesoran sus instituciones. Contra el espíritu corporativo, la "apropiación" institucional y la "privatización" patrimonial, viene abogando por el libre acceso a catálogos y fuentes, atendiendo no sólo a las necesidades del investigador, sino incluso al derecho de la ciudadanía a la información. Si es cierto aquello de que el acceso de la ciudadanía a los archivos y bibliotecas públicos es un índice de su calidad democrática, habría que concluir que la Argentina es uno de los países menos democráticos de la región.

Comenzamos señalando que el problema de los archivos y las bibliotecas argentinas no era exclusiva y decisivamente presupuestario. Decía, pues, que era más grave: un problema de subdesarrollo cultural. La experiencia de diez y seis años de CeDInCI prueba que se puede hacer mucho en este terreno con escasos recursos económicos y apenas una decena de profesionales capacitados y dispuestos. Si las instituciones públicas visualizaran, como hicimos los que creamos el CeDInCI, el valor histórico de este patrimonio, podrían, también, generar la confianza necesaria para restablecer el espíritu de legado, y enriquecerse no sólo mediante compras sino también a través de donaciones. Como nosotros, las bibliotecas y archivos del Estado podrían establecer proyectos conjuntos de microfilmación o digitalización con instituciones del exterior del país, por los cuales éstas afrontarían los costos a cambio de llevarse una copia, lo que permitiría a las instituciones argentinas preservar los originales, contar con una copia digitalizada y al mismo tiempo obtener los fondos para financiar el trabajo. Los recursos alternativos podrían ser muchos, pero sólo una conciencia y una voluntad colectivas que asuman, con espíritu benjaminiano, aquello de que "el patrimonio está en peligro", podrán generar nuevos pactos entre donantes y donatarios, coleccionistas e investigadores, instituciones locales y del exterior, con el objetivo de frenar la enajenación y la privatización de nuestro patrimonio archivístico y sentar las bases de un nuevo ciclo en la historia bibliotecológica y archivística de la Argentina.

Bibliografía

Anguita, Eduardo y Martín Caparrós. *La Voluntad*, 3 vols. Buenos Aires: Norma, 1997 y 1998.

Asociación Iberoamericana para la Recuperación y Protección de los Archivos de los Trabajadores y sus Organizaciones (AIRPATO). *Documentos de la primera reunión iberoamericana para la recuperación y protección de los archivos de los trabajadores y movimientos sociales. Buenos Aires, 13-15 abril 1992*. Madrid: Fundación Pablo Iglesias, 1992.

Barrancos, Dora. *La escena iluminada. Ciencias para trabajadores, 1890-1930*. Buenos Aires: Plus Ultra, 1996.

Buonocore, Domingo. *Libreros, editores e impresores de Buenos Aires*. Buenos Aires: Bowker, 1974.

Carrera, N. Iñigo. "Materiales para el estudio de la historia del movimiento obrero argentino. Publicaciones periódicas oficiales, políticas y sindicales". *Cuadernos de CICSO* s/n [ca. 1975].

CONADEP. *Nunca Más*. Buenos Aires: EUDEBA, 1984.

Crespo, Horacio. "El erudito coleccionista y los orígenes del americanismo". En Carlos Altamirano, ed., *Historia de los intelectuales en América Latina*, vol. I: Jorge Myers, ed., *La ciudad letrada, de la conquista al modernismo*. Buenos Aires: Katz, 2010.

Cubillo Moreno, Gilda. "El coleccionismo y la compra-venta de bienes culturales en México". *Memoria*, no. 128 (octubre de 1999).

Giménez, Ángel M. *Nuestras bibliotecas obreras*. Buenos Aires: Sociedad Luz, 1932.

Gociol, Judith y Hernán Invernizzi. *Un golpe a los libros. Represión a la cultura durante la última dictadura militar*. Buenos Aires: EUDEBA, 2002.

Hunink, Maria. *Le carte della rivoluzione. L'Istituto di Storia Sociale di Amsterdam, nascita e sviluppo dal 1935 al 1947*. Milan: Pantarei, 1998.

James, Daniel. "Fotos y cuentos. Pensando la relación entre historia y memoria en el mundo contemporáneo". *Políticas de la Memoria*, no. 8/9 (verano 2009).

Ludmer, Josefina. *El cuerpo del delito. Un manual*. Buenos Aires: Perfil, 1999.

Petra, Adriana. "Los documentos particulares como fuentes históricas: la experiencia del CeDInCI con los fondos de archivo de las izquierdas argentinas". *Políticas de la Memoria*, no. 6/7 (2006-2007).

Richards, Thomas. *The Imperial Archive: Knowledge and Fantasy of Empire*. Londres: Verso, 1993.

Romanos de Tiratel, Susana. "La bibliografía nacional argentina: una deuda pendiente". World Library and Information Congress. 70º IFLA General Conference and Council, 22-

27 agosto 2004, Buenos Aires. www.ifla.org/IV/ifla70/papers/046s_Tiratel.pdf.

Sabor, Josefa Emilia. *Pedro de Angelis y los orígenes de la bibliografía argentina. Ensayo bio-bibliográfico*. Buenos Aires: Solar, 1995.

Sarmiento, D. F. *Recuerdos de Provincia*. Buenos Aires: EUDEBA, 1960.

Schmucler, Héctor. "La biblioteca de Pancho". *Estudios*, no. 5 (enero/junio 1995).

Tarcus, Horacio. *Marx en la Argentina. Sus primeros lectores obreros, intelectuales y científicos*. Buenos Aires: Siglo XXI, 2013.

Weinberg, Félix. *El salón literario*. Buenos Aires: Solar/Hachette, 1976.

Weinberg, Félix. *Esteban Echeverría, ideólogo de la Segunda Revolución*. Buenos Aires: Taurus, 2006.

CONTRIBUTORS

CARLOS AGUIRRE is a professor of history at the University of Oregon. He is the author of four books: *Agentes de su propia libertad. Los esclavos de Lima y la desintegración de la esclavitud, 1821-1854* (Lima, 1993); *Breve historia de la esclavitud en el Perú. Una herida que no deja de sangrar* (Lima, 2005); *The Criminals of Lima and their Worlds: The Prison Experience (1850-1935)* (Durham, 2005); and *Dénle duro que no siente. Poder y transgresión en el Perú republicano* (Lima, 2008). He is also co-editor of seven books on banditry, crime, prisons, intellectuals, and the history of Lima. His book on the early literary and political career of Peruvian writer Mario Vargas Llosa will be published in 2015.

LILA CAIMARI holds a doctoral degree in political science from the University of Paris. She is an independent researcher with the Consejo Nacional de Investigaciones Científicas y Técnicas (CONICET) and director of the Graduate Program in History at the Universidad de San Andrés, Buenos Aires. Her works on the history of crime include *Apenas un delincuente. Crimen, castigo y cultura en la Argentina, 1880-1949* (2004); *La ley de los profanos. Delito, justicia y cultura en Buenos Aires (1880-1940)* (2007); *La ciudad y el crimen. Delito y vida cotidiana en Buenos Aires, 1880-1940* (2009); and *Mientras la ciudad duerme. Pistoleros, policías y periodistas en Buenos Aires (1920-1945)* (2012). She is also the author of numerous articles and book chapters on the social and cultural history of modern Argentina. She is currently doing research on technology and the circulation of news.

AMY CHAZKEL is associate professor of history at the City University of New York, Queens College, and is a member of the doctoral faculty at the CUNY Graduate Center. A specialist in the history of nineteenth- and twentieth-century Brazil, her work has focused on the study of cities and sociolegal history and the history of crime. She is the author of *Laws of Chance: Brazil's Clandestine Lottery and the Making of Urban Public Life* (2011), which was published in Portuguese translation in 2014, and is co-editor (with Daryle Willians and Paulo Knauss) of *The Rio Reader: History, Culture, Politics*, which is forthcoming with Duke University Press. She serves as co-chair of the Radical History Review Editorial Collective.

EMILIO CRENZEL received his doctoral degree in social science from the University of Buenos Aires. He is a researcher at the National Council of Scientific Research (CONICET) and professor of sociology at the University of Buenos Aires, Argentina. He is the author of *El Tucumanazo* (1991), *Memorias enfrentadas: el voto a Bussi en Tucumán* (2001), *La historia política del Nunca Más: La memoria de las desapariciones en Argentina*, (2008); and *Memory of the Argentina Disappearances: The Political History of Nunca Más* (2011). He edited *Los desaparecidos en la Argentina: Memorias, representaciones e ideas (1983-2008)* (2010) and is the co-editor, with Eugenia Allier, of *The Struggles for Memory in Latin America: The Recent History of Political Violence* (forthcoming) and *Las luchas por la memoria en América Latina: la historia reciente y violencia política* (2015). He has also published articles on transitional justice, human rights, and social memories of the political violence and dictatorships in the Southern Cone of Latin America in journals of Europe, the United States, and Latin America.

PEDRO M. GUIBOVICH PÉREZ is a professor in the Humanities Department at the Pontificia Universidad Católica del Perú. He received his doctoral degree in history at Columbia University and has been a visiting professor in various universities in Europe and the United States. He has also been a fellow at the John Carter Brown Library, Bienecke Library (Yale University) and the Center for the Study of Books and Media (Princeton University). He specializes in the history of the book and cultural history, and is the author of, among other publications, *La inquisición y la censura de libros en el Perú virreinal, 1570-1813* (2000) and *Lecturas prohibidas. La censura inquisitorial en el Perú tardío colonial* (2013).

MARIANA NAZAR is a historian that teaches at the Universidad de Buenos Aires (UBA), where she also obtained her Licenciatura. She also has a degree in archival science from Instituto Superior Nº 8 (Buenos Aires). She is a doctoral candidate at Universidad San Andrés and her project is "Entre el estado de derecho y la excepcionalidad. Una genealogía de los dispositivos de represión en la Argentina a partir de la aplicación de la Ley de Residencia (1902-1958)". She has presented conference papers and has published articles on the preservation and accessibility of archives, especially those related to human rights violations.

HORACIO TARCUS has a doctoral degree in history and is a researcher with Conicet and professor at the Universidad de Buenos Aires. He was the founder and is currently director of CeDInCI (Centro de Documentación e Investigación de la Cultura de Izquierdas en Argentina), now affiliated with the Universidad Nacional de San Martín. In 2006 he was sub-director of the National Library of Argentina. He is the author of numerous books, including *El marxismo olvidado en la Argentina. Silvio Frondizi y Milcíades Peña* (1996); *Mariátegui en la Argentina o las políticas culturales de Samuel Glusberg* (2002); and *Marx en la Argentina. Sus primeros lectores obreros, intelectuales y científicos* (2007). He was the editor of *Diccionario biográfico de la izquierda argentina* (2007).

JAVIER PUENTE received his doctoral degree in Latin American history from Georgetown University (2014), and currently holds a postdoctoral fellowship in the Latin American Studies Program at Lehigh University. His latest publication is an essay on the role of memory and museums in post-conflict Peru, and he is preparing an article on the agency of sheep and rainfall in the making of agrarian economies in the Peruvian Andes.

JAVIER VILLA-FLORES is an associate professor in the Department of History and the Latin American and Latino Studies program at the University of Illinois at Chicago. In addition to numerous journal articles and book chapters, he is the author of *Carlo Ginzburg, el historiador como teorico* (1994), *Dangerous Speech: A Social History of Blasphemy in Colonial Mexico* (2006), and is coeditor of *Emotions and Daily Life in Colonial Mexico* (2014).

KIRSTEN WELD is an assistant professor of Latin American history at Harvard University. She is the author of *Paper Cadavers: The Archives of Dictatorship in Guatemala* (2014); her work has also been published in *The New York Times*, *Radical History Review*, *Al-Jazeera America*, *Latin American Research Review*, *NACLA Report on the Americas*, and *Guernica*. Her research centers broadly on revolutionary and counterrevolutionary movements in the 20th-century Americas, as well as on the politics of archival and historical production. She earned her doctoral degree from Yale University in 2010, where her dissertation won both institutional and national awards. She went on to serve as the Florence Levy Kay Fellow in Latin American History at Brandeis University, and she is a 2014-2015 Fellow of the American Council of Learned Societies.

www.ingramcontent.com/pod-product-compliance
Lightning Source LLC
Chambersburg PA
CBHW021831220426
43663CB00005B/209